U0623382

"十二五"职业教育国家规划教材

经全国职业教育教材审定委员会审定

（酒店管理专业）

酒店餐饮部运营与管理（第2版）

Jiudian Canyinbu Yunying Yu Guanli

主　编　张树坤　曹艳芬

副主编　王　丹　张秀兰　潘小慈

重庆大学出版社

内容提要

本书以教育部关于高职课程改革的具体要求为指导思想,与行业相关人员合作,根据技术领域和职业岗位(群)的任职要求,参照相关职业资格标准改革教学内容,建立突出职业能力培养的课程体系的编写理念进行教材开发设计。内容包括餐饮部认知、中餐厅运营、西餐厅运营、宴会厅运营、餐饮原料管理、餐饮生产管理、餐饮成本管理和餐饮服务质量管理。

本书主要定位为高职高专院校酒店管理、旅游管理专业的教材,也可以作为酒店餐饮服务管理人员以及社会餐饮企业的岗位培训和自学用书。

图书在版编目(CIP)数据

酒店餐饮部运营与管理/张树坤,曹艳芬主编.—
2版.—重庆:重庆大学出版社,2014.10(2021.1重印)
全国100所高职高专院校旅游类专业系列教材
ISBN 978-7-5624-8253-6

Ⅰ.①酒… Ⅱ.①张… ②曹… Ⅲ.①饭店—饮食业
—商业管理—高等职业教育—教材 Ⅳ.①F719.3

中国版本图书馆CIP数据核字(2014)第109656号

全国100所高职高专院校旅游类专业系列教材
酒店餐饮部运营与管理
(第2版)
主 编 张树坤 曹艳芬
副主编 王 丹 张秀兰 潘小慈
责任编辑:顾丽萍 版式设计:顾丽萍
责任校对:谢 芳 责任印制:张 策
*
重庆大学出版社出版发行
出版人:饶帮华
社址:重庆市沙坪坝区大学城西路21号
邮编:401331
电话:(023)88617190 88617185(中小学)
传真:(023)88617186 88617166
网址:http://www.cqup.com.cn
邮箱:fxk@cqup.com.cn(营销中心)
全国新华书店经销
POD:重庆新生代彩印技术有限公司
*
开本:720mm×960mm 1/16 印张:19.25 字数:346千
2008年3月第1版 2014年11月第2版 2021年1月第6次印刷
ISBN 978-7-5624-8253-6 定价:49.00元

编委会

总 主 编　郑向敏

副总主编　谢　苏　汪京强　韩　军
　　　　　　孟　华　邓晓益

委　　员（以姓氏笔画为序）
　　　　　丁　霞　王世瑛　王振才　王　瑜
　　　　　王雷亭　冯玉珠　宁　毅　朱水根
　　　　　皮晓媛　刘启亮　刘根华　江　群
　　　　　杨朝晖　张　波　张　青　余　昕
　　　　　张树坤　张跃西　沈　捷　罗兹柏
　　　　　范运铭　陆　朋　陈增红　饶邦华
　　　　　姜　爽　袁　俊　贾俊环　黄咏梅
　　　　　曹红蕾　韩　林　舒　晶　斯婉青
　　　　　蔡敏华　檀小舒

总 序

21 世纪是中国成为旅游强国的世纪。根据世界旅游组织的预测,2020 年中国将成为世界第一大旅游目的地国家,并成为世界第四大旅游客源国。在我国旅游业迅速发展中,需要大量优秀的专业人才。高职高专教育作为中国旅游教育的重要组成部分,肩负着为中国旅游业培养大量的一线旅游专业人才的重任。

教材建设是旅游人才教育的基础。随着我国旅游教育层次与结构的完整与多元,旅游高职高专教育对旅游专业人才的培养目标更为明确。旅游高职高专人才培养需要一套根据高职高专教育特点、符合高职高专教育要求和人才培养目标,既有理论广度和深度,又能提升学生实践应用能力,满足一线旅游专业人才培养需要的专业教材。

目前,我国旅游高职高专教材建设已有一定的规模和基础。在各级行政管理部门、学校和出版社的共同努力下,已出版了一大批旅游高职高专教材。但从整体性看,已有的多数系列教材有以下两个方面的缺陷:一是系列教材虽多,但各系列教材的课程覆盖面小,使用学校范围不大,各院校使用教材分散,常出现一个专业使用多个版本的系列教材而不利于专业教学的一体化和系统化;二是不能适应目前多种教学体制和授课方式的需要,在不同课时要求和多媒体教学、案例教学、实操讲解等多种教学方式中显得无能为力。

在研究和分析目前众多旅游高职高专系列教材优缺点的基础上,我们组织编写了 100 多所旅游高职高专院校参与的、能覆盖旅游高职高专教育 4 个专业的、由 60 多本专业教材组成的"全国 100 所高职高专院校旅游类专业规划教材"。为了解决多数系列教材存在的上述两个缺陷,本系列教材采取:

1. 组织了百所旅游高职高专院校有教学经验的教师参与本系列教材的编写工作，并以目前我国高职高专教育中设置的酒店管理、旅游管理、景区开发与管理、餐饮管理与服务4个专业为教材适用专业，编写出版针对4个专业的4个系列、共60多本书的系列教材，以保证本系列教材课程的覆盖面和学校的使用面。

2. 在教材编写内容上，根据高等职业教育的培养目标和教育部对高职高专课程的基本要求和教学大纲，结合目前高职高专学生的知识层次，准确定位和把握教材的内容体系。在理论知识的处理上，以理论精当、够用为度、兼顾学科知识的完整性和科学性；在实践内容的把握上，重视方法应用、技能应用和实际操作，以案例阐述新知识，以思考、讨论、实训和案例分析培养学生的思考能力、应用能力和操作能力。

3. 在教材编写体例上，增设学习目标、知识目标、能力目标和教学实践、章节自测、相关知识、资料链接、教学资源包（包括教案、教学PPT课件、案例选读、图片欣赏、考试样题及参考答案）等相关内容，以满足各种教学方式和不同课时的需要。

4. 在4个专业系列教材内容的安排上，强调和重视各专业系列教材之间，课堂教学和实训指导之间的相关性、独立性、衔接性与系统性，处理好课程与课程之间、专业与专业之间的相互关系，避免内容的断缺和不必要的重复。

作为目前全国唯一的一套能涵盖旅游高职高专4个专业、100所旅游高职高专院校参与、60多本专业教材组成的大型系列教材，我们邀请了国内旅游教育界知名学者和企业界有影响的企业家作为本系列教材的顾问和指导，同时我们也邀请了多位在旅游高职高专教育一线从事教学工作的、现任教育部高职高专旅游管理类和餐饮管理与服务类教学指导委员会委员参与本系列教材的编写工作，以确保系列教材的知识性、应用性和权威性。

本系列教材的第一批教材即将出版面市，我们想通过此套教材的编写与出版，为我国旅游高职高专教育的教材建设探索一个"既见树木，又见森林"的教材编写和出版模式，并力图使其成为一个优化配套的、被广泛应用的、具有专业针对性和学科应用性的高职高专旅游教育的教材体系。

教育部高职高专旅游管理类教学指导委员会主任委员

华侨大学旅游学院院长、博士生导师

郑向敏博士、教授

2013年2月

第2版前言

本书以教育部关于高职课程改革的具体要求为指导思想,与行业相关人员合作,根据技术领域和职业岗位(群)的任职要求,参照相关职业资格标准改革教学内容,以突出职业能力培养的编写理念进行教材开发设计。

一、教材体系

1.体系设计

本书以酒店餐饮部运营与管理职业能力培养为核心,结合行业前沿性、拓展性知识要点和管理技能,遵循学生职业能力培养的基本规律,按照项目—任务的结构,精心编排各部分内容。全书设计为餐饮部认知、餐饮部运营、餐饮部管理三大递级提升模块。随着学生学习任务的深入,技术复杂难度逐渐增加,学生学习难度逐渐增加,学生的能力也得到递级提升,体现了学习的可迁移性和成长性。

2.内容设计

以酒店发展需要和餐饮实际工作过程为主线,以餐饮真实服务为项目载体,将三大模块又分解为餐饮部认知、中餐厅运营、西餐厅运营、宴会厅运营、餐饮原料管理、餐饮生产管理、餐饮成本管理、餐饮服务质量管理八大项目,本着"项目导向、任务驱动"的原则,每个项目下根据工作内容又设置了若干学习任务。本书以这3大模块,8项工作项目,24个工作任务构成内容体系。

3.结构设计

本书在结构设计上,每个项目都制定了项目目标,从完成工作项目的角度出发,综合从事岗位操作必须掌握的知识、技能、态度,设置教学效果的检查与评估项目,即项目评价。实现理论与实践相结合,教学做一体化。

二、教材特色

1. 体现专业技能训练与管理能力培养相统一的教学理念

在强调服务知识和操作技能的同时,书中也系统地介绍了餐饮管理方面的专业知识。

2. 体现内容的先进、精简和实用性

遵循科学性、实用性、先进性、规范性四项原则。本书以项目和任务的形式,通过案例引入、任务实施、项目评价等环节,强化学生职业能力培养和职业素养养成,充分体现高职高专教育的特色。

3. 体现教材的形象性

本书从结构选择、内容编排、教学方式选择等方面做大胆改革,强调整体结构体例新颖,知识脉络简明、清晰、流畅,尽可能多使用图片、实物照片或图表格式将各个知识要点形象、生动地表现出来,从而增强教材的可读性与形象性。

为了充分利用社会资源,加强校企深度融合,本书由酒店行业专家和教育理论教师组成编写团队。编写任务具体分工为:项目 1 由湖北职业技术学院张树坤编写;项目 2、项目 4 任务 3、任务 4 由湖北职业技术学院曹艳芬编写;项目 3 由湖北职业技术学院王丹编写;项目 4 任务 1、任务 2 由浙江商业职业技术学院潘小慈编写;项目 5、项目 7 由武昌职业学院张秀兰编写;项目 6 由成都职业技术学院黄晓菲编写;项目 8 由武昌职业学院张秀玲编写。本书部分行业资料、案例、图片等资料由浙江舟山阿鲁亚豪生大酒店餐饮总监姜浩、湖北孝感全洲大酒店总经理张萍提供。全书由曹艳芬拟定提纲,并审定统稿。

在本书的编写过程中,参考了国内外出版的部分书籍及文献资料,还得到了许多业内人士的帮助,在此一并表示衷心和诚挚的感谢! 同时,由于作者水平所限,书中疏漏和错误之处在所难免,恳请广大读者批评指正。

编　者

2014 年 2 月

目　录
CONTENTS

模块3 餐饮部管理

模块1　餐饮部认知

项目1
餐饮部认知

【项目目标】

了解餐饮部在酒店经营中的地位、作用,熟知餐饮部的组织架构和各工作岗位的岗位职责以及人员的配备与素质要求,对今后工作的环境和承担的任务有一个清楚的认识和了解。

【项目任务】

任务1:餐饮部地位和任务

任务2:餐饮部组织机构

任务3:餐饮部人员素质要求

【引导案例】

餐饮总监忙碌的一天

保罗先生是一家五星级酒店的外籍餐饮总监。为了确保这家酒店餐饮部门的运转正常,保罗先生每天实行的8/8工作制如表1.1所示。

表1.1 保罗先生每天实行的8/8工作制

时 间	工作内容
上午 8:30	◇查收电子邮件及电话留言,查阅各餐饮营业点的营业记录,到各营业点巡查; ◇检查早餐自助餐经营情况,查阅餐饮预订情况,检查值班经理是否到岗; ◇检查每日特色菜的推出情况; ◇检查客房送餐服务的运转情况; ◇检查早餐服务和员工的配备情况; ◇走访行政总厨; ◇走访管事部,确保所有用具齐备; ◇走访宴会部,检查当天的宴会活动。
上午 10:00	处理将要同期完成的工作:夏季菜单的设计、泳池吧的开放、现有餐厅的主题装修、宴会厅的装修、冷藏室的安装、本月盈亏报表的分析、本周餐饮部门会议的准备。
上午 11:45	◇走访厨房,观察午餐的准备情况; ◇与行政总厨沟通; ◇检查餐厅以及宴会厅的午餐服务情况; ◇与行政总厨或者宴会经理在员工餐厅共进工作午餐。
下午 1:30	走访人力资源部门,讨论目前的用人难题。
下午 2:30	◇查收电话留言,回复。与重要的潜在客户电话沟通,以吸引更多的业务; ◇主持每日的酒店菜单推介会。
下午 3:00	◇参加酒店会议; ◇巡查酒吧及酒廊; ◇检查员工排班情况; ◇审阅同时推出的促销项目。
下午 6:00	◇核实住店 VIP 客人的餐饮特殊要求; ◇巡查厨房; ◇试菜、评菜。
晚上 8:00	评价晚餐特菜; 检查餐厅和酒廊。

任务 1 餐饮部的地位和任务

【任务目标】

1. 了解餐饮部在酒店中的地位和作用。

2. 知晓餐饮部的主要任务。

3. 明确酒店餐饮的特点。

【任务执行】

1.1.1 餐饮部在酒店中的地位及任务

1) 餐饮部在酒店中的地位

(1) 餐饮部是宾客活动的中心

现代酒店的餐饮部不仅拥有中西餐厅、咖啡厅、宴会厅,还有酒吧、音乐茶座等餐饮设施,都是客人的交际活动场所。

(2) 餐饮部的管理和服务直接影响酒店的声誉

餐饮部工作人员,特别是餐厅工作人员,每天与宾客直接接触,他们的一言一行、一举一动都会在宾客的心目中产生深刻的印象。因此,宾客可以根据餐饮部为他们提供食品饮料的种类、质量和数量,服务态度及方式,来判断一个酒店服务质量的优劣和管理水平的高低。所以,餐饮服务的好坏不仅直接影响到酒店的声誉和形象,也直接影响酒店的客源和经济效益。

(3) 餐饮收入是酒店收入的重要组成部分

餐饮部是酒店获得经济效益的重要部门之一,一般占酒店总收入的30% ~ 40% 。同时,餐饮部也是平衡酒店经营中季节性收入差异的主要手段之一。在旅游淡季,客房利用率较低时,经营管理好的餐饮收入甚至可以超过客房收入。就目前国内来说,一些地方的酒店,其餐饮收入已大大超过酒店的客房收入,占整个酒店收入的二分之一以上。因为酒店客房数量是基本固定的,但餐饮部可以通过改变营销战略,提高餐饮服务水平,提高菜肴质量,使餐饮部的营业收入达到最高值。

(4) 餐饮部是酒店在市场营销中的重要组成部分

就现代酒店的客房而言,同星级的酒店的客房设施标准相对比较接近,而餐和其他服务则被客人作为选择酒店的重要因素。与酒店的其他部门相比,餐饮部在激烈的市场竞争中更具有灵活性、多变性和可塑性,常常是酒店营销的先导。例如有一家酒店,将顾客的摄影作品作为装饰品悬挂在店内。因为该顾客喜欢摄影,其作品也曾投往报纸杂志,却未获发表。现在把其作品悬挂在酒店内,满足了他的发表愿望,因而他经常带朋友来店里吃饭,以炫耀其作品,还按四季变化,主动换上不同的风景摄影作品。结果这家店不花一元钱却获得最适当的装饰品,何乐而不为呢?

(5)餐饮部是酒店用工最多的部门

餐饮部门属于劳动密集型行业,而餐饮部的业务环节又众多而复杂,从菜单筹划、原料采购,到厨房的初步加工、切配、烹调,再到餐厅的各项服务工作,需要大量的工作人员。

2)餐饮部的任务

餐饮部是负责向客人提供餐饮产品和餐饮服务的部门。其主要承担着不断发掘潜力、开拓创新餐饮市场,吸引并留住客人,做好餐饮各项工作的重要责任,同时还会根据宾客的需要和可能,为宾客全面提供优质服务及美观、幽雅、舒适和高雅的氛围,重点抓特色菜肴,使宾客满意,同时为酒店创造更高的经济效益。

(1)向宾客提供以菜肴等为主要代表的有形产品

即能满足客人需的优质食品和饮料,这是餐饮部的首要任务。各种档次、各种风格的酒店都会根据自己的市场定位和经营策略,提供能满足客人所需的优质产品。因此餐饮部要准确把握各种客人的饮食要求,精心策划优质食品产品和饮食产品的组合,加强饮食产品生产的管理。

(2)向宾客提供满足需要的、恰到好处的服务

这种恰到好处的服务必须是及时的服务,针对性极强的服务,必须是洞察客人心理的服务。唯有这样的服务与享受才是有效的。因此,餐饮部要设计和保证实施有效的服务程序,必须要及时地提供有效的服务,倡导和培养全体员工提供亲切的服务。

(3)增收节支、开源节流,搞好餐饮经营管理

增加餐饮收入与餐饮利润是酒店餐饮部的主要目标。餐饮部应根据市场需求,扩大经营范围及服务项目、产品的品种。同时,餐饮产品从原料到成品经历的环节较多,成本控制的难度较大,从而造成的浪费和损失较多。这需要餐饮部制定完善的成本控制措施和操作程序,加强餐饮成本控制,减少利润流失。

(4)为酒店树立良好的社会形象,为树立酒店的高品质形象服务

餐饮部与客人的接触面广,又是直接接触,面对面服务的时间长,从而给客人留下的印象最深,并直接影响客人对整个酒店的评价。从餐饮角度为酒店树立良好社会形象就必须加强餐饮部的自身形象建设。而形象的建设,主要通过硬件和软件建设两个方面体现出来。餐饮部的硬件建设首先要从餐饮设施的功能着手,看各类餐厅、宴会厅、酒吧及餐饮与娱乐相结合的设施是否齐全;其次是这些设备的档次高低、先进水平如何;再者是这些硬件设施的风格与整个酒店的经营目标是否一致。餐饮部的软件建设主要体现在管理水平、服务质量和员工素质等方面。

1.1.2 酒店餐饮的主要特点

1)餐饮生产的特点

(1)产品品种多,难以储存

我国餐饮产品品种繁多,八大菜系香、酥、甜、辣异彩纷呈。尽管厨房配有冰箱、冷库,大多仅存放原料及半成品,但产品以现做现售、即刻食用为佳,所以储存难度较大。

(2)产品生产时间短,见效益快,一次性消费

客人所要食品品种确定后,通过厨师的生产劳动,烹制加工,原则上20~40分钟必须送到客人餐桌上,呈现给就餐客人食用消费,与其他工业产品比,生产的时间相对较短,见效益快。客人消费只是一次性的,它既不像客房的家具、床可以反复使用,又不比整瓶酒水的销售,客人付账后一次消费不完,可暂存留在日后继续饮用。餐饮消费不仅是一次性的,而且时限性也很强,热菜、冷菜随着时间延长,空气的侵染,产生蚀化。因此,从食客对质量的感受来说,有很大的时限性。

(3)生产量难以预测

餐饮生产的产品,主要取决于客情,即一定时间内前来餐厅就餐的客人的多少。分析客人前来就餐的多少,一般规律是在烹调质量好而比较稳定的情况下,客情随着季节的变化而变化,不会有太大的反差。但特殊情况下,影响客情变化的因素有:烹调质量和服务质量不稳定,天气突然变化,政治和经济变革,客情临时变化,预订用餐的客人在店外品尝风味,等等。客情引发的餐饮生产需求变动,可掌握一般规律,但难定量。

(4)产品制作的手工性

餐饮生产,又可叫厨房餐饮制作,是厨师的技术性操作的艺术展现,是饮食文

化的主要成分。目前我国餐饮业由于制作过程的个人艺术灵活多变、品种多样、规格各异,生产的批量小,技术要求复杂;有的明火急烹,立即可取;有的则需腌煎熏烤,反复制作,方可成菜。因此,厨师劳动的手工变化太多,质量难以控制。

(5)产品信息反馈快

随着酒店业市场竞争的需要,服务以优质取胜,烹调技术以特、新争取客源的做法,使餐饮业各出奇招,并且加快产品的信息反馈,以便及时了解客人的需求。为及时、准确地掌握客人意见,有些酒店餐饮产品制作责任到人,厨师编号挂牌上岗。对制作的每一道菜呈上客人餐桌时都标上厨师的编号,客人对产品有什么褒贬,通过服务员的传递即可反馈到产品制作人耳边,有时客人和产品制作人直接见面,对产品质量互相交换意见,起到了立竿见影的效果。这也使客人了解各位厨师餐饮技术的好差,选择适合自己口味的厨师制作产品,并在下次再来就餐时,可指定某位厨师为自己做菜。这种做法无形中提高了客人身份,同时也提高了厨师的责任感。

2)餐饮销售的特点

(1)销售量受时间上的限制

餐饮产品受客人的多少限制,而销售量既受客人多少限制,又受时间限制。早、中、晚就餐时间一到,餐厅里客人来来往往,就餐一过则餐厅空空如也。没有销售出去的产品就无法再销售,这就决定了餐饮销售的时间集中性。

(2)销售量受餐厅规模大小的限制

餐厅面积大小、餐位的数量,限制了客人就餐的数量。餐厅小,销售量就小,餐厅大,销售量相对大。在客人用餐高峰时,厨房和餐厅要协调一致,要在提高餐位周转率上下功夫,做到领位快,及时为客人选择好食品;上菜快,服务技巧熟练;结账快,埋单准确,为客人提供周到的服务,更好、更多地提高餐位周转率,从而提高销售量,提高盈利。

(3)对销售场所要求优雅

随着消费水平的提高,舒适优雅的就餐环境越来越被顾客所重视,客人享受美味佳肴的同时,也在享受环境。高雅、豪华的就餐环境,给客人以美的享受,在客人心理上,对环境的印象甚至超过菜肴。因此现代餐厅装修,很注重环境投资,花很多钱进行装修和美化,以吸引更多的客人。

(4)餐饮销售,资金周转快

由于产品制作快,客人消费快,绝大多数用现金结账,因此资金周转快。用现金购买的原料当天就可收回现金,很快可将现金投入扩大再生产,以提高经济效益。

（5）毛利高,收入可变性大

餐厅收入减去原料、调料成本,称为毛利,星级酒店一般至少都有 45% ~ 65% 的毛利,但是餐饮收入可变性大,这个可变性是指销售额波动幅度大,经营管理得好,可扩大销售量,增加收入,若管理得不好,浪费大,则收入少,甚至亏损。因此,许多酒店常在餐饮部大动脑筋,降低成本,增加收入,提高经济效益。

3）餐饮服务特点

（1）无形性

无形性是餐饮服务的重要特征。餐饮服务包括凝结在食品和酒水上的厨师技艺,餐厅的环境,餐前、餐后的服务工作。餐饮服务不同于一般有形产品,如电视机、沙发等,仅从其色彩、性能、式样等方面就可初步判断其质量的高低。而餐饮服务只能在就餐宾客购买并享用餐饮产品后凭生理和心理满足程度来评估其技师的优劣。餐饮服务的无形性给餐饮带来了销售上的困难,而且餐饮服务质量的提高是无止境的,所以要想提高服务质量,增加餐饮部的销售额,关键在于餐饮工作人员,特别是带头厨师和餐厅服务人员的服务技能和服务态度。

（2）一次性

餐饮服务的一次性是指餐饮服务只能当次使用,当场享受,过时则不能再使用。这恰似酒店的客房一样,当天租不出去,那么酒店失去的是无法弥补的收入,所以要注意接待好每一位宾客,给他们留下良好的印象,从而使宾客再次光顾,巩固原有客源市场,不断开拓新的客源市场。

（3）同步性

餐饮食品的生产、销售、消费在餐厅是同步进行的。餐饮产品的生产服务过程也是宾客的消费过程,即现生产、现销售。同步性决定了餐饮产品不宜储存,也不宜外运。

（4）差异性

一方面,餐饮服务是由餐饮部工作人员通过手工劳动来完成的,而每位工作人员由于年龄、性别、性格、所受教育程度及其职业培训程度等方面的不同,他们为宾客提供的服务也不尽相同;另一方面,同一服务员因在不同的场合、不同的情绪、不同的时间,其服务方式、服务态度等也会有一定的差异,这就是餐饮服务的差异性。

在餐饮管理中,要尽量减少这种差异性,使餐厅的服务质量趋于稳定。

任务 2 餐饮部组织机构

【任务目标】

1. 明确餐饮部的组织机构设置。

2. 了解餐饮部各部门的职能。

【任务执行】

1.2.1 餐饮部的组织机构

1)餐饮部员工的特点

(1)数量多

餐饮部门的用工数量要高于酒店的其他部门。用工多也意味着餐饮部门的人力资源管理工作量较多、工作难度较大,表现在员工招聘、培训、考核及管理的每一个环节上。

(2)性别特征明显

酒店餐饮部门的员工主要分布在两大区域工作,即前台的对客服务区域和后台的产品制作生产区域。在对客服务区域,以女性为主;在产品制作、生产的厨房,以男性为主。这种性别上的特征,首先对酒店的人力资源管理提出了如何依据不同性别,进行针对性管理的问题;其次,对女性占绝大部分的服务部门,也提出了一系列需要妥善加以解决的矛盾和困难。

(3)流动性

近年来,由于岗位机会多,提薪和升职的频率加快,餐饮部门员工流动性越来越大。

2)餐饮部组织机构设置的原则

(1)精简与效率相统一的原则

精简的目的是为了减少内耗,提高效率。因此,精简和效率相统一的主要标志是:配备的人员数量与所承担的任务相适应,机构内部分工粗细得当,职责明确,每人有足够的工作量,工作效率高,应变能力强。

(2)专业化和自动调节相结合的原则

专业化和自动调节相结合的主要标志是:组织机构大小同企业等级规模相适应,内部专业分工程度同生产接待能力相协调,专业水平和业务能力同工作任务相适应,管理人员能够在不断变化的客观环境中主动处理问题,具有自动调节的功能。

(3)权力和责任相适应的原则

餐饮组织机构坚持责任和权力相适应的标志是:组织机构的等级层次合理,各级管理人员的责任明确,权力大小能够保证所承担任务的顺利完成,责权分配不影响各级管理人员之间的协调与配合。

3)餐饮管理组织机构的设置依据

确定其组织机构规模和机构形式的主要依据有以下几方面:

①餐厅类型的多少。餐厅类型越多,专业化分工越细,内部人员、部门越多,组织机构的规模越大。

②餐厅接待能力的大小。餐厅接待能力是由其座位多少决定的。餐厅座位越多,规模越大,用人越多;与此相适应,厨房规模也越大。

③企业餐饮经营的专业化程度。

④餐饮经营市场环境。

4)餐饮部组织机构的一般模式

(1)小型酒店模式

这种酒店餐厅数量少,类型单一,大多只经营中餐。其餐饮部的组织机构应比较简单,分工也不宜过细,如图1.1所示。

(2)中型酒店模式

这种酒店有300~500间客房。餐厅类型比较齐全,厨房与餐厅配套,相对于小型酒店来说,其餐饮部内部分工比较细致,餐饮管理组织机构比较复杂,如图1.2所示。

(3)大型酒店模式

有5~8个以上餐厅,多的可达十几个、几十个。中西餐、宴会、酒吧、客房送餐等各类餐厅齐全。厨房与各类型的餐厅配套,其餐饮部组织机构复杂,层次多,内部分工十分明确细致,组织机构专业化程度高,如图1.3所示。

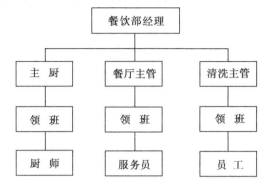

图1.1　小型酒店餐饮部的组织结构图

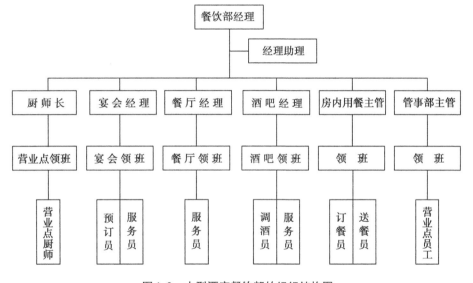

图1.2　中型酒店餐饮部的组织结构图

1.2.2　餐饮部各部门的职能

前面按酒店的规模大小,列举了三种餐饮部组织机构图。其实,不管餐饮部的规模大小如何,其基本职能都是相同或相似的。

1) 采保部

采保部是餐饮部的"龙头"部门,主要负责餐饮部生产原料的采购与保管工作。目前在国内,还有不少酒店的餐饮部采用这种原料采购与保管一体化的组织机制。

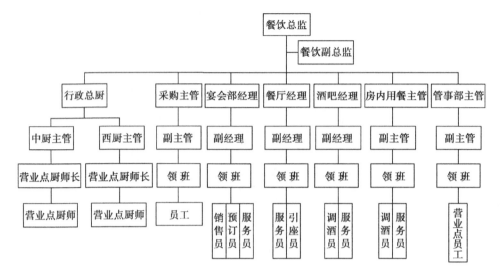

图1.3　大型酒店餐饮部的组织结构图

2)厨房部

厨房部主要负责菜式、点心的制作,并根据市场需求、大众口味的变化而开拓新菜式、特色菜式来吸引宾客。从过程来看,从原料的粗加工到菜肴的成品菜出品,都由厨房部完成;从产品质量方面看,厨房部依据不同的消费档次,制定并执行不同的制作质量标准。除此之外,厨房部还应加强对生产流程的管理,控制原料成本,减少费用的开支。

3)各营业点

酒店餐饮部的各营业点,包括各类餐厅、宴会厅、酒吧、客房送餐等,是餐饮部的直接对客服务部门。这些营业点的服务水平的高低、经营管理状况的好坏,直接关系到餐饮产品的质量,影响到酒店的声誉。

4)管事部

管事部是餐饮运转的后勤保障部门,担负着为前后台提供物资用品、清洁餐具、厨具,并负责后台环境卫生的重任。

5)各岗位相互间的关系

各营业部点要对客人提供优质的服务,也就是对餐饮部负责;采保部要密切地与厨房部相互联系,以了解菜肴、点心品种的供应状况;管事部是餐饮运转的重要保障。各部门既有明确的分工,也要有密切的合作。为了达到赢利的目的,缺一不可,并提倡主动配合,特别要求一线服务人员要主动与有关岗位协调。

1.2.3 餐饮部岗位设置

本项目只介绍餐饮总监岗位职责,其他岗位职责在后面的项目中依次介绍。

1) 岗位设置

直接上级:总经理
直接下级:餐饮部下属各部门经理、行政总厨

2) 岗位职责

①制订并组织实施餐饮部的一切业务经营计划。
②监督、推行本部门的各项正规化管理制度。
③考核直接下级部门经理及主管的品行业绩并实施激励和培训。
④参加酒店部门经理协调工作会议。
⑤定期召开本部门的例会、成本控制会议和预算会议。
⑥检查所属部门的经营情况,信息反馈和一切安全、卫生和服务工作。
⑦制订和改进各项经营、管理的新计划、新措施。
⑧熟悉本酒店的主要目标市场,了解消费者的餐饮需求,并有针对性地开发和提供能满足他们需求的餐饮产品和服务。
⑨与厨师长一起,进行固定菜单和变动菜单的筹划与设计,不断推出新的菜肴品种。
⑩对餐饮采购、验收和储存进行管理与控制,降低成本,减少浪费。
⑪督促总厨对厨房生产进行科学管理,健全厨房组织,合理进行布局,保证菜肴质量,减少生产中的浪费,调动厨房工作人员的积极性。
⑫加强餐厅的日常管理,提高对客服务质量,培养餐厅经理的管理督导水平。
⑬促进宴会销售,加强宴会组织与管理,提高宴会服务质量。
⑭每周与厨师长、采购员一起巡视市场,检查储藏室、冷库等,了解存货和市场行情。
⑮每周召开餐饮成本分析会议,审查菜肴和酒水的成本情况。
⑯制订餐饮推销、促销计划,扩大餐饮销售渠道,提高餐饮销售量。

⑰发挥全体员工的积极性,监督本部门培训计划的实施,实施有效的激励手段。

任务3 餐饮部人员素质要求

【任务目标】

认识和了解酒店餐饮部服务及管理人员应该具备的基本素质。

【任务执行】

1.3.1 思想素质

1)职业道德

餐饮服务人员要热爱餐饮服务工作,尊重客人,全心全意为顾客服务,忠实履行自己的职业职责,满足顾客的需要,做好服务工作。除此之外,还要诚信待客、实事求是,维护酒店信誉和消费者的合法权益。

2)服务意识

餐饮服务是酒店的产品,餐饮服务质量更是酒店的生命。服务意识,是对酒店服务员的职责、义务、规范、标准、要求的认识,要求服务员时刻保持客人在其心中的真诚感。餐饮服务人员要热爱自己的工作,不断提高服务意识。

3)组织纪律

餐饮服务人员应自觉贯彻执行党和国家的各项方针政策和规定;主动自觉地遵守酒店的店规和部门的各种规章制度,有良好的时间纪律观念。

1.3.2 业务素质

1)文化理论知识

为了服务好客人,使客人产生宾至如归的感觉,餐饮服务人员必须掌握丰富的文化知识。良好的文化素质、专业素质和广博的社会知识,不仅是做好服务工作的需要,而且有利于服务人员形成高雅的气质、广泛的兴趣和坚韧不拔的意志。这些文化知识主要包括:

①掌握我国主要客源国和地区的概况、宗教信仰和饮食习惯。

②熟悉我国主要菜系的特点及名菜、名点的制作过程和风味特点。

③掌握所供应菜点、酒水的质量标准及性能特点。

④要有一定的外语水平。

除此之外,历史知识、地理知识、国际知识、语言知识等也可以使餐饮服务人员在面对不同的客人时能够塑造出与客人背景相应的服务角色,与客人进行良好的沟通。餐饮服务人员除了利用业余时间从书本上学习知识外,还可以在平时接待客人中积累知识;同时酒店也应当进行有针对性的培训。

2) 专业操作技能

餐饮服务的每一项服务、每一项环节都有特定的操作标准和要求,如摆台、上菜、分菜等,因此餐饮服务人员要熟练掌握餐饮服务的基本技能,懂得各种服务规范、程序和要求,从而达到服务规范化、标准化和程序化。这是做好餐饮服务工作的基本条件。

3) 驾驭自如的语言能力

语言是酒店员工与客人建立良好关系、留下深刻印象的重要工具和途径。语言不仅是交际、表达的工具,它本身还反映、传达酒店的企业文化、员工的精神状态等辅助信息。酒店员工语言能力的运用主要体现在以下几个方面:

(1) 语气

酒店员工在表达时,要注意语气的自然流畅、和蔼可亲,在语速上保持匀速表达,任何时候都要心平气和、礼貌有加。

(2) 语法

语法运用要正确,主要讲的是语句成分的结构搭配准确无误,其主要指句子成分的搭配是不是准确,词性是不是被误用等。

(3) 逻辑

逻辑讲的是语句的因果关系、递进关系等方面的正确使用。这是语言表达中一个非常重要的方面,逻辑不清或错误的句子很容易被客人误解。

(4) 肢体语言

肢体语言在表达中起着非常重要的作用,在人际交往中,肢体语言甚至在某种程度上超过了语言本身的重要性。酒店员工在运用语言表达时,应当恰当地使用肢体语言,共同构造出让客人感到易于接受和感到满意的表达氛围。

（5）表达时机和表达对象

酒店员工应当根据客人需要的服务项目、酒店的地点、客人的身份、客人的心理状态等具体情况采用适当得体的语言进行表达。

4）应变能力

餐饮服务是一种特殊的人际交往活动，服务人员应主动加强与客人的交往，加深对客人的了解，采取客人所乐于接受的方式进行服务。服务人员可以通过与客人的交往，来创造亲切、随意的就餐环境，加强与客人的情感交流，提高客人对酒店的忠诚度。所有这些，均要求餐饮服务人员具备一定的人际交往的应变能力。在餐饮服务中，有时会发生一些特殊情况，这就要求服务人员要有敏锐的观察能力、判断能力，并在遵守酒店各项制度的前提下灵活处理，本着尽快、妥善的原则，尽量满足客人的要求，积极、热情地帮助客人解决问题。

1.3.3　身体素质

良好的身体素质是做好服务工作的保证。服务工作中站立、行走、托盘都要有一定的腿力、臂力和腰力，所以要有健康的体魄才能胜任此项工作。除此以外，餐饮部服务人员要向客人提供餐饮食品，要求服务人员要定期检查，确保没有传染性疾病。

1.3.4　心理素质

餐饮行业有着区别于其他行业的特殊性，如果没有好的心态来面对餐饮服务这一行业，那么就无法做好餐饮服务工作。

1）态度

态度是餐饮员工从业心理中一个重要的组成部分，是否能树立正确的从业态度，决定着餐饮员工从业中的努力程度、待人接物的情绪等。这要从以下两方面进行阐述：

①有的员工认为酒店是专门给人赔笑脸的行业，地位低下，工作起来没干劲，这是一种非常消极的从业态度。餐饮员工确实应当对客人笑脸相迎，这是餐饮的服务业性质所决定的，也是人与人之间起码的表达尊重的方式。但对客人笑脸相迎并不意味着餐饮员工就低人一等，而是让客人在酒店有一种宾至如归的感觉，让客人感觉到酒店对他的欢迎，态度的友好与热忱。

②有些餐饮员工对客人不是采取一视同仁的态度,而是因人而异,对贵客热情备至,对一般客人则冷脸相迎。客人之间彼此不论背景、地位、经济状况、国籍、外观衣着,在人格上都是平等的,如果餐饮员工在服务中厚此薄彼,那么受到怠慢的客人必然会对酒店留下不好的印象,使酒店的发展受到损失。

2)意志

意志是一个人在面对事物时所表现出来的克服困难、达成目标的决心,这是一种非常成熟的从业心理状态。餐饮员工意志的培养主要表现在以下几个方面:

①恒心。餐饮员工虽然每天所面临的客人不一样,但所从事的工作具有相当的重复性。如果没有足够的恒心做支持,就容易畏难而退,对客人的服务工作无法很好地开展。

②耐心。当客人产生误会时,要耐心地向客人予以解释,直到客人理解为止;当客人所询问的事情没有听明白时,餐饮员工要耐心地将事情说清楚,直到客人得到满意的答复为止。

③自律。自律就是将工作要求内化为自己的言行举止。所谓内化,强调的是在无须外来监督管理的前提下,充分地发挥自己的主观能动性,自觉、自主地将工作做得井井有条。

④自控。每个餐饮员工都有自己的情感、尊严和正当权利,在餐饮服务工作中,经常会碰到客人与员工之间发生的误会,有时候原因可能出在客人身上。这时餐饮员工产生情绪,纯粹地来看可能是合理的,但这一关系所涉及的双方不是纯粹的人与人的关系,而是员工与客人、服务与被服务、拥有权利者和承担义务者的关系,因此这类矛盾的处理方式、处理的主导思想就要强调餐饮员工的自控意识。

3)情感

情感是一个人对所从事的工作以及与工作相关的人、事的喜欢、爱好、厌恶等积极或消极的情绪。情感是坚定意志的基础,是紧密联系员工与酒店的纽带,是促使员工忘我地投入工作的催化剂。这主要表现在以下两方面:

①作为一名餐饮员工,首先应当充分地认识到餐饮服务业的光荣、高尚。

②餐饮员工应当热爱自己的同事,处理好与上、下级的关系。拥有良好的同事关系,有助于自己在工作中时时保持愉快、健康的心态,如果员工之间因为关系不和谐,则会影响对客人的整体服务,给客人留下不好的印象。

【项目评价】

【知识评价】

1. 简述餐饮部在酒店中的地位及任务。

2. 简述酒店餐饮的特点。

3. 酒店餐饮部人员素质要求主要包括哪些?

【技能评价】

1. 安排学生参加餐饮服务实习,切身体会餐饮服务中服务主客体之间感受到的服务工作的同步性和差异性的特点。

2. 参观附近的酒店餐饮部,谈谈它们分别具有哪些主要特点。

3. 画出大型酒店餐饮部的组织机构图。

4. 分析以下案例,认识酒店餐饮管理技巧。

君豪酒店休闲餐厅的周末之夜

小李是君豪酒店休闲餐厅的经理。他的职责包括管理5名服务员和2名传菜员、为客人引座、预订餐位。在某个星期五的晚上,这家休闲餐厅十分忙碌。10张餐台全部坐满,外面还有不少的客人在等待。服务酒吧旁挤满了客人,而且餐桌旁的多数客人都用完了正餐,有的已经开始用甜品了。由于外面下着雨,天气有些冷,那些已经用完餐的客人并没有立即离去的迹象。坐在桌边的客人不打算马上离去,而长时间在外面等着的客人也开始抱怨了。

问题: 小李该如何解决这个问题?

模块2　餐饮部运营

项目2
中餐厅运营

【项目目标】

　　了解中餐厅部门结构、布局设施以及各岗位的职责标准和工作内容,能熟练掌握托盘、斟酒、餐巾折花、摆台等中餐厅服务基本技能,能按程序和标准完成中餐零点、团队用餐服务接待工作,通过职业技能、职业态度、职业习惯的培养和训练,具备较强的服务技巧和处理问题的应变能力,最终能胜任中餐厅的服务与基层管理工作。

【项目任务】

　　任务1:中餐厅介绍

　　任务2:中餐服务基本技能

　　任务3:中餐厅服务

　　任务4:中餐厅拓展知识

【引导案例】

你们刚才点的就是这道菜

　　一天,赵先生在酒店的中餐厅请客户吃饭。点菜时,有一位客户点了一道"白灼基围虾",但点菜的服务员没注意听,把它误写为"美极基围虾"。当菜端上来以后,赵先生感到很奇怪,立即把服务员叫来,清楚地表示:"小姐,我们要的是'白灼基围虾',这道菜你上错了,请你赶快给我们换一下。"服务员一听不乐意了,辩解说:"刚才这位先生点的就是'美极基围虾',肯定没错。不信把菜单拿来核对一下。"她的话把刚才点这道菜的客人弄得很不高兴,赵先生的脸也沉下来了说:"请小姐把点菜单拿来给我们看一下吧。要是你错了,得赶快给我们换。"服务员过去拿来点菜单,赵先生等人一看,上面果然写的"美极基围虾"。这一下,大家都感到奇怪了。刚才客人明明说的是"白灼基围虾",大家都听得很清楚,但现在怎么就成了"美极"了呢?那位服务员心里知道,自己当时一定是走神了,根本就没听清楚到底是"白灼"还是"美极",但想到"美极基围虾"这道菜点的人多,想当然就记成"美极"了。可是,她害怕赔偿,怎么也不肯主动承认是自己记错了,还是指着菜单硬说客人当时点的就是"美极基围虾",菜根本没上错。这时候,赵先生请的那位客人实在坐不住了,他有些气愤地说:"把你们经理叫来,我有话对他(她)说。"

服务员极不情愿地去叫来了经理。这位经理大概已经听服务员汇报了情况,他走过来后便说:"不好意思,你们刚才点的就是这道菜。我们酒店服务员都是经过严格考核和培训的,记忆力都很好,在客人点菜时会如实地记下每一道菜名……"大家本以为这位经理会过来赔礼道歉,把菜给换了,但没想到他居然会说出这种话!经理这番话的意思很明显:不是店方错了,而是赵先生等客人错了。客人愤怒地拂袖而起,说道:"好吧,请你赶快给我们结账吧!"赵先生见此情景,也觉得很是尴尬,劝也不是,不劝也不是。愣了一会儿之后,他才赶忙对那位客人赔不是说:"真对不起,请原谅!以后再也不到这种餐厅来吃饭了!"

任务 1   中餐厅介绍

【任务目标】
　　1.了解中餐厅的特点和分类。
　　2.熟悉中餐厅的布局和设施设备。
　　3.掌握中餐厅各岗位的职责和素质要求。

【任务执行】

2.1.1　中餐厅的特点与类型

1)中餐厅特点

　　中餐厅是为宾客提供中式菜肴、饮料和服务,沟通客人与厨房联系的部门,是酒店餐饮重要的利润中心,也是弘扬中华饮食文化的场所。

　　中餐厅是酒店餐饮部的主要餐厅,中餐厅的运营与管理是酒店餐饮部整体管理水平和服务质量的综合体现。中餐厅的管理水平、工作效率和服务水平的高低,直接影响到客人对酒店形象及服务质量的评价。

　　中餐厅的职能主要是为客人提供及时、热情、周到、细致的中餐服务;准确迅速地向厨房传递客人信息,为厨房菜品创新提供事实依据;促进中餐营销工作,建立稳固的、不断扩大的客户网。

2)中餐厅分类

(1)以市场目标分类

　　①高级餐厅。高级餐厅常常是提供特色菜肴、传统菜肴,出售美味精致的餐饮产品,具有雅致的空间、豪华的装饰、温柔的色调和照明、古典和传统音乐等宁静、优美的用餐环境及提供周到和细致的餐饮服务的场所。高级餐厅讲究餐具,讲究摆台,通常使用银器和水晶杯。餐厅经常有高雅的现场音乐或文艺表演,用餐费用较高。例如,中餐风味餐厅等。

　　②零点餐厅。零点餐厅主要是接待零散客人,向客人提供大众化的菜肴的餐厅,具有实用的空间、典雅的装饰、明快的色调和照明、传统音乐或现代音乐等良好的用餐环境,提供比较周到的餐饮服务场所。在这类餐厅用餐,气氛比较轻

松随便。

③多功能厅。多功能厅是酒店中最大的餐厅。它用于举行各种宴会、酒会、自助餐会、鸡尾酒会、报告会、展览会和其他各种会议的活动场所。多功能厅可以根据顾客的需求,分割成几个大小不同的餐厅。

（2）以服务方式分类

①传统餐厅。传统餐厅也称为服务上桌的餐厅。通常,这种餐厅包括风味餐厅、海鲜餐厅等。传统餐厅还包括高级餐厅和大众餐厅,由于传统服务是将菜肴和酒水送上餐桌,因此,只要餐厅的服务是上桌服务,这个餐厅通常被认为是传统餐厅。

②自助餐厅。自助餐厅是顾客自己到餐台拿取适合自己需要的菜肴,然后经过收款台结账付款的餐厅。这种餐厅常常根据顾客的用餐习惯,将餐厅的菜肴和酒水分作几个餐台,每个餐台上陈列着各种菜肴。顾客走到餐台自己去取菜肴,最后的一个台子是收款台,收款员根据顾客餐盘上的菜肴和酒水进行结账。大多数自助餐厅的餐桌上不摆台,顾客自己在餐台上取餐具。

③快餐厅。快餐厅是销售有限品种菜肴的餐厅,菜肴可以快速制熟,并且快速服务的餐厅。餐厅的装饰常采用暖色调,也有的采用冷色调。餐厅的布局显示明亮和爽快。菜肴的价格大众化。

（3）以经营品种分类

根据中餐厅的风味,有广东风味中餐厅、潮州风味中餐厅、北京风味中餐厅、上海风味中餐厅、四川风味中餐厅、山东风味中餐厅和淮扬风味中餐厅等。通常,风味中餐厅的特色通过菜单、服务、餐具、摆台及餐厅的装饰体现出来。

2.1.2 中餐厅布局和设施设备

1) 中餐厅布局

（1）中餐厅环境

中餐厅环境应创造优美、典雅、整齐、协调的艺术效果,以便给客人留下一个良好的第一印象,增加餐厅的形象吸引力,达到既增进客人食欲,又满足其精神需要的目的,从而提高酒店经济效益。

中餐厅桌面应使用鲜花,还应有盆栽或盆景以美化环境,但要求无枯枝败叶,修剪效果好;墙面应有一定的字画、条幅或其他墙饰(如木雕)等艺术品,并达到正规、完整、无褪色剥落的维修保养要求。

(2)中餐厅布局

中餐厅布局的总体要求是宽敞整齐、美观雅致,餐厅应在酒店主体建筑物内,或主体建筑物有封闭通道连接,同时,餐厅必须靠近厨房。餐厅应有分区设计,各服务区域设置合理,总体布局较好。同时,餐厅应配置专门的酒水台(吧台),以提供酒水服务。

(3)中餐厅灯光

中餐厅应使用与餐厅室内环境相协调的高级灯具,灯具造型要有一定特色,以便能创造较为金碧辉煌、热烈兴奋的气氛。另外,餐厅应设置应急照明灯。

总之,中餐厅应营造出怡人气氛,装饰布置与餐厅类型及所供菜点相适应。

2)中餐厅设施设备

中餐厅设施设备一般包括餐桌(方桌、圆桌等)、座椅、工作台、餐具柜、屏风、花架等,必须根据中餐厅所供菜点风味等设计配套,并与餐厅整体环境相映成趣,形成较为协调的风格。中餐厅的家具造型应科学,尺寸比例应符合目标客源市场的人体构造特点,以增强客人的舒适感。另外,为方便带儿童的客人前来就餐,中餐厅还应备有专为儿童设计的座椅。儿童座椅必须带扶手和栏杆,其座高一般为65厘米(普通座椅为45厘米),而其座宽和座深则比普通座椅略小。

2.1.3 中餐厅岗位设置和岗位介绍

1)中餐厅经理

(1)岗位设置

直接上级:餐饮部经理

直接下级:中餐厅楼面主管

(2)岗位职责

①督导完成餐厅日常经营工作,编制员工出勤表,检查员工的出勤状况,检查员工的仪表及个人卫生、制服、头发、指甲、鞋子是否符合要求。

②具有为酒店做贡献的精神,不断提高管理艺术,负责制定餐厅经理推销策略、服务规范和程序并组织实施,业务上要求精益求精。

③重视属下员工的培训工作,定期组织员工学习服务技巧技能,对员工进行酒店意识、推销意识的训练,定期检查并做好培训记录。

④热情待客、态度谦和,妥善处理客人的投诉,不断改善服务质量。加强现场管理,营业时间坚持在一线,及时发现和纠正服务中出现的问题。

⑤领导餐厅 QC(全面质量管理)小组对餐厅服务质量检查,把好餐厅出品服务的每一个环节。

⑥加强对餐厅财产管理,掌握和控制好物品的使用情况,减少费用开支和物品损耗。

⑦负责餐厅的清洁卫生工作,保持环境卫生,负责餐厅美化工作,抓好餐具、用具的清洁消毒。

⑧及时检查餐厅设备的情况,建立物资管理制度,做好维护保养的工作,并做好餐厅安全和防火工作。

⑨与厨师长期保持良好的合作关系。根据季节差异、客人情况研究制定特别菜单。

⑩参加餐饮部召开的各种有关会议,完成餐饮部经理下达的其他各项任务。

⑪定期召开餐厅员工会议,检讨近期服务情况,公布 QC 小组活动记录。

⑫搞好客人关系,主动与客人沟通。处理客人投诉,并立即采取行动予以解决,必要时报告餐饮部经理。

2) 中餐厅楼面主管

(1) 岗位设置

直接上级:中餐厅经理

直接下级:中餐厅楼面领班

(2) 岗位职责

①编定每日早、中、晚班人员,做好领班、迎送员的考勤记录。

②每日班前检查服务员的仪表、仪容。

③了解当时用餐人数及要求,合理安排餐厅服务人员的工作,督促服务员做好清洁卫生和餐、酒具的准备工作。

④随时注意餐厅就餐人员动态和服务情况,要在现场进行指挥,遇有 VIP 客人或举行重要会议,要认真检查餐前准备工作和餐桌摆放是否符合标准,并亲自上台服务,以确保服务的高水准。

⑤加强与客人的沟通,了解客人对饭菜的意见,与公关销售员加强合作,了解客人情绪,妥善处理客人的投诉,并及时向中餐厅经理反映。

⑥定期检查设施和清点餐具,制定使用保管制度,有问题及时向餐厅经理

汇报。

⑦注意服务员的表现,随时纠正他们在服务中的失误、偏差,做好工作成绩记录,作为评选每月最佳员工的依据。

⑧负责组织领班、服务员参加各种培训、竞赛活动,不断提高自身和属下的服务水平。

⑨积极完成经理交派的其他任务。

3)中餐厅楼面领班

(1)岗位设置

直接上级:中餐厅主管

直接下级:中餐厅服务员

(2)岗位职责

①检查服务员的仪表仪态,凡达不到标准和规范要求的不能上岗。监督服务员的具体操作,发现问题及时纠正,保证服务工作符合酒店星级标准。

②明确餐厅主管所分配的工作,领导本班服务员做好开餐前的准备工作,着重检查用品、物品是否齐备、清洁和无破损。

③检查桌椅的摆放是否规范,菜单、酒具是否卫生并无破损。按照领班检查表逐项检查,发现问题,及时报告主管。

④开餐后注意观察客人用餐情况。随时满足客人的各种用餐需求。遇有重要客人和服务员人手不够时,要亲自服务。

⑤督导服务员向客人推荐特别菜点、饮料,主动介绍菜单。

4)中餐厅迎宾员

(1)岗位设置

直接上级:中餐厅领班

协作人员:中餐厅值台员、服务员

(2)素质要求

①仪容仪表要求。面容端正秀丽,身材高挑匀称。妆容清新淡雅,时常保持微笑。优雅轻盈的站姿和走姿,标准自然的手势和动作。

②语言表达要求。使用规范服务用语,讲究礼节礼貌,口齿清楚伶俐,表达方式委婉,声调柔和,语速适中。能熟练运用一至两种外语。

③接待服务要求。快速准确地引领客人入座,尽快地熟悉客人,了解其国

籍、宗教信仰、生活习惯、特殊要求等,以便提供个性化的服务。

④文字处理要求。准确记录各项相关工作,如客人订座单、餐台安排表等。

⑤协调工作要求。良好的人际关系,协助相关工作岗位做好安排,互惠互助。

⑥应变调整要求。遇事冷静清醒、积极应对、快速应变、减小影响。

（3）岗位职责

①上岗时要求衣冠整洁、端庄大方、笑容可掬、彬彬有礼。

②参加餐前准备工作。

③在工作岗位主动而规范地迎送客人。掌握和运用礼貌语言,如:"先生、小姐您好,欢迎光临""欢迎您到我们餐厅就餐"等。

④接听电话或接收电邮,协助客人订座订餐。认真做好记录,并负责具体落实。解答客人有关菜肴、服务、设施等方面的询问。

⑤对近期或当日的餐厅的餐台安排、预订情况切实掌握,为引领接待做准备。

⑥根据客人需要、餐厅实况为客人引座至餐台边。

⑦协助客人拉椅让座、寄存衣帽。

⑧为就餐客人递送菜单、开胃酒单及推销餐前酒。

⑨为客人介绍值台员。

⑩掌握客人进餐人数、桌数、翻台等餐厅业务情况,并认真做好书面记录。

⑪接受宾客建议、投诉,并及时向上级汇报。

⑫有礼貌地送别客人,并协助客人叫车、按电梯门。

⑬当餐厅满座时,尽力安排客人在不打扰其他就餐客人的区域等候;提供茶水、刊物等。

⑭了解酒店内其他餐厅客情,以便随机安排。

⑮做好本服务区内的卫生清洁工作。

⑯参加餐后结束工作。

（4）工作器具

电话、纸笔、各种单据(如预先订座单等)、抹布。

5）中餐厅传菜员

（1）岗位设置

直接上级:中餐厅领班

协作人员：中餐厅值台员、迎宾员、服务员

（2）素质要求

①托盘端托要求。具有较强的托盘端托平衡技巧和负重能力，行走平稳，不洒汤汁，不损菜型，端法科学。

②菜肴质量要求。具备一定的菜肴知识，能够鉴别成品菜肴的质量并为之配上相应的调料、用具。

③菜单控制要求。认真仔细地核对菜单，控制平衡出菜。

④语言文字要求。能读懂看懂相同文字的菜单和客人的特殊要求。

⑤协调工作要求。良好的人际关系，协助相关工作岗位做好安排，互惠互助。

⑥应变调整要求。遇事冷静清醒，积极应对，快速应变，减小影响。

（3）岗位职责

①按要求做好仪容仪表准备。

②提前到岗做餐前准备工作，清洁工作区域的卫生。

③做好营业前的餐用具和传菜用具的准备工作，以便开餐时拿取使用。

④配合厨师做好出菜前的各项准备工作，并准备好各式菜肴所需的调味品、特殊工具。

⑤负责将订餐菜单送至厨房，并按上菜顺序准确无误地将菜肴送到厅面席边。

⑥负责将厨房烹制好的菜肴食品准确及时地传送给餐厅值台服务员。

⑦走菜快捷准确，控制平衡出菜，积极协助值台员。

⑧协助把好菜品质量关，对菜肴的原料新鲜程序、器皿的选择、分量、菜品的色香味形等是否标准做出鉴别。

⑨及时传递用餐宾客的各种要求，并负责落实。

⑩负责保管点菜订餐菜单，以备随时核查复审。

⑪做好前后台的沟通工作，及时传递信息。

⑫开餐结束后，清洁整理传菜用具、场地卫生。

（4）工作器具

各式托盘、抹布、台标、保温盖、推车、纸、笔等。

6）中餐厅值台员

（1）岗位设置

直接上级：中餐厅领班

协作人员:迎宾员、传菜员、服务员

（2）素质要求

①仪容仪表要求。妆容淡雅,时常微笑。姿态优雅轻盈,动作标准自然。

②语言表达要求。使用规范服务用语,能熟练运用一至两种语言与客人良好沟通。具有娴熟自然的推销技巧。

③接待服务要求。通过迎宾员的介绍等途径尽快地熟悉了解客人,以高超的服务技巧、优良的服务意识赢得客人的满意。

④文字处理要求。迅速而准确地记录菜单、酒水单等。

⑤协调工作要求。良好的人际关系,协助相关工作岗位做好安排,互惠互助。

⑥应变调整要求。遇事冷静清醒,积极应对,快速应变,减小影响。

（3）岗位职责

①着装干净整洁、守时,服从工作安排。

②餐前餐后擦净整理好餐具、服务用具,搞好餐厅的卫生工作。

③负责定时送洗、收回餐厅的布草。

④负责餐厅摆台,做好开餐前的准备工作。保证各类餐用具清洁无破损,调味器皿干净、量充足。

⑤负责补充工作台。

⑥准备好客人订餐所用的订餐单、笔,用餐所需打火机、开瓶器等。

⑦熟悉餐厅菜单所列各式菜肴,了解其原料、配料、烹调方法、烹调所需时间,菜肴口味、所属菜系、是何来历、有何典故,菜肴价格、分量、相应的服务方式方法等。

⑧熟悉餐厅内所经营的各种酒水、饮料,了解其产地、特点、指标、价格等,能够做好推销工作。

⑨按厅规定的服务程序和标准及就餐客人的要求,为客人上菜、分菜、斟酒,收换餐具,提供优质服务,令客人满意。

⑩正确地为客人结账,接受客人对菜肴服务等提出的建议或投诉,及时汇报。

⑪客人走后,迅速翻台或为下一餐摆台。

⑫积极做好餐后收尾工作。负责清查包厢情况,补充用具,做整理工作。

⑬交接好方可下班。

（4）工作器具

纸、笔、托盘、服务用巾、打火机、开瓶器、抹布、冰桶、冰夹等。

任务2 中餐服务基本技能

【任务目标】

1. 熟练掌握托盘、餐巾折花、斟酒、中餐摆台、上菜、分菜等操作规范和方法。
2. 掌握各种操作技能在具体应用过程中的技巧,做到运用自如,处理灵活。

【任务执行】

2.2.1 技能一:托盘

1)托盘的作用、种类及用途

托盘是餐饮服务人员托送食品、饮料及餐饮用具的常用工具。在餐饮服务工作中,无论是摆、换、撤、运餐具,还是走菜、托运饮品,都要根据不同的物品及工作需要,用各种不同规格的托盘装运、递送,因此,托盘是餐饮服务人员在工作中必须熟练掌握的一项服务技能。

(1)托盘的作用

①正确地使用托盘,能减少搬运次数,减轻劳动强度,提高服务质量和工作效率。

②体现餐厅服务工作的规范化,显示餐厅服务人员的文明操作。

③进餐的宾客在获得物质享受的同时,又能欣赏到服务人员熟练而又高超的托盘技艺,无意中又增添了精神上的乐趣。

(2)托盘的种类

①根据托盘制作材料可分为木质托盘、金属(如银、铝、铜、不锈钢等)托盘、胶木托盘和塑料防滑托盘。目前中餐使用得较为普遍的是胶木托盘,它具有轻便耐用、防滑防腐的特点。

②根据托盘的形状,可分为方形托盘、圆形托盘、椭圆形托盘和异形托盘。

③根据托盘规格,可分为大型托盘、中型托盘和小型托盘。

(3)托盘的用途

托盘的用途如表2.1所示。

表2.1 托盘的用途

托盘类型	用　途
大中长方形托盘	托送菜点、酒水和盘碟等较重物品
大、中型圆盘	用于摆、换、撤餐具、酒具以及斟酒、送茶、送咖啡等
小型圆盘	主要用于递送账单、收款、递送信件等
异形托盘	用于特殊的鸡尾酒会或其他庆典活动

2)托盘的操作技能

托盘的基本要求:端走平稳,汤汁不洒,菜不变形,清洁卫生。根据物品重量的不同,使用托盘有轻托和重托两种方式。

(1)轻托

轻托又称胸前托,用于运送少量的酒水饮料、餐具、传菜、斟酒、摆台、撤换餐具等。所托物品重量一般5千克左右。轻托一般在宾客面前操作,因此熟练程度、优雅程度及准确程度就显得十分重要。轻托一般多使用中、小型圆盘,其操作程序和方法如下:

①理盘。

A.根据用途和需要选择合适的托盘。

B.将托盘洗净,擦干,在盘内垫上干净的餐巾或专用的盘垫布。

C.整理后的托盘应整洁美观,具有防滑作用。

②装盘。根据物品的形状、体积和使用先后合理安排,以安全稳妥、便于运送为宜。

A.将重物、高物摆放在里面,轻物、低物摆放在外面。

B.先上桌的物品放在外面、上面,后用的物品放在里面、下面。

C.上、下重叠装时,重的、大的放下面,轻的、小的放上面。

D.要求盘内的物品排列整齐,物品的重量要分布得当,重心要安排在盘中或稍里边。

E.离开厨房前,检查托盘,是否所有食物皆在其中。

③托送。

A.手姿要求。操作时左手臂自然弯曲成90°,手肘自然地离开腰部,掌心向上,五指分开,以大拇指指端到手掌的根部和其余四指托住盘底,手掌形成凹形,重心压在大拇指根部,使重心点和左手五指指端形成"六个力点",掌心不与盘底相触,将托盘平托于胸前。

B.起放要求。起托时,左脚向前一步,站成弓形,上身前倾,将左手掌置于工作台面下方,用右手将托盘拉出台面1/3,右手协助左手将盘托起,等托平稳后,再放下右手。落盘时,右脚先向前一步,上身前倾,使左手与台面处于同一平面上,再用右手相助向前轻推,左手慢慢向后收回,将托盘全部放平于台面上。

C.站姿要求。收腹挺胸,上身挺直,头正肩平,两眼正视前方,两脚靠拢,右手臂自然下垂或背后。

D.行走要求。盘边不贴腹,手臂不撑腰,步履轻快,遇障碍物避让自如,托盘随着步伐的节奏自然地摆动,但摆动的幅度不宜过大,以保证盘内的汤汁、酒水不洒。托盘的姿态要美观大方,轻松自如,如图2.1所示。

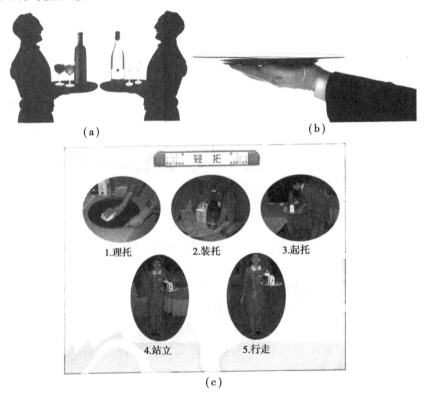

图 2.1　轻托示意图

(2)重托

重托又称肩上托,主要用于托送较多菜品、酒水和空盘碟,所托重量在5千克以上,要选择质地坚固的大中型长条盘。重托要求不仅有较强的臂力,而且需要熟练的技术。由于托盘较大,托物较重,一般不适合在餐桌旁使用,多用于传菜员在厨房与餐厅之间传菜。目前,在餐厅运送重物时,大部分采用各类餐车推送,既安全又省力。重托操作要领是:

①理盘。同轻托理盘规范。

②装盘。重托的主要特点是"重",因此要求盘内的物品要摆稳,重量分布均匀。常要重叠摆放,上边菜要平均搁在下边两盘或三盘或四盘沿上,形状一般为金字塔形。

③托送。

A. 手势要求。用双手将托盘拉出台面1/3,左手掌心及五指贴在盘底,掌握好重心后,用右手协助左手向上缓慢托起至胸前,向上左后方转动手腕180°,将盘稳托于左肩上方。

B. 操作要求。重托时要求盘底不搁肩,盘前不近嘴,盘后不靠发。盘内物品的装载重量要力所能及,堆物的大小、体积要安排得当,起托后一般不能随意减少盘内的物品。

C. 行走要求。上身挺直,两肩平齐,行走时步履轻快,肩不倾斜,身不摇晃。起托、后转、行走、放盘时要掌握重心,保持平衡。右手可自然下垂摆动或扶住盘内角,以防意外的碰撞。

D. 托盘要求。动作表情要自然轻松,整个重托过程要求平、稳、松。放托盘时,屈膝但不能弯腰,如图2.2所示。

3)托盘的注意事项

①要注意盘内物品的重量、数量、重心的变化,左手手指要不断地移动,随时调节托盘的重心,保持托盘的平稳。

②不可将托盘越过客人头顶。

③不允许将托盘随意地放置在宾客的餐桌和座椅上。

④托盘不使用时,服务员必须按餐厅标准和要求放在指定位置,不可到处闲置。

⑤当托盘内无物品时,仍应保持正确托盘姿态行走,不可单手拎着托盘边缘行走。

⑥营业结束后,统一收齐交管事部洗碗工清洗、消毒、保管。

(a)   (b)

重托

1.理托   2.装托

3.起托   4.站立   5.行走

(c)

图2.2　重托示意图

2.2.2　技能二:餐巾折花

餐巾又称口布、茶巾、席巾等,是餐厅经营中供宾客用餐时专用的卫生清洁用品。餐巾折成各种花型后,就成为餐台布置中的艺术装饰品。餐巾折花是运用折叠、推、穿、翻、拉、卷、捏、掰等不同的技法,模仿自然形态,将餐巾折叠成不同形态的一种操作技能,如图2.3所示。

图2.3 餐巾折花一

1)餐巾花的作用

(1)卫生保洁

宾客在就餐时将餐巾衬在胸前或放在膝上,一方面可以用来擦嘴和擦手,另一方面可以防止汤汁油污弄脏衣服,起到保洁作用。

(2)美化席面

餐巾折花不仅是摆台的重要组成部分,而且是一种不可缺少的装饰品。将餐巾折叠成栩栩如生的各种花型和惟妙惟肖的实物造型,并根据餐具的特点和台布的色泽进行巧妙的构思,不但表示了各类宴会的主题,起到了美化席面的作用,而且给餐厅增加了欢快的气氛,给客人一种艺术美的享受。

(3)突出主题

不同花型及摆设,可点化宴会主题和标志主宾席位。如主人、嘉宾采用一种餐巾花型,其他客人采用另一种餐巾花型;最高的造型表示主人的座位,低的花型则表示一般宾客的座位;鲜艳的、少量的餐巾表明是重要位置,让重要宾客就座,则客人一进门就可知自己位置。主办者可以借助餐巾花的色彩、造型、名称所代表的寓意来传达对客人的尊敬和祝愿。

餐巾花以无声的语言、整洁的面目、幽雅的姿态,在宴会上交流宾客间的感情,烘托和谐气氛。所以,餐饮服务员必须熟练掌握这一基本技能。

2) 餐巾花的种类

(1) 按纺织材料分类

①全棉餐巾:吸水性强、去污力强;浆熨后挺括,易折成型,造型效果好,但折叠一次,效果才最佳,返工后影响平整度。纯棉餐巾清洗麻烦,洗净后需上浆,熨烫,平均寿命 4~6 个月。

②棉麻餐巾:质地较硬,不用上浆也能保持挺括。

③化纤餐巾:色彩鲜艳丰富,挺括;富有弹性,比较平整;方便洗涤、不褪色;并且经久耐用,可用 2~3 年。但是可塑性不如棉织品好,折制杯花时不易做出造型。易清洗,但吸水性差,去污力不如棉织品,且手感较差。

④纸质餐巾:一次性使用,成本较低,更换方便,但是不够环保,一般用在快餐厅和团队餐厅。

⑤其他材质餐巾:在一些特别的场合,为了配合宴会主题或餐厅特色等,也会使用一些特殊材质的餐巾,比如丝绸等。

(2) 按色泽分类

按色泽可将餐巾分为白色和彩色两大类。

(3) 按餐巾花在餐台上摆放成型分类

①杯花:特点是立体感强、造型逼真,但常用推、折、捏和卷等复杂手法,容易污染杯具,不宜提前折叠储存,从杯中取出后即散形并且褶皱感强。杯花一般用于中式餐会之中,在我国,它也常用于日餐、韩餐的餐台设计之中。

②盘花:指将折好的花型置于餐碟内或直接放置在台面上,花成型后不会自动散开。常用于西餐、散座、茶市等服务。盘花具有技法简单、折叠迅速、造型美观大方、餐巾折皱少、操作清洁卫生等优点。

③环花:是将餐巾平整卷好或折叠成造型,套在餐巾环内。餐巾环也称为餐巾扣,有瓷制、银制、象牙、塑料、骨制的等。此外餐巾环也可用色彩鲜明、对比感强的丝带或丝穗带代替,将餐巾卷成造型,中央系成蝴蝶结状,然后配以鲜花。餐巾环花通常放置在装饰盘或餐盘上,特点是传统、简洁和雅致,如图2.4所示。

(4) 按餐巾成型后的外观造型分类

①植物类造型餐巾花:即根据植物的形态折叠的花型,如荷花、水仙花、月季花、迎春花、美人蕉等花类造型。

②动物类造型餐巾花:包括以飞禽走兽为主,昆虫、鱼虾为辅的造型花型。动物类造型餐巾花有的取其原型的整体,也有的取其特征,或选其寓意。形态上

生动、活泼、可爱,传神达意,寓意吉祥、祝福、欢迎,如图2.5所示。

（a）

（b）

（c）

图2.4 餐巾折花二

③实物造型类:模仿日常生活各种实物形态折叠而成,如僧帽、皇冠、折扇、蜡烛等,如图2.5所示。

（a）孔雀开屏　　　　（b）朝阳立扇　　　　（c）百年好合

图2.5 餐巾折花三

（5）按为区别宴会参加者的不同身份分类

①主花：是宴会中的主人、主宾使用的餐座上的标志性折花造型。主花在大型宴会中应明显地区别于其他餐巾折花，可利用其高度、花型、餐巾颜色加以区别。

②从花：是一般宴会中除主人、主宾之外的其他宾客所使用的造型餐巾花。

（6）按餐巾花的功能分类

①实用性餐巾花：是指开餐后，将成型的餐巾花散开成餐巾使用的餐巾花。

②装饰性餐巾花：是指纯粹以其装饰性来美化和丰富台面、活跃气氛，而不考虑其使用的餐巾花。

3）餐巾花型的选择

花型的选择和运用一般是根据餐厅的装饰风格、宴会的性质、规模、餐厅的大小、冷盘的造型、季节时令、来宾的宗教信仰和习惯、宾主的座次安排、餐具的规格等诸多因素考虑的。总之，选择的花型要与餐厅的环境气氛协调，以达到总体美观的效果。

①根据餐厅的大小选择花型。大型餐厅一般选用简单、统一的花型；小型餐厅可以在同一餐桌上摆放不同的花型，或选择较为复杂的花型，营造一种生动活泼的气氛。

②根据宴会性质选择花型。根据宴会的性质选用与之相应的花型，如利用餐巾花可以组成鸟语花香、友谊花篮、热爱和平、百花齐放、百鸟朝凤、蝴蝶闹席、花好月圆等富有寓意的台面，突出宴请主题，渲染宴请气氛。

③根据宴会规模选择花型。一般在承办大型宴会时，主宾席应选用折叠精细、造型美观的花型，其他桌可选用一类或一种花型，每台的花型互不相同，可使每个宴会布局显得整齐、美观、大方。如果是单桌或两三桌的小型宴会，同在同一桌上使用不同种类的花型，或用两三种花型相间搭配，使席面折花显得造型各异，丰富多彩，既多样又协调。

④根据冷盘造型及菜肴特色选花型。冷盘的造型若是鸟则折叠飞禽类花型；冷盘是花则以植物类花型衬托，花与菜肴相互呼应，形成一种欢快活泼的气氛。

⑤根据时令季节选择花型。按季节选择花型，使台面的花反映出季节的特色，可给人时令感。春季可选用迎春、月季以示满园春色的气氛；夏季可选择荷花、玉兰花等可令客人感到凉爽；秋季可选用菊花、秋叶等花型；冬季可选用如梅

花等。

⑥根据接待对象(宾客的宗教信仰和风俗习惯)选择花型。来自不同国家和地区的宾客,他们在宗教信仰、风俗习惯以及性别年龄等方面存在差异,这就需要根据实际情况区别对待,尽可能选择客人喜欢的花型。

⑦根据主宾席位选择花型。宴会主宾、主人席位上的餐巾花,应选择较名贵、叠工精细、美观醒目的花型,其目的是使宴会的主位更加突出。

⑧根据餐碟的尺寸选择花型。

4)餐巾花的摆设

①餐巾花底部较大花型宜插在水杯中,底部较小插高脚杯或需平摊摆放在食盘里。

②餐巾花插入杯中的深度要恰当,插花时要保持花型的完整,露在外面的是主要的,插入后要整理花型,使其到位,水杯是透明的,杯内部分也应折叠整齐,线条清楚,不能乱插乱塞。

③注意花摆设朝向,应将餐巾花的观察面朝向宾客。

④摆放餐巾花时距离要均匀,整齐一致,长台上的花要摆在一条直线上,不遮挡餐具和台上用品,不影响服务操作。

⑤不同的花型在同桌摆放时,要将形状相似的花对称摆放。

⑥主花要摆在主位,副主位为次高花,一般花则摆在宾客席上,使整个台面上的花型高低均匀,错落有致。

5)餐巾折花的基本技法

餐巾折花的基本技法主要有叠、推、卷、翻、拉、瓣、捏、穿等,如图2.6所示。

①叠。即折叠的意思,是最基本的折花技能。一般有正方形折叠、长方形折叠、多层折叠、对角折叠等。可以折叠成矩形、正方形、三角形、菱形、梯形、锯齿形等几何图案。

②推。又称推折,是餐巾上打折的一种技法,使花型层次丰富,立体感强,造型更加美观、逼真。推折又可以分为直推和斜推两种。直推也称平行推,折褶的两头大小一样;斜推要求一手固定不动,另一手绕中点沿圆弧形方向推折,斜推的折褶一头大,一头小,形似扇状。折褶时,用双手的拇指、食指分别捏住餐巾两头的第一个折褶,两个大拇指相对成一线,指面向外;两手中指按住餐巾,并控制好下一个折褶的距离;拇指、食指的指面握紧餐巾向前推折至中指;用食指将推折的褶挡住,中指腾出来控制下一个折褶的距离。三个手指只有如此互相协调

配合,才能使推折裥均匀整齐、距离相等。

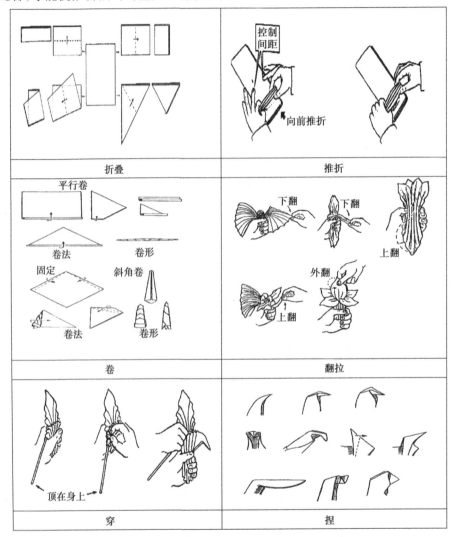

图 2.6　餐巾折花三

③卷。卷是将餐巾制作成桶形的一种技法,有直卷和斜卷两种形式。直卷也称平行卷,是将餐巾的两头同时平行地向前卷,形成卷筒的两头粗细相同;斜卷亦称螺旋卷,操作时将餐巾的一头固定,只卷一头。或一头多卷,一头少卷,形成的卷筒为圆锥状。卷的操作要领是:平行卷时两手用力要均匀,卷筒的直径基本相同;斜卷要按花形的要求控制卷筒的大小。无论采用哪一种卷法,均要求卷

紧,卷得挺括。

④翻。翻是指餐巾花折制的过程中,上下、前后、左右、里外改变部位而进行翻折的一种技法。一般是将餐巾的巾角从下端折至上端、两侧向中间翻折、前面向后翻折,或是将夹层里面翻到外面等,以构成花、叶、蕊、翅、头颈等形状。翻的要领是:翻出的边或角大小适宜,比例恰当,自然美观。

⑤拉。即牵引,是在翻的基础上,为使餐巾造型挺直而使用的一种手法。如折鸟的翅膀、尾巴、头颈、花的茎叶等时,通过拉的手法可使折巾的线条曲直明显、花型挺括而有生机。在翻拉过程中,双手要配合好,松紧适度。在翻拉花卉的叶子及鸟类翅膀时,要注意大小一致、距离相等、用力均匀、不要猛拉,否则会摘坏花型。

⑥掰。一般用于花(如月季花)的制作。制作时,将餐巾叠好的层次,用右手按顺序一层层掰出花瓣。掰时不要用力过大,掰出的层次或褶的大小距离要均匀。

⑦捏。主要是做鸟与其他动物的头所使用的方法。操作时,先用一只手的拇指和食指将餐巾巾角的上端拉挺做头颈,然后用食指将巾角尖端向里压下,再用中指与拇指将压下的巾角捏紧,并捏成一个尖嘴,作为鸟头,其大小根据鸟头、鸟体、鸟翅的大小而定。

6)餐巾折花的注意事项

①操作前洗手消毒,剪短指甲,穿着干净工作服。
②准备好已消毒的托盘、水杯、餐巾、筷子。
③检查餐巾的正反面是否符合要求,在干净托盘或餐盘中操作。
④了解客人对花式的禁忌和喜好。
⑤选好花型,掌握要领,一次成型。
⑥餐巾折花设计要求美观和谐,符合宴会类型和特色。

2.2.3　技能三:中餐斟酒

酒水在饮用前,服务人员要将其进行一定的处理,并根据不同的要求斟入客人酒杯中的服务过程称为斟酒。由于酒水的品种繁多,饮用要求的温度、盛载的杯具和服务都不尽相同,尤其是宴会,用酒品种较多,对斟酒技艺要求较高,还要了解各类酒水饮料的中英文名称、价格、容量等有关知识,因此斟酒是餐厅服务工作中一项比较细致的工作。

斟酒的内容包括备酒、冰镇或温烫、示酒、开瓶、斟倒、续斟等。

1)斟酒的操作程序

(1)斟酒前的准备工作

①酒水领取。从库房领取不多于两天平均销售量的酒水,将瓶身擦净,注意观察商标是否完整。

②酒水检查。从外观上检查酒水质量,酒水内有无沉淀物、悬浮物、浑浊现象等,瓶身有无破裂。若有问题,应及时更换。

③酒水摆放。准备齐全的酒水要进行分类,合理地摆放,使其整齐、美观,又便于取用。

(2)酒水的冰镇与加热

①冰镇。许多酒水的最佳饮用温度要求低于常温。如白葡萄酒的饮用温度为8~12 ℃;啤酒的最佳温度为4~8 ℃;香槟酒和有汽葡萄酒的最佳饮用温度为4~8 ℃。因此,斟倒前要对其进行降温处理。冰镇的方法一般有以下几种:

A.冰箱冷藏:提前将酒品放入冷藏柜内,使其缓慢降至饮用温度。一般用于饮料和啤酒的冰镇。

B.冰桶冰镇:其方法是准备好需要冰镇的酒品和冰桶,将酒瓶插入放有冰块(冰块不宜过大或过碎)的冰桶中,10分钟左右即可达到冰镇效果。一般用于白葡萄酒、香槟酒和玫瑰葡萄酒的冰镇。

C.冰块降温:将2~3块食用冰块放入饮用杯内,然后进行斟酒,使酒液在杯中降温并稀释。金酒、威士忌、利口酒等一般用此种方法降温。

D.溜杯降温:是用冰块对杯具进行降温处理。服务员手持酒杯的下部,杯中放入一小块冰块,将冰块放在杯壁旋转溜滑,降低杯子的温度,以达到降温的目的。

②温酒。温酒亦称升温、温烫,即某些酒品在饮用前要对酒进行升温处理,以使酒味更浓郁醇厚,喝起来更有滋味。如黄酒、日本清酒要做升温处理,有些地区喝白酒也需要温烫。温酒的方法有水烫、烧煮、燃烧、冲泡4种。水烫和燃烧一般是当着客人的面进行操作的,水烫放置在台面上可以增添恬静、雅致的就餐气氛,而熊熊的火焰则形成了热烈欢快的局面。

(3)示瓶

示瓶是服务人员将比较贵重的酒在斟酒前出示给宾客过目的一个服务程序,也是酒品销售的一个重要环节。示瓶的目的是让客人核实所点的酒品品种准确无误;同时,让客人自己通过酒瓶的商标和外观进一步验证所销售的酒品货真价实;通过示瓶也可以向客人表明服务人员的周到和对客人的尊敬。

具体操作方法是:服务员站在点酒客人的右侧,左手持折叠好的餐巾,包托着瓶底,右手扶瓶颈,酒瓶的商标朝向客人,让客人辨认商标、品种,直至客人点头认可。示瓶是斟酒服务的第一道程序,它标志着服务操作的开始。

(4)开瓶

酒瓶的封口方法有瓶塞和瓶盖两种,因此相应的开瓶器也有两大类,一类是专门用于开瓶盖的扳手,另一类是专门用来开瓶塞的酒钻。开瓶时要注意以下问题:

①开瓶要在桌上操作,酒席宴会一般在客人的视线能观察到的工作台上开瓶。

②服务员先用洁净的餐巾把酒瓶包上,然后割开瓶口的锡箔。

③将开酒钻的螺丝锥刺入软木塞,然后加压旋转酒钻,右手向上用力牵引取出软木塞。

④开瓶时动作要轻、准确、敏捷、果断,尽量减少瓶体的晃动。

⑤开启瓶塞后,用干净的布巾仔细擦拭瓶口,注意不要将瓶塞渣和污垢落入酒中。

⑥检查瓶中酒是否存在质量问题,气味是否正常。

⑦在开启易拉罐饮料及气体较大的酒水饮料时,不可对着客人开,应将瓶口对着自己,并用手遮挡,以示礼貌。

⑧将开瓶后的封皮、木塞、瓶盖等杂物收拾干净,如图2.7所示。

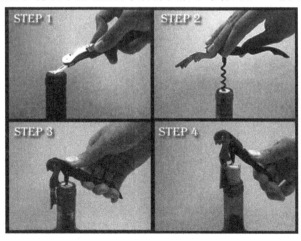

图2.7　开瓶

(5)斟酒

斟酒的方法有两种:托盘斟酒和徒手斟酒。徒手斟又可分为桌斟和捧斟。

①托盘斟酒。托盘斟酒适宜于宴会,客人需要不同的酒水,以提高服务效率。其方法是:左手托盘,右手持酒瓶斟酒,站在宾客右后侧,身体微向前倾,右脚伸入两椅之间,但身体不要紧贴宾客。

②徒手斟酒。

方法一:桌斟。

服务员左手持餐巾,背在身后,右手持酒瓶的下半部,酒瓶的商标朝向宾客,站在客人的右后侧,右脚朝前,侧身而进,右脚跨在两椅之间,两脚呈丁字形,右臂伸出进行斟酒,身体微微向前倾,不要紧靠客人,也不要离得太远,斟酒完毕,将瓶口抬起并顺时针旋转45°后向回收瓶。每斟一次擦一次瓶口,手持酒瓶要小心,勿振荡起瓶中的沉淀。

方法二:捧斟。

捧斟多用于酒会和酒吧服务,适用于非冰镇处理的酒。其方法是:右手握瓶,左手持杯,站在客人的右后侧向杯内斟倒,然后将斟好的酒杯放在客人的右侧。操作时要在台面以外进行,其动作要做到准确、幽雅、大方,如图2.8所示。

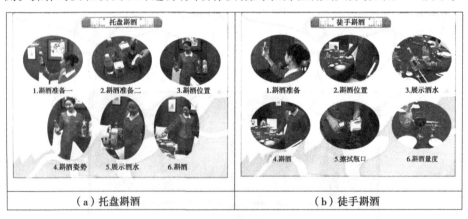

图2.8　斟酒

斟倒葡萄酒、黄酒和白酒时可徒手斟酒,啤酒、软饮料或者当宾客所点的酒水品种较多时,应用托盘斟倒。目前徒手斟酒在酒店餐饮服务中较为普遍。

无论哪种方式斟酒都要做到动作优雅、细腻,处处体现出对客人的尊重并注意服务的卫生。

2）斟酒的相关知识

（1）斟酒的时机

①重要宴会斟酒。中餐宴会常用的酒水主要有酒精度较高的白酒,如茅台、五粮液、汾酒等;酒精度较低的葡萄酒、黄酒、啤酒等;饮料一般有矿泉水、可乐及各种果汁。

在宴会开始前5分钟,服务人员将葡萄酒和烈性酒作为礼酒斟好,以备客人举杯祝贺饮用,待客人入座后,再斟倒饮料及其他酒水。在有宾主讲话的宴会上,负责主桌的服务员要事先将酒斟好,并放在托盘上,当讲话结束时要及时送上酒水,供宾主举杯祝贺饮用。

②小型宴会。一般是待客人入座后斟酒。斟酒前,应先示意一下酒水,征求客人的意见,再按客人的需求斟倒。

③宾客进餐期间。要随时观察每位宾客的酒水饮用情况,见到杯中只剩1/3杯时,要及时续斟。但啤酒、香槟酒却要待客人饮用完后再斟,以免影响口味。对于非整瓶销售的酒水,若客人需要添加时,应另换酒杯。

（2）斟酒的顺序

①宾客顺序。待客人入座后,中餐宴会和零点服务一般是从主宾位置开始,按照男主宾、女主宾、再主人的顺序顺时针方向绕桌斟酒。有时也从年长者或女士开始斟酒,若是两位服务员同时服务,则一位从主宾开始,另一位从副主宾开始,按顺时针方向进行。

②酒品顺序。酒品的顺序应地域风俗或季节的不同而不同。如北方先斟高度酒,而江浙一带则先斟中度酒;寒冷季节先斟高度酒,而夏季则先斟冰凉的啤酒。

（3）斟酒量的控制

中餐在斟各类酒水时,习惯以八分满为宜,以示对宾客的尊重。但目前大部分餐厅的斟酒量是根据酒的饮用特点及杯具的容量确定的。

（4）斟酒注意事项

①瓶口不能搭在酒杯口上,以防止将杯口碰破或将酒杯碰倒,但也不要将瓶拿得过高,以免酒水溅出杯外。瓶口与杯口之间保持一定距离,以2厘米为宜。

②凡需使用冰桶的酒从冰桶中取出后,应以一块服务巾包住瓶身,以免瓶外水滴弄脏了台布或宾客衣物;使用酒篮的红葡萄酒的瓶颈下应垫一块布巾或餐巾纸。

③斟酒时,要随时注意瓶内酒量的变化情况,瓶内酒量越少,流速越快,流速过快容易冲出杯外,所以,要随时注意酒量变化,以适当倾斜度控制酒液流出速度。

④要随时观察杯中宾客酒水的饮用情况,当宾客杯中酒水少于1/3时,应征询客人意见,及时斟酒。瓶内酒水不够斟满一杯时,为了尊重客人,应换上一瓶酒再斟,切忌先斟半杯、再续半杯的情况发生。

⑤宴会上,主宾通常要讲话,讲话结束后,双方都要举杯祝酒,所以,在讲话前,服务员要将酒水斟齐,以免祝酒时杯中无酒。

⑥主宾讲话时,服务员要停止一切操作,站在适当的位置,并保持肃静。讲话结束时,负责主桌的服务员要将讲话者的酒水送上供祝酒之用。有时,讲话者要走下台向各桌宾客敬酒,这时要有服务员托着酒瓶跟在讲话者身后,随时准备为其添酒。

⑦由于操作不慎而将酒杯碰翻时,应向宾客表示歉意,并立即将酒杯扶起,检查有无破损;如有破损,要立即更换新的;如无破损,要迅速用一块干净餐巾铺在酒迹上,然后将酒杯放回原处,重新斟酒;如果是宾客不慎将酒杯碰倒、碰破,服务员也要这样做。

2.2.4 技能四:中餐摆台

摆台又称餐台设计、餐桌布置、铺台,是指为客人就餐确定席位,并将餐饮活动中所需要的餐具用具及其他物品按一定的要求摆设于餐桌上的过程。摆台是餐厅服务工作中一项技术性较高的技能之一,是宴会设计的重要内容,也是餐饮服务人员必须掌握的一门基本功。

摆台的具体内容有:餐台的排列、席位的安排、铺台布、摆放餐具、台面小件布置及美化台面等工作。

1)摆台的基本要求

由于各地的饮食习惯不同,宾客的就餐形式和规格不同,所摆放餐具的种类、件数及台面的造型都有所不同,而且各酒店具有各自独特的摆台方式,不可能完全统一,但是摆台的基本要求是相同的。要求所摆设的台面必须遵循整洁有序、尊重食俗、适应需求、配套齐全、方便就餐、方便服务、形式多样、艺术美观的原则。因此,摆台的总体要求是:

(1)餐具洁净,完整无缺

摆在台面上的餐具应该是无污迹、水迹、油迹,消毒指标达到国家的有关标准,无缺口、裂纹,品种花色一致,整体搭配协调。

（2）手法卫生

摆台操作时要求盘碗拿边,杯盏拿底,刀、叉、匙、筷拿柄,手持餐具时尽量不要接触餐具的入口处部分。

（3）间距恰当

中餐摆台一般是以骨碟定位,西餐是以餐盘定位,因此要求定位餐具之间的距离均匀,每组餐具的摆放要相对集中。

（4）便于进餐和席间服务

摆放餐具的顺序是:骨碟定位,然后按先左后右、先里后外、先中心后两边的原则来摆放。餐桌餐椅的排列要整齐协调,井然有序,中餐每个客位所占有的桌边距应在60厘米左右,既便于客人就餐、活动,又确保服务工作的顺利进行。

（5）装饰适宜

台面的装饰要符合餐厅整体布置的风格,富有艺术性。普通宴会的装饰不能过于华丽,以免与菜肴相比形成喧宾夺主的局面,同时也提高了经营成本。高档宴会不能布置得过于简单,否则无法体现宴会的主题、规格及高雅隆重的宴请气氛。

（6）台面清洁、整齐美观

台面上所有的布件、餐具用具、装饰品都要洁净,餐具用具的摆放要有规律,整体布局要整齐统一。

（7）符合各国、各民族的生活习惯和社交礼仪

在酒席宴会上,席位的安排、餐具的摆放可根据宴请客人的生活习俗、就餐形式和规格而定。

2）摆台用具

中餐摆台用具种类繁多,式样与用途甚为复杂,主要有餐碟（又称骨盘、接骨盘、土司盘、忌司盘,各地叫法不同）、筷架、筷了、汤碗（也称口汤碗）、汤匙（汤匙一般是瓷制,放在汤碗里,也称调羹、汤勺、小瓷勺等）、不锈钢制的长柄匙（用作个人用餐具或公用餐具）;饮具:中餐饮具通常为水杯（也叫啤酒杯）、黄酒杯（也叫甜酒杯、色酒杯、葡萄酒杯）、白酒杯（也叫烈性酒杯）,有的餐厅还摆上茶盅;公用餐具:如公筷、公勺、公叉等;其他还有调味品、牙签、席签（座次卡）、台签（席次卡）、花瓶、烟灰缸。值得一提的是,现在公共场所提倡不吸烟,甚至有的地方规定禁止吸烟,因此,现在摆台时通常不放烟灰缸。

3) 中餐摆台

（1）中餐便餐摆台

①摆台准备。

A. 洗净双手,领取各类餐具、台布等。

B. 用干净布巾擦亮餐具,要求无任何破损、污迹、水迹、手印、口红等。

C. 检查台布、桌裙是否干净,是否有破洞、油迹、霉迹等。

D. 检查桌椅是否干净、牢固,餐具、杯具、布草是否齐备,服务用具、用品是否齐备。

②铺台布。台布的作用是保持台面的清洁卫生、美观大方,同时又便于工作人员服务。铺台布时要根据餐桌的大小选择台布。铺台布时服务员站在主位一侧,用双手将台布抖开铺在桌面上。圆桌铺台布的方法一般有 4 种形式:抖铺式、推拉式、撒网式和肩上式。圆桌铺台布的要求是:

A. 台布的正面向上。

B. 台布的折缝要正对正副主人位,十字中心点居于桌面正中。

C. 同一餐厅中所有餐台和台布折缝要横竖统一。

D. 台布的四角要遮住桌腿,四角下垂部分与地面之间的距离要相等。

E. 铺好的台布要平整,无皱褶,图案花纹要置于餐台正中,文字要正对主位。

③摆餐椅。

④上转盘。将转盘置于餐台中央。转盘应无油渍、污渍,洁净光亮,转动灵活,无偏心转动,无杂音等不良现象。

⑤摆餐具。

A. 骨碟定位:将骨碟摆放在垫有布巾的托盘内,从主人座位处开始按顺时针方向依次用右手摆放骨碟,要求骨碟距离桌边 1 厘米,骨碟与骨碟之间距离均匀相等,碟中店徽图案对正。

B. 汤碗:汤碗摆在餐碟左侧稍上一些,与碟间距 1 厘米。汤勺摆在汤碗内,勺把朝左。

C. 筷架、筷子:筷架摆在餐碟右侧,与汤碗成一条直线,间距 1 厘米,筷子尾部距桌边 1 厘米。

D. 水杯:摆在餐碟上方,间距为 1 厘米。

E. 摆放餐巾。

F. 牙签筒、调料架、烟灰缸、花瓶摆在台面的固定位置上,多数餐厅摆在台布的中线附近。

G.8 人以上台面应摆放公用筷架,供主人为客人布菜和其他人取菜用,公筷、公勺放在公用筷架上,摆在个人用餐具上方或转台上。

（2）中餐宴会摆台

在承办宴会时,摆设一桌造型美观的台面,不仅为宾客提供了一个舒适的就餐场所和一套必需的就餐用具,而且能给宾客以赏心悦目的艺术享受,给宴会增添隆重的喜庆气氛。因此,餐饮服务人员不仅要有较高的摆台技能,还必须具备一定的艺术修养。

①台布、转台。中餐宴会使用圆桌,要根据桌子的规格选择与之相匹配的台布,在圆桌外沿围上桌裙,或直接铺一张大圆台布,离地 5 厘米,有的在上面再加铺一张或方或圆的台布,形成双层双色。铺完台布,随即将转台置于餐桌中央并旋转一下,检查是否灵活,有否摆动和杂音等不良现象。

②餐碟。可将码好的餐碟置于托盘上,从主人位开始,顺时针方向依次摆放。餐碟离桌边 1.5 厘米,餐碟间距相等。

③汤碗、汤勺、味碟。味碟位于餐碟正上方,相距 1 厘米,汤碗摆放在味碟左侧 1 厘米处,与味碟在一条直线上,汤勺放置于汤碗中,勺把朝左,与餐碟平行。

④筷架、筷子。筷架摆在餐碟右边,与味碟在一条直线上,筷子、长柄勺搁摆在筷架上,长柄勺距餐碟 3 厘米,筷尾距餐桌沿 1.5 厘米,筷套正面朝上,牙签位于长柄勺和筷子之间,牙签套正面朝上,底部与长柄勺齐平。

⑤酒具。中餐宴会通常摆三道酒杯,即水杯、葡萄酒杯和白酒杯。葡萄酒杯放在味碟正上方,距离 2 厘米,白酒杯在葡萄酒杯的右边,水杯在葡萄酒杯左边,杯肚间隔 1 厘米,三杯成斜直线与水平成 30°。如果折的是杯花,水杯待餐巾花折好后一起摆上桌。

⑥餐巾花。餐巾花用杯花还是盘花根据宴会规格和宾客要求而定。

⑦公用餐用具。公用餐具是宴会进行中,宾主相互布菜时使用的餐具,放在公用餐具架上。10 人桌通常摆放两套公用餐具。摆放在正副主人餐具前方或转台上。公勺、公筷平行横放在公用餐具架上,公筷靠近圆心,筷尾与勺把一律向右。公用餐具也可视冷菜的摆放而垂直设计或者采用其他摆放形式。公用用具是指其他佐餐用品。10 人以上的宴会台面,有些设有公用调味品,可在正副主人位的左右两侧放置公用调味品,若设四套公用餐具,其他两套则摆在正副主人等距的位置,即所谓"十字形"摆法。

⑧台签、席签。多桌宴会通常设台签（席次卡）,它是标有桌台号的牌子,摆在每张餐桌下首,台号朝向厅堂入口处。席签（座次卡）放在每个餐位正中,卡

上姓名正对就餐者。如有不同国家的宾客同时出席宴请,则将宴请方国家的文字写在席签上方,被宴请方的写在下方。宴会上是否使用席签,由主办人决定。

⑨菜单。宴会菜单是供宾客了解菜点内容和食用顺序的。10人的一般放两张,摆在正副主人餐具的右侧,离桌边1.5厘米。高档次宴会每个餐位都放一份菜单。

⑩椅子。椅子对准餐碟,离桌边1厘米。如围桌裙的餐桌,椅子正好与桌裙相切。

⑪鲜花。台面中心有的直接摆放冷菜,有的摆放鲜花。若是摆放鲜花,应在摆台前先插好花,喷过清水后放在一边沥水待用。等摆好台面后再将沥过清水的鲜花摆在台面中心,造型设计应以不挡住宾客视线为前提。

以上所述的台面仅仅是中餐宴会最普通的台面。宴会摆台所使用的餐具的件数和质地要根据宴会菜肴内容和规格而定。如海鲜席,还要为宾客增加味碟,味碟可摆放在汤碗下方,与汤碗和骨碟相距1厘米。规格高的宴会要用高档餐具,如银餐具,餐具的件数也要增加,如筷架是用匙筷两用架,增加一把长柄汤匙,其摆放方法是:将匙筷两用架摆在原筷架摆放的位置,长把匙在左,筷子在右,同时与水平线垂直,筷尾离桌边1.5厘米。摆放的图案和尺寸也要根据具体情况而定,如台面比较宽大,餐具间的距离就可大些,就餐人数多,餐具的间隔就要紧凑些。餐具摆放的图案设计,服务人员也要不断创新,以满足宾客求新的心理,但在设计美观图案的同时,要以方便宾客就餐、保证服务工作的顺利进行为前提,如图2.9所示。

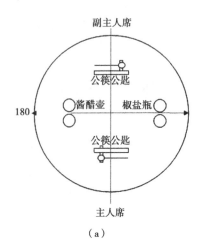

（a）

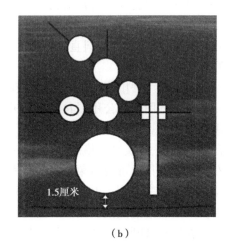

（b）

图2.9　摆台

2.2.5 技能五:点菜

点菜服务是餐饮服务中最普遍、最经常的接待工作,它关系到整个服务过程的成败。服务员需要掌握点酒、点菜的基本程序、基本要求和服务方法。由于宾客具有不同国籍、不同消费层次、不同就餐目的等个性化特点,因此它又是餐饮服务人员需要掌握的一项技术难度较高的工作。

1)宾客请服务员代其点菜情况

①宾客对餐厅比较陌生,不了解餐厅所供应的菜品及规格,同时这类宾客在性格上往往是犹豫不决、拿不定主意的。

②常客,他们对餐厅及产品非常了解,对服务员非常熟悉和信任,知道服务员对他很了解,能够提供符合他们心愿的产品和服务方式。

③摆阔,这类宾客通常虚荣心较强,好面子。如约女朋友吃饭,让女友觉得他出手阔绰而提高他的身价,或出于生意场的需要,让对方觉得他的实力雄厚,以树立对方对他的信任等。

2)点菜的服务程序

(1)熟悉菜单

每个服务员在服务之前都必须认真熟悉菜单,熟悉菜单不仅可以帮助服务员及时与客人进行沟通,而且还可以与客人建立良好关系,增加餐厅的吸引力。熟悉菜单的工作应在每天进行,因为餐厅里的菜单会经常变动,甚至每天都会变,如果不及时熟悉、及时了解,就会影响对客服务。

①了解菜肴的制作方法。中国菜的常用制作方法有蒸、炒、炸、炖、焖、煮、溜、烹、烩等几十种,中国菜烹调方法丰富多样,不同的烹调方法形成不同的口味、口感,不同的调味品还能改变菜肴的颜色。服务员要能详细地向宾客介绍菜肴的烹调方法及过程,同样可使宾客了解菜肴的食用价值。

②了解菜肴特点、原料。一个好的服务员应该对菜单上每道菜的生产原料都很熟悉,这样,你在碰到诸如"这道菜辣不辣? 特色菜是用什么原料烹制的? 什么样的菜肴有利于减肥?"一系列的问题时就能应付自如,对答如流。服务员须经常向厨师学习和请教,要不断询问一些新增加的菜肴的有关知识。

情景:

客人开始点菜:"这'家乡咸鸡'是什么鸡做的? 是农民喂养的草鸡,还是饲养场买来的肉用鸡?"

服务员:"不知道,我没吃过。"

③了解菜肴的烹调时间。掌握不同菜肴的不同烹调时间,有利于在不同情况下向不同的宾客推荐菜肴。如对于有急事、赶时间的宾客,应向其推荐烹调方法简单、烹调时间较短的菜肴,为其提供快速服务;对于比较悠闲、以交流聊天为主的宾客,可向他们推荐烹调虽费时但制作精细的菜,但要说明等候时间,以稳定宾客等菜时产生的焦急情绪;当厨房生产处于高峰时,应向宾客推荐烹调简单、不太费时的菜肴;当厨房压力不大时,可向宾客推荐制作精细的菜肴。

④菜肴的营养价值及食疗作用。随着人们生活水平的提高和保健意识的增强,人们对菜肴的要求从过去的入味、实惠到讲究色香味形质,从讲究菜肴的艺术到追求菜肴的营养价值,已有了较大变化,宾客在品尝各种美味佳肴的同时还要达到补充营养、健身治病的目的。所以服务员要了解每种原料所含的不同营养成分。

(2)呈递菜单

①客人坐稳后,从客人的左侧用双手递上打开的菜单。礼貌问候客人:"晚上好,先生,很高兴为您服务,我是服务员小李,现在可以为您点菜吗?"

②若顾客仅为两位,应先递女性;如是团体时,先询问主人是否代客人点菜,若主人表示客人各自点菜时,服务员应先从坐在主人右侧第一位客人开始记录,并站在客人的左侧按逆时针方向依次接受客人点菜。

③服务员站在客人身边,手握订单,逐一记下客人要点的菜,不可催促客人。

④不可身体前倾,贴近客人,或用笔指着菜单,更不能将订单放在餐桌上或在餐桌上填写订单,如图2.10所示。

图2.10　餐厅点菜示意图

（3）推销菜品

①针对不同消费对象进行推销。针对具有不同就餐目的的宾客进行推销，针对不同民族、不同地区宾客进行推销，针对不同职业的宾客进行推销，针对不同年龄、性别、健康状况的宾客进行推销。

A. 吃便饭的客人一般主要包括两大类：一是外地客人出差、旅游、学习而住在酒店，就近解决吃饭问题；二是有的客人居住在酒店附近，因某种情况而来餐厅用餐。

这些客人对菜品的要求是经济、实惠、快出快走，品质要求不太高，但要求快，此时服务员应推荐价廉物美、有汤有菜、制作时间短的菜品。

B. 以调剂口味来用餐的客人，大部分是慕名而来，想尝尝酒店的风味特色、名菜、名点或专门为某一道菜品而来。

针对这类客人，应注意多介绍一些反映特色的菜品，数量上应少而精。

C. 以商务宴请为目的的用餐，客人一般都讲究一些排场，菜的品种要求丰盛、菜式精美、分量充足，且在一定的价格范围之内。

针对这类客人，应主动推荐酒店中档以上、价格不是特别昂贵的菜品。

D. 以聚餐为目的的客人一般要求热闹，边吃边谈，菜品要求一般，品种丰富而不多，惊喜而不贵，有时每人点一个自己喜欢吃的菜，有的也喜欢配菜等。

针对这类客人，应主动推荐价廉物美、可方便加热的菜品。

E. 对于已形成某种心理惯性的客人，行为表现偏好某一种小吃、某一菜品的风味、信奉某一餐厅或某一厨师的声誉。

在为这类客人服务时，应注意与客人打招呼（最好是加姓），并试问："×先生，是和上次一样吗，还是另外点或介绍？我们今天推出了×××，是您以前没有用过的。"

②菜肴的描述和解释。介绍菜肴时要做适当的描述和解释，比如数量表示、质量表示、价格表示、商标名称表示、食品描述、原料来源、食品种类、营养成分以及特色典故等。

③注意推销语言技巧的运用。服务员在向宾客推销餐饮产品的过程，也是其与宾客感情沟通的过程，在这方面语言的巧妙运用将起到决定性作用。介绍产品时要使用建议性语言，而不能使用命令或强制性语言，还可用些描述性语言，如"这是本季节的时令菜"，"这是本餐厅的最新产品"，"这菜是本餐厅特级厨师烹调的特色菜"等，这种推销可为餐厅增加收入。

（4）填写点菜单

端正地站在客人的左后侧50厘米处，左手拿点菜记录本，右手持笔，站立姿势要美观大方,既能听清宾客的话语,又不妨碍宾客翻阅菜单。回答客人问询要音量适中,语气亲切,填写准确,字迹清楚,这样既便于自己对客人服务,也有利于厨房的厨师按照单子准确制作食品。为了提高效率,有些餐厅将一些菜肴名称编成服务员或厨师都很熟悉的缩写。

①点菜记录的方法之一:使用点菜备忘单,上面有餐厅所有经营的酒菜印在点菜单上,服务员只需在点菜单上画标记即可。这较简单,多用于早餐和客房用餐服务。

②点菜记录的方法之二:点菜本记录客人的餐桌号、进餐人数、日期、服务员自己的名字。填写点菜单时要书写清楚,符合规格,要冷热菜分开记,记录客人的特殊要求。点菜单一式四份,收款台、厨房、传菜员、服务员各一份,填写菜单后,应再次核对一下,以防止出差错。

③点菜记录的方法之三:由服务员唱读点菜,在现代高级酒店和高级餐厅这种方式越来越普及,将客人的点菜,包括菜的分量、价值、总金额等输入计算机,打印后交给客人并通过荧屏显示通知厨房。

(5)确认

①为防止客人点错菜或是服务员会错意或听错菜品,点完菜后,要向客人复述一遍所点菜肴及特殊需要,并请客人确认。

②感谢客人,告之客人大约等待的时间。

(6)点酒

①征询客人是否可以点酒,如"请问现在可以为您点酒吗?"

②根据客人的消费要求和消费心理,向客人推销、推荐餐厅的酒水。宾客点了海鲜类菜肴,可以不失时机地介绍一两种白葡萄酒供宾客选择;宾客点了甜点可问是否要白兰地或其他利口酒类;对于欧美客人可推荐红白葡萄酒;对于日本、港澳台同胞及外籍华人可推销黄酒;对于国内宾客可推荐白酒或饮料。

③介绍时要做适当的描述和解释,适当地提出合理化建议。

(7)下单

在为客人点菜后,要以最快的速度将订单分送厨房、酒吧、传菜员、收款员。不同的点菜单要按规定递交给不同的烹饪部门或责任人。点菜单与酒水单应分开递交。

3)点菜的基本要求

①时机与节奏:把握正确的点菜时机,在客人需要时提供点菜服务;点菜节

奏要舒缓得当,不要太快也不要太慢,但要因人而异。

②客人的表情与心理:在服务过程中,服务员应注意客人所点的菜和酒水是否适宜,这需要观察客人的表情和心理变化。

③清洁与卫生:点菜中要注意各方面的清洁卫生。菜单的干净美观、服务员的个人卫生、记录用的笔和单据的整洁都要符合标准,才可使客人在点菜时放心。

④认真与耐心:点菜时应认真记录客人点的菜品、酒以及客人的桌号,认真核对点菜单,避免出错;要耐心回答客人的问题,当客人发脾气时,服务员要宽容、忍耐,避免与其发生冲突。

⑤语言与表情:客人点菜时,服务员的语言要得体,报菜名应流利、清楚,表情应以微笑为主,以体现服务的主动与热情。注意礼貌语言的运用,尽量使用选择性、建议性语言,不可强迫客人接受,不要用特别自我肯定的语言,也不要用保证性的语言。

⑥知识与技能:服务员要不断拓宽自己的知识面,提高服务技能,才能应付复杂多样的场面,满足不同顾客的不同需求。

4) 点菜的特殊服务

①按菜肴的搭配原则(颜色、营养、风味、数量、价格)为客人推荐菜肴,要尽量使客人点菜菜肴荤素搭配合理,尽量避免有雷同菜肴。

②客人所点菜肴过多或重复时,要及时提醒客人,同时要及时向宾客建议漏点的菜,如在西餐厅,宾客点了主菜,而没有点配菜,服务员应及时建议几种配菜,供宾客选择;在中餐厅,宾客点了荤菜可建议增加几种素菜,点了冷菜可建议点酒水。

③如客人点菜单上没有的或已销售完的菜肴时,要积极与厨房取得联系,尽量满足客人的需要或主动推荐在原料、口味上相似,价格上接近的菜肴,以激发宾客新的消费需求。但必须注意的是一定要尊重宾客的选择,不能强行向宾客兜售菜品。

④菜单落好后,若遇到客人嫌等菜时间长,提出不要时,服务员可按下述方法处理:先请客人稍等,如该菜还未做,可为客人取消;如菜已做好上桌了,应向客人解释该菜式的特点,请客人品尝;如经动员后客人仍不想要,而该菜又未动用过的,服务员应礼貌地向客人说明需收回该菜的损失赔偿费,并立即退回厨房处理。

【案例分析】

是鱼太大还是推销提成的吸引力大

许先生带着客户到北京某星级酒店的餐厅去吃烤鸭。入座后,许先生马上点菜。他一下就为8个人点了3只烤鸭、十几个菜,其中有一道"清蒸鱼"。由于忙碌,服务员忘记问客人要多大的鱼,就通知厨师加工。不一会儿,一道道菜就陆续上桌了。客人们喝着酒,品尝着鲜美的菜肴和烤鸭,颇为惬意。吃到最后,桌上仍有不少菜,但大家却已酒足饭饱。突然,同桌想起还有一道"清蒸鱼"没有上桌,就忙催服务员快上。鱼端上来了,大家都吃了一惊。好大的一条鱼啊!足有1.5千克重,这怎么吃得下呢?"服务员,谁让你做这么大一条鱼啊?我们根本吃不下。""可您也没说要多大的呀?"服务员反问道。"你们在点菜时应该问清客人要多大的鱼,加工前还应让我们看一看。这条鱼太大,我们不要了,请退掉。"许先生毫不退让。"先生,实在对不起。如果这鱼您不要的话,餐厅要扣我的钱,请您务必包涵。"服务员的口气软了下来。"这道菜的钱我们不能付,不行就去找你们经理来。"小康插话道。最后,服务员只好无奈地将鱼撤掉,并汇报领班,将鱼款划掉。

问题:请分析服务人员在点菜中的注意事项。

2.2.6 技能六:中餐上菜

上菜就是由餐厅服务人员将厨房烹制好的菜肴、点心按一定的程序端送上桌的服务方式。上菜是宾客进餐服务过程的中心环节,对于上菜顺序、上菜位置、上菜节奏、菜肴台面摆放图案等均有讲究,因此,餐厅服务人员必须熟练地掌握上菜服务技能。

上菜的整个过程分为端托、行进、上菜、摆放、介绍、分菜、撤盘(或挪盘)7个步骤。

1)走菜

走菜又称传菜、跑菜,是将厨房烹制好的菜肴送到宾客桌前或工作台上的服务过程。传菜员在走菜过程中要努力做到以下几点:

①核对菜单。上菜前要认真核对菜单,特别是多台或宴会服务时,尽量避免错上或漏上菜肴。

②质量把关。上菜前要观察菜肴的色、形、卫生是否符合标准,原料是否新鲜,盛器是否恰当,分量是否合适。如果发现问题,应立即采取措施纠正。

③端法卫生。端盘时要注意用大拇指按着盘边,其余四指端着盘底,既要求端稳,还要避免手指插入菜肴或汤汁中。

④保持菜温。在餐厅服务中要注意菜肴的温度,使客人能品尝到特色菜肴的独特风味。对于一些热吃的菜肴,应快端快送,也可以在菜盘上加盖或用保温车送菜。

⑤端平走稳。托送操作不偏不斜,做到盘稳、步稳、身稳。

⑥汤汁不洒。对于汤汁较多的菜肴,装盘时要尽量将菜盘置于托盘的中心。

⑦不损外形。托盘时,左臂的上下摆动幅度不能过大。

2)上菜

(1)上菜的位置

零点或团体包餐的上菜位置较为灵活,服务员应注意观察,以不打扰客人为原则;酒席宴会的上菜位置一般选在陪同与翻译之间,或副主人的右侧,有利于翻译和副主人向来宾介绍菜肴的口味特点、名称、典故和食用方法等。选择上菜位置时,应尽量避开老人、小孩及穿着入时的宾客,并且严禁从主人和主宾之间上菜。

(2)上菜的顺序

上菜的顺序是以味觉器官的接受规律、进餐节奏、菜系的特点以及饮食习惯为主要依据进行编排的。一般遵循以下原则:先冷菜,后热菜;先佐酒菜,后下饭菜;先优质、名贵、风味菜,后一般菜;先咸味菜,后甜味菜;先本地、本店名菜、特色菜,后其他品种菜;先荤菜、后素菜;先菜后点。

上菜的基本程序是先冷盘,后热菜,依次是汤、主食、水果。但也有与此不同的上菜程序,如广东一带习惯冷盘之后先上汤。有些宴会在开始前先上一碗用果汁或清鲜汤制成的头汤,吃饭时再上一道座汤等。因此,上菜的顺序要因地而异,合理安排。

(3)上菜的时机

上菜时灵活地掌握上菜的时机,才能适应宾客的就餐需要。上菜的时机一般根据餐别、进餐的快慢节奏、宾客的要求等确定。

①散客上菜时机。散客进餐大部分是入座后开始点菜的,当点菜完毕后,要马上送上酒水饮料及冷盘,其他热菜则根据主人的要求、菜肴的烹制特点等及时

送上。根据有关规定,当落单15分钟之内,便要送上第一道热菜。

②团体包餐上菜时机。团体包餐的进餐时间较短,因此要在进餐前5分钟将冷盘摆好,待客人入座后,快速将热菜、汤、点心全部送上,否则对用餐较快的宾客会造成未上完而离席的局面。

③中餐宴会上菜时机。中餐宴会一般在开宴前5分钟即将冷盘摆好。当宾客入席开餐后,冷盘食至一半左右上第一道热菜,其他热菜的上菜时机要随宾客的用餐速度而定。

(4)上菜中的习惯和礼貌

①上菜时要轻巧,不要弄出声音,端送盘、碟、碗时,要以四指支撑底部,拇指轻按边缘,不可触及食物。

②遵循"鸡不献头、鱼不献脊"的传统礼貌习惯,即在给客人送上鸡、鸭、鱼一类的菜时,不要将鸡头、鸭尾、鱼脊对着主宾。

③上热汤等菜时,应提醒客人小心烫伤。

(5)摆菜技巧

摆菜是指要将菜品按一定的要求和格局摆放于餐桌上,其基本原则如下:

①易于观赏。摆有图案造型的菜时,其图案的观赏面要朝向主人、主宾,以尊重主宾,供其观赏。

②方便取用。零点摆菜要放在小件餐具前面,间距适当;中餐宴会摆菜,一般从餐桌中间向四周摆放;中餐宴席的大拼盘、大菜中的头菜,一般要摆在桌子中间;汤菜如品锅、砂锅、暖锅、炖盅等,一般也摆在桌子中间;散坐的主菜、高档菜,也应摆在中间位置上。在摆放配有佐料的菜时,要求佐料配齐后与菜同时摆上,或先上佐料后上菜。

③尊重主宾。主宾是服务的重点对象,因此每上一道热菜,都要对餐桌上的菜肴进行一次调整,将新上的菜摆在餐台的中心,或摆在转盘边上,再转至主宾前,以示对主人、主宾的尊重。

④造型美观。讲究造型艺术,注意宾客的风俗习惯,方便食用,要从菜肴原材料、色彩形状、盛具等几方面考虑,摆放时要注意荤素、色彩、口味及形状的合理搭配。

⑤操作礼貌。摆菜前要进行挪盘或撤盘,操作时要注意轻撤轻挪,做到上菜不推盘,挪菜不拖盘。

⑥讲究卫生。要时刻保持台面的清洁卫生。摆菜时忌讳盘盘重叠,无等距、无规则地放置。当台面摆菜困难时,可以将某些菜肴折到小盘子中。随时撤去

空菜盘,使餐桌保持清洁、美观。

【案例分析】

应不应该赔海蜇肘子

　　某酒店的中餐厅座无虚席,洋溢着和谐欢快的气氛,就餐客人在与亲朋好友共享丰富可口的菜肴的同时谈论各自感兴趣的话题。这时11号台的客人正在激烈地讨论着问题。他们点的菜很多,餐桌上的盘子已摆满。这时服务员小吕又端上来一盘"清蒸海蟹",并轻声地报上了菜名,但没有及时把菜放下,因为她正在考虑这盘菜该放在哪儿。小吕挪动一下桌上的菜盘,准备将手里的菜放在"海蜇肘子"上面。不料此时,客人因看服务员无处放盘子便动手帮忙,结果帮倒忙——一个盘子滑到了"海蜇肘子"里。小吕忙道歉。客人开玩笑地说:"小姐是否该赔一盘菜呢?"而小吕却当真起来,心想:这盘子是你碰下去的,跟我有什么关系,还想赔偿? 就回答说:"赔? 赔什么?"客人一听此话,觉得有失面子,就认真起来:"赔什么? 赔海蜇肘子。"小吕接着说:"赔什么? 这又不是我的错!"气氛一下就紧张起来。领班急忙找来餐饮部经理。餐饮部经理立即要求小吕暂停工作,向客人道歉。小吕只好向客人说:"对不起、请原谅!"然后就离开了餐厅。餐饮部经理在向客人道歉的同时又给客人送上一盘"海蜇肘子",并征求客人的意见,同时还叮嘱领班,等客人用完餐再免费送客人一个果盘,以表示对客人光临本餐厅的谢意,也为服务不周对客人表示歉意。结果,客人在结账时主动多付了一盘"海蜇肘子"的费用。

　　3) 几种特殊菜肴的上菜方法

　　①上配有佐料的菜,如烤鸭、烤乳猪等,配有葱、酱、饼,在上菜时可略做说明,或简述食用方法。

　　②上原盅炖品,上台后当客人面撤去盖纸,启盖时要用右手将盖竖起,左手持一块干净的布巾或餐巾纸在下面接着水滴。动作要快速,以保持原味,并使菜肴的香气在席面上散发。

　　③上铁板类的菜肴要注意安全,既不要烫伤自己,更不能碰撞宾客,在向铁板内倒油、香料及菜肴时,离铁板要近,最好用盖半护着,免得锅内的油溅到客人的身上。

　　④上泥裹、纸包、荷叶包的菜肴,要先摆上桌让客人观赏,服务员简介典故特点,然后拿到操作台上剥去泥、叶,再次端送上桌让客人食用,以保持菜肴的风味

特色。

⑤上汤类、火锅、铁板类、锅仔等菜肴,要注意防火,必须在其下面放置一个垫盘。

⑥易变形的菜、炸炒菜肴,如拖鱼条、炸虾球、高丽虾仁等,一般端着油锅上,上菜快、轻、稳,以保持菜肴的形状和风味,时间长会变塌变形,要提醒客人马上食用。

⑦上有声响菜,如锅巴肉片、响堂海参、锅巴什锦,要先在餐桌上摆好调制汤汁,再将汤汁倒入菜中,随即发出嚓嚓声,此菜称平地一声雷,能增添热烈气氛。

⑧上用蛋白打泡后制成的菜,要及时上,及时吃。

⑨上温度高、易烫口的菜,如拔丝苹果、小笼汤包、糖油春卷等都是温度高、易烫口的菜,这些菜表面不易看出,应该提醒客人防止口腔烫伤。这些菜上菜要快,并上凉开水,在凉开水中浸一下,动作要求快速、连贯,做到即拔、即上、即浸,并注意拔丝的效果。

2.2.7 技能七:分菜

分菜亦称派菜、让菜,是由服务人员将已经端送上桌的菜肴、点心分派给每位宾客的服务过程。名贵菜、特殊菜、整体菜、汤菜等皆要进行分菜,尤其是较高级宴会更是如此,所以服务员必须掌握基本技能。分菜是一项技术难度较大的操作技能,也是宴会服务技巧中最富有创造性和展示性的动作。分菜是否完美,关系到宴会服务能否顺利完成,因此,它要求服务人员操作动作敏捷规范,操作卫生,菜肴分派均匀,装盘整洁,分盘效果良好。

1)分菜的准备工作

(1)准备好分菜工具、餐具

分菜的工具一般有服务勺、服务叉、切肉刀、长柄汤勺等不锈钢制品;也有瓷制的大汤勺,用于舀汤;公用筷多为木制品。要求分菜的工具清洁、无污渍,服务勺、叉大小适当,餐具可事先备在餐具柜中或用托盘在上菜时托出。分菜工具的配合方法有以下几种:

①服务叉、勺配合。此种分菜法是一项技能较高的操作,适用于分派丝、片、丁、块等菜肴。

②服务勺、服务筷配合。此法多用于餐台分菜。

③汤勺、筷子配合。一般用于分汤。

④刀、叉、勺配合。在餐桌边分切带骨带刺的菜肴,如鱼、鸡、鸭等,根据具体情况,可使用刀叉先剔除鱼刺或鸡鸭骨,然后分切成块,用服务勺叉进行分派。

(2)熟练掌握分菜技术

了解各种菜肴的烹制方法、菜肴成型后的质地、特点、整形菜的结构特点,才能正确地选择分菜工具,分菜时才能操作自如。

①分菜叉、分菜勺的使用方法如下:

A. 服务员右手握住叉的后部,勺心向上,叉底部向勺心。

B. 在夹菜和夹点心时,主要依靠手指来控制。

C. 右手食指插在叉和勺把之间,与拇指酌情合捏住叉把,中指控制勺把,无名指和小指起稳定作用。

D. 分带汁菜时,应用分菜勺盛汁。

②公用勺和公用筷的用法:服务员站在与主人位置呈90°角的位置上,右手握公用筷,左手持公用勺,相互配合将菜分到宾客餐碟之中。

③长把汤勺的用法:分汤菜,汤中有菜时需要公用筷配合操作。

(3)清洁分菜台

若准备在工作台上分菜,要事先对其桌面进行清理。若在餐车上分菜,要将餐车洗净擦干。

(4)请客人观赏菜肴

当走菜服务人员将菜肴托送到工作台时,值台服务人员应将菜肴端上桌,放在转台边缘,报菜名,然后旋转转台,让每一位宾客观赏菜肴,最后在主宾面前停下转台,以示对主宾的特别尊敬,待宾客观赏后方可分菜。

2)分菜的方法和要求

根据不同的菜肴的特点,不同规格的宴会,可采用不同的分菜方法。

(1)餐位分菜法

餐位分菜法也称桌上分让式、托菜盘式分菜法。其操作的基本程序是服务人员用托盘给客人换上干净的餐盘,将菜肴摆上餐桌,经客人观赏后再将菜撤下,放在垫有口布的左手巾上,站在客人的左侧,左脚向前,侧身而进,腰部略弯,但身体不能倾斜或依靠宾客,餐盘的边沿正对客人餐碟的边沿,以免菜汁滴洒在餐桌上,然后手持服务勺、叉进行分菜。

(2)餐台分菜

餐台分菜也称定点分菜法,是指分菜服务员固定在某一餐位旁操作。餐台分菜有单人分菜法和二人合作式两种。定点分菜的位置基本上与上菜位置相同。

采用单人分菜时,要先将客人用过的餐碟或汤碗撤下,再用托盘送上新的餐具,并以弧形或马蹄形一一摆放在靠近身边的转盘上,然后上菜,再用公用筷勺将菜点分至餐碟中,拨动转盘,按先宾后主的顺序,将菜肴送到客人的面前,逐个请宾客自取,服务人员也可以协助宾客端取。

二人合作式用于高档宴会服务,是由两位服务员同时操作,一位服务员分菜,另一位服务员送菜。分菜时,服务员将宾客面前的餐碟或汤碗递至菜盘的斜上方,分菜员站在定点的位置双手持分菜工具,将菜点或汤分于餐具上,再由服务员送回每位宾客的席面上。

(3)旁桌分菜法

旁桌分菜法亦称异台分菜法、服务台分菜法、边桌分菜法。旁桌指的是服务餐车或工作台,桌上摆放干净的餐具。服务员将菜摆上桌经客人观赏后,再用双手端下放置在服务车或工作台上,手持分菜工具,快速、均匀地将菜肴按份派到每个餐碟或汤碗中,然后再装入托盘托送至餐桌,按先宾后主的顺序依次从宾客的右边,送到每个客位的面前。多余的菜肴经过整形后重新摆上餐桌。

(4)备餐室(厨房)分菜法

备餐室分菜法源于美式上菜服务,是指将厨房做好的菜肴直接在厨房或备餐间分派好,服务人员用托盘从客人右边上菜。这种方法常用于分食制和比较高档的炖品、汤煲等菜肴,以显示宴席的规格和菜肴的名贵。

一般热炒、汤汁较少的菜、块类的菜及点心,采用餐位式、旁桌式分菜;整形菜、汤汁多的菜,多选用旁桌式或餐台分菜法;对于技能不太熟练的服务员,最好采用旁桌式分菜法。

3)分菜的注意问题

(1)注意分菜的顺序

服务人员分菜是代表主人接待客人,所以分菜顺序和斟酒顺序一样,均应按照先女后男、先宾后主的原则进行。

(2)注意卫生

分菜前一定要将手洗干净,用具要清洁,分菜时不要将汤汁滴洒在台面,若分菜时不慎将菜落在台面上,切忌用手拾起,可先用干净布巾包起,再清洁台面;所有食物摆放不能超过餐盘的内边。

（3）动作迅速

服务员在保证质量的前提下，要以最快的速度、最短的时间完成分菜工作，一勺、一叉要干净利落，切不可在分完最后一位时，菜已冰凉，分菜时叉勺不能在盘中刮出响声。

（4）分量均匀

掌握好菜点的数量，每位客人能分多少，要做到心中有数，并尽量做到一勺准。对于块、只类的菜肴，分菜前最好先数一下，以免分让不均。忌讳将一勺菜分给两位客人，更不允许从客人的菜盘中往外拨菜。每道菜分完后，要留下 1/4～1/3，不要全部分完，以示菜的丰盛和准备为来宾添加。

（5）合理搭配

分菜时要将最优质的部分分给主宾、主人。注意头、尾、残骨不能分给宾客。有两种以上原料的菜，注意搭配均匀，并连同卤汁一起分让。而且要保证所有餐盘中的主菜放在靠近客人的一侧，配菜放在主菜的上方。

（6）跟上佐料

在分派带有佐料的菜肴时，要跟上佐料，并略加说明，再将菜肴连同佐料分派给客人的餐碟中。在使用一些特殊佐料时，应先征求客人的意见或让客人自行添加。

4）特殊菜肴的分派方法

（1）分整形鱼

分整形鱼时要先剔去鱼骨，其方法是：左手持服务勺，按着鱼头，右手持服务刀将鱼头、鱼尾割开，再从鱼脊或鱼身的侧面顺着鱼骨的方向向下划刀，然后将分割成两半的鱼肉从头部开始向两边轻拨，剔出鱼骨，放在空碟上，再将鱼肉整形，浇上卤汁，按份分割后，根据需要由服务员逐一分派或让客人自行取食，分完菜后，要及时将鱼骨撤下台面。

（2）分拔丝类甜菜

上拔丝类甜菜前，服务员应把台面上的餐具收去，然后上冷开水、木筷子。上此类菜时动作要特别迅速，以防糖胶变硬。分菜时用筷子将甜菜夹起，立即放在冷开水中冷却后分给客人。

（3）分切大块烤牛肉

切烤牛肉的刀应是长刀，切时用力不要过大，避免将肉弄碎，甚至挤出肉汁，并将烤焦的部分也切掉。然后将叉背轻轻按着牛肉,用刀将右边的肉薄薄地切下一片,但这片肉不上桌,再将其切成0.5厘米厚的肉片分派到客人的餐盘内。

2.2.8　技能八:撤换餐用具

撤换餐用具就是服务人员把顾客使用完毕的、多余的或暂时不用的餐具、用具从餐桌上撤下来,并根据需要换上干净的餐具、用具的服务过程。顾客在就餐的过程中撤换餐用具,既可以使台面保持清洁卫生,还能体现工作人员的礼貌服务,提高接待规格,显示菜肴的档次。因此,撤换餐用具是接待服务工作中必不可少的一项技能。

1)撤换餐用具

(1)不同餐用具的撤换

①撤换骨碟、小汤碗。

A.吃完冷盘后,或上甜品前,要更换骨碟,以免与上道菜残留的卤汁串味。

B.食完带骨、带核的菜肴后,客人的骨碟上残留着一些骨、壳杂物。若不及时换碟,会影响到下一道菜的食用。

C.食用带糖醋、浓汁的菜肴后要及时换碟,否则影响下一道菜的纯正原味。

D.高档宴会几乎每上一道菜都要撤换一次骨碟,以示菜肴的名贵及周到的服务。

E.翅碗每次使用后就应及时撤下。

F.宾客失误,将餐具跌落在地上要立即更换。

G.上菜不及时时,也可以更换骨碟,既可以分散客人的注意力,又显示服务周到。

②撤换菜盘。

A.及时观察客人的用餐情况,待要上新菜时,服务员要先伸出右臂,示意某道基本吃完的菜,主动地询问"可以撤掉吗?"待客人给予肯定的答复后才能撤盘。

B.撤盘时要使用托盘,注意动作要轻,要稳。

C.不要将汤汁洒在客人的身上或桌面上,若有少许菜在桌面上,应及时收拾干净再上新菜。

(2)撤换餐具的位置

中餐在宾客的右边进行,服务员左手托盘、右手先撤下用过的骨碟,然后送上干净的骨碟。撤盘应从主宾开始,按顺时针方向进行。

(3)更换餐具注意事项

①注意手法卫生。换碟时要防止手拿脏的骨碟后,污染干净的骨碟。

②尊重宾客习惯。中餐撤换骨碟时,如有的宾客将筷子放在骨碟上,要将筷子按原样放在干净的骨碟上。

③宾客没用完的餐具不能撤换。当个别宾客还没有吃完,而新的菜又来了,这时可先送上一只干净的骨碟,再根据宾客意见撤下脏的骨碟。

④托盘要稳。物品堆放要合理,以确保托盘平稳。

2)撤换酒具

撤换餐台上的酒具应使用托盘。从客人的右侧,按顺时针方向进行操作。撤换酒具时,注意保持托盘平稳,杯具不能叠放在一起。换新酒杯时,注意操作方法,只能拿杯柄部分。

3)撤换烟灰缸

客人在就餐时,服务人员要主动巡台,若发现客人的烟灰缸中有 2~3 个烟蒂时应及时更换。

换烟灰缸时,应先在托盘上放置干净的烟灰缸,走到客人的右侧,用右手将干净的烟灰缸覆盖在用过的烟灰缸上,再将两只重叠在一起的烟灰缸放入托盘,然后再把干净的烟灰缸送回到餐桌。这样操作可以避免烟灰飞扬,污染环境。

4)收拾台面

待客人用餐结束离开餐厅后,服务人员开始收拾台面。收拾餐具的顺序是:先收口布、香巾、再收贵重物品,以免丢失,然后收玻璃器具,最后收瓷器及其他物品。收台时应使用托盘或餐车,轻拿轻放,将餐具堆放整齐。台面收拾完毕,要及时摆台,以迎接下一批客人就餐。

任务 3　中餐厅服务

【任务目标】

1. 掌握中餐零点服务的流程与服务规范。
2. 掌握中餐团体餐服务的流程与服务规范。

【任务执行】

2.3.1　中餐零点服务

零点餐厅是指宾客自行安排,随点随吃,吃完自行结账的餐厅。通常,星级酒店都设有风格不同、大小不一的零点餐厅,以适应不同类型客人的消费需求。

零点服务是指零星的客人来到餐厅后再自行进行点菜就餐的服务方式。零点服务是餐厅服务中最普遍、最经常、最大量的就餐接待工作,要求服务员有一定的推销能力、处理问题的能力和过硬的餐厅服务基本功,在服务中突出主动、周到,反应灵敏,用优质的服务赢得更多的宾客。

1) 零点服务的特点

(1) 就餐时间的随意性

零点餐厅接待的是零散客人,宾客到达时间交错,就餐时间不统一,有的宾客在未开始营业就步入餐厅,有的则在营业将近结束时才姗姗而来,所以服务人员应根据宾客到达时间及具体情况来安排餐桌、提供服务,在整个服务过程中,要自始至终精神饱满、热情而又耐心地接待每一位客人。

(2) 就餐要求的多样性

宾客来自不同的国家、地区,有着不同的生活习惯和口味要求,也有着不同的就餐目的,服务员要善于观察宾客的举止、语言,及时捕捉信息,机警灵活地掌握客人的心理需求。

(3) 就餐场所的选择性

宾客往往根据餐厅菜肴的品种特色、就餐环境、菜点的质量、价格、出菜的速度和服务态度等来选择就餐的场所。因此,中餐服务要求不仅要有优质的菜点、优美的环境,还必须具有优良的服务来取得宾客的信任,使客人高兴而来,满意而归,并争取更多的"回头客"。

（4）接待工作的复杂性

零点餐厅接待的波动性较大,工作量大,营业时间长。零点餐厅服务员一般要服务多个餐台,因此,要求服务人员有较全面的服务知识与技巧,在接待、点菜、上菜、撤换餐具、结账等环节中,要眼观六路,耳听八方,做到"接一、安二、招三、顾四",即接待第一批客人,安排第二批客人,招呼第三批,也要照顾到第四批客人,做到迅速、快捷、及时地处理各种应急情况,忙而不乱地接待每一台、每一批的就餐宾客。

（5）生产、销售、消费的同步性

服务员要有强烈的推销意识,以适当的时机和恰如其分的语言向宾客推销各式菜点、酒水,使宾客满意地品尝货真价实的美味佳肴和得到热情周到的服务,并十分乐意地掏钱付款。

2）零点服务规范及技巧

零点餐厅的服务工作是非常细致而又具体的,服务人员必须掌握几个主要环节,做到按部就班、有条不紊。

（1）餐前预订

①问候客人。电话铃响三声之内接听电话;主动向客人礼貌问好,并准确报出餐厅名称、自己姓名及表示愿意为客人提供服务,如:您好,国宾餐厅,我是服务员小李,有什么事情需要帮忙吗?

②了解需求。仔细聆听客人需求预订用餐日期及时间,用餐人数标准,是否选择在吸烟区或非吸烟区、订餐客人姓名、单位、联系电话、其他服务项目或客人的特殊要求,征得客人同意后为其安排相应的包房或餐台,并告知客人房号或台号。大型宴会的预订,要请客人进行面谈。

③接受预订。复述预订的内容,并请客人确认,每一项都要向客人询问清楚,尤其是客人的特殊要求一定不可忽视。在餐厅实际服务中,常常出现客人预订后未按约定时间到达,客人预订后没来就餐,所以餐厅在客人预订餐位时,应强调时间的重要性,告知客人预订餐位最后保留时间,向客人致谢并道别。

④预订通知。填写预订单,要立即通知餐厅经理、厨师长和采购部门各项要求。

⑤预订记录。将预订的详细内容记录在预订登记本上,准确记录客人的预订是对客人的尊重,也是优质服务的保证。

⑥如果餐厅预订已满,不能再接受客人的预订应向客人解释,告诉客人需要等候的时间或将客人介绍到酒店的其他餐厅。

预订人员既要精通预订业务,又要具备良好的服务素质和道德意识,预订服务应注意服务的主动性,以良好的服务态度尽量满足客人的需求。

在预订中经常出现的问题是:接听电话不及时,接听电话不使用礼貌语言,无法满足客人要求时没有提出替代性建议,对客人的预订没有进一步确认,对客人的具体要求不做细节记录,忘记记录客人的特殊要求,等等。

(2)餐前准备

餐厅服务人员在客人到达之前要完成一系列的服务准备工作,诸如明确服务任务,分配工作区域,做好餐厅台面的装饰布置,等等。

①餐前会。开会之前,服务人员必须换好工作服,以列队站姿的形式由领班或餐厅主管召开餐前会。餐前会的主要内容是:介绍订餐情况,客源及宾客要求,当天菜点、酒水、饮料的供应情况,菜肴价格的调整,其他部门对本部门的意见及请求协作事项等,并划分进餐区域,分配安排工作等。

②清洁餐厅卫生。餐厅清洁卫生是提高餐厅服务质量的基础和条件。搞好餐厅卫生,既可美化环境,又可增强客人的就餐兴趣。

A.定期做好空调风机滤网的清洗、地毯的清洗、地板或花岗岩(大理石)地面的打蜡等计划卫生工作。

B.利用餐厅的营业间隙或晚间营业结束后的时间进行餐厅的日常除尘。一般应遵循从上到下、从里到外、环形清扫的原则。

C.全面除尘后应用吸尘器(地毯)或尘推(地板或花岗岩地面)除尘,并喷洒香水或空气清洁剂,确保餐厅空气的清新。

D.不同的部位应使用不同的抹布除尘,一般是先湿擦,后干擦。整个餐厅的清洁卫生工作应在开餐前一小时左右完成。

E.应特别注意餐厅附近公共卫生间的清扫。具体要求为地面洁净,便器无污物、无堵塞,洗手池台面干净、镜子光亮,卫生用品供应充足等。

F.搞好衣帽间的清洁卫生。

③整理餐厅。保证清洁舒适的就餐环境是做好接待工作的前提。餐厅布置包括环境布置、排列餐台、摆台三方面内容。零点餐厅的布置较为简单,主要检查餐厅的家具是否完好,餐桌餐椅摆放是否统一、整洁美观,设备运转是否正常,然后按不同的餐次进行摆台。

④准备物品。就餐物品主要有摆台餐具、服务工具,包括调味品、牙签、餐巾纸、菜单、茶水等。在备餐柜内放入一定量的餐具,餐具要分类放置,并按固定的

位置摆放,以便于拿取。

A. 准备餐酒用品。主要有各种瓷器、玻璃器皿及布件等,应根据餐位数的多少、客流量的大小、供餐形式等来确定。要求数量充足、质量佳(无任何缺损)。

B. 准备服务用品。主要有各种托盘、开瓶器具、菜单、酒水单、茶叶、开水、牙签、点菜单、笔、各种调味品等应准备齐全充足,并确保完好无损、洁净卫生。

C. 准备酒水。即酒水(饮料)单上的酒水必须品种齐、数量足。吧台酒水员应在开餐前去仓库领取酒水,并做好瓶(罐)身的清洁卫生,按规定陈列摆放或放入冰箱冷藏待用。

D. 收款准备。在营业前,收款员应将收款用品准备好,如账单、账夹、菜单价格表等。同时备足零钞分别放好。另外,还应了解新增菜肴的价格和某些菜肴的价格变动情况等。

E. 其他。如衣帽间服务员应根据客流量及季节的变化准备足够的衣架、挂钩、存衣牌等,以便提供优质的衣帽服务。

【案例分析】

破损的餐具

一位翻译带领4位德国客人走进了中餐厅用餐。入座后,服务员开始让他们点菜。客人要了一些菜,还要了啤酒、矿泉水等饮料。突然,一位客人发出诧异的声音,原来他的啤酒杯有一道裂缝,啤酒顺着裂缝流到了桌子上。翻译急忙让服务员过来换杯。另一位客人用手指着眼前的小碟子让服务员看,原来小碟子上有一个缺口。翻译赶忙检查了一遍桌上的餐具,发现碗、碟、瓷勺、啤酒杯等物均有不同程度的损坏,上面都有裂痕、缺口和瑕疵。

分析:

◇服务人员没有按照正确的工作流程操作,工作不够细致。

◇服务人员的顾客意识不够。

处理结果:

◇首先向客人表示歉意,马上为客人重新更换新的餐具或重新安排位置。

◇在客人的用餐中适当给客人一些优惠。

◇餐厅管理人员马上让餐厅每个岗位的工作人员检查餐具,如有破损的马上收起不可再用,预防后来的客人再有类似情况出现。

◇事后组织有关人员调查此事,并对责任人做处罚处理。

⑤员工准备。

A.服务人员须按要求着装,按时到岗,以最佳的心理和精神状态投入到服务角色中。

B.掌握客源情况。

◇了解客人的预订情况,针对客人要求和人数安排餐桌。

◇掌握VIP情况,做好充分的准备,以确保接待规格和服务的顺利进行。

◇了解客源增减变化规律和各种菜点的点菜频率,以便有针对性地做好推销工作,既可满足客人需求,又可增加菜点销售。

C.了解菜单情况。

◇了解餐厅当日所供菜点的品种、数量、价格。

◇掌握所有菜点的构成、制作方法、制作时间和风味特点。

◇熟悉新增时令菜或特色菜等。

⑥全面检查。餐前检查的方法包括自查、领班和管理人员抽查或全面检查。餐前检查主要包括台面及桌椅安排的检查、各项卫生的检查、工作台的检查、设备设施状况的检查、宾客预订的落实情况检查及服务员仪表仪容、精神面貌的检查。要求环境清洁卫生,布局整齐美观,餐具用具准备齐全,电器设备完好无损,客用通道及卫生间清洁卫生,服务人员仪表端庄,服装整洁,工号醒目,精神饱满地迎接来宾。

⑦准备迎宾。各种准备工作就绪后,服务人员应在营业前10分钟进入岗位。

(3)迎宾服务

①热情问候引领客人。

A.当客人离餐厅大门1.5米远左右,服务人员应主动地拉开厅门,面带微笑,行礼问候:早上好,先生、欢迎光临××餐厅,请问几位?

B.询问客人是否有预订,如果有预订应查阅预订记录,将宾客引领到预订席位,并说"××先生,我们正在恭候您";若无预订,当问清人数及客人对就餐场地的要求后,根据客人的要求安排合适的座位。

C.询问客人是选择吸烟区还是非吸烟区。

D.协助客人存放衣物,提示客人保管好贵重物品,将取衣牌交给客人。

【案例分析】

遗漏的预订

一天某餐厅迎来了一位西装革履、红光满面、戴墨镜的中年先生,迎宾员快步上前,微笑迎宾引领带位。客人说昨天有打电话来预订包房,预留姓张,迎宾员就翻查预订资料,发现没有预订的登记,然后就询问客人是否确定有预订过,客人回答肯定,而且非常愤怒。

分析:

迎宾员没有按照正确的服务流程工作。

处理结果:

◇首先跟客人道歉,稳定客人的情绪。

◇再以婉转的方式了解客人预订的人数。

◇然后再看有哪些房间没有预订的而又合适的,如果有马上为其安排。

◇如果没有合适的话,安排接近客人想要的房间,等客人坐下后并再次向客人表示歉意。

◇要交代餐中的服务员做好服务工作。

◇管理人员对迎宾员进行批评教育,并以此事件作为经验教训,培训全体员工,务求所有员工做到尊重礼貌待客,提高顾客意识。

◇加强员工的操作流程培训,务求服务中不出错,给客人提供最专业、最贴心的服务。

②引宾入座。

A.引位。引领客人就座一般由迎宾员负责,也有设专职点菜领班完成引位与点菜工作。引位可使客人不盲目寻找座位,另一方面可使餐厅处于有效的控制下。引位员右手拿菜单,左手为客人指示方向,要四指并拢手心向上,同时说:请跟我来/请往这边走。走在客人的侧前方一米远左右,随着客人的步速,将其引到合适的餐位或预订的餐室;领到座位时要为客人拉椅让座。

B.安排座位。引位时总原则是要按照一批客人的人数以及先里后外、尊重选择、合理调整的原则去安排合适的餐位。引位时还需要考虑的因素有:就餐人数、服务区域、订餐情况及宾客的特点等。同时还要注意以下几点:当餐厅不拥挤时,安排座位应征求客人的意见,或安排在餐厅外易于看见的位置,以便吸引过往客人前来就餐;全家或朋友聚餐,多安排在包间或餐厅的一侧,以免影响他人;带小孩的客人宜安排在餐厅的一侧,对于较小的孩子要及时送上儿童座椅;

仅是一男一女的客人结伴前来就餐时,应引领到优雅、浪漫的窗边;时髦的女士最好安排在餐厅的中心,在一定程度上起到了点缀就餐环境的作用,也满足了客人的心理需求;重要的客人或贵宾,一般安排在安静的包间;老年、体弱及残疾人安排在离餐厅门口较近、出入方便的地方。

零点餐厅的引位有一定的学问,既要研究宾客的心理需求,又要考虑餐厅的使用率,还要方便服务人员的操作。

在引领服务过程中,引领服务员还应注意下列事项:

a. 遇 VIP 前来就餐时,餐厅经理(主管)应在餐厅门口迎候。

b. 如引领员引领客人进入餐厅而造成门口无人时,餐厅领班应及时补位,以确保客人前来就餐时有人迎候。

c. 如客人前来就餐而餐厅已满座时,应请客人在休息处等候,并表示歉意。待餐厅有空位时应立即安排客人入座。也可将客人介绍至酒店的其他餐厅就餐。

d. 引领员在安排餐桌时,应注意不要将客人同时安排在一个服务区域内,以免有的值台员过于忙碌,而有的则无所事事,影响餐厅服务质量。

e. 如遇到客人来餐厅门口问讯,如问路、看菜单、找人等,引领员也应热情地帮助客人,尽量满足其要求。

③客人入座后的服务。

A. 帮助客人轻轻搬开座椅,待客人落座前将座椅轻轻送回。

B. 递巾送茶。用托盘托送香巾,从客人的右侧送上。主动地询问客人喜欢什么茶,并介绍本餐厅的茶叶品种。

C. 礼貌斟茶。站在客人的右侧递上茶水,斟茶量一般控制到八成满。当斟完第一杯礼貌茶后,需要根据具体的情况将壶内注满开水,再放置在客人的餐桌上。注意不要将壶嘴对着客人。

D. 递送菜单、酒单。

E. 客人入座后,迎宾员打开菜单的第一页,站在客人右侧,按先宾后主、女士优先的原则将菜单送至客人手中。菜单应整洁、无破损,主菜单、特供菜单、酒水单应配套。

F. 落口布。站在客人的右侧,拿起口布将其松开,双手各拿一角,右手在前,左手在后,将口布轻轻地铺在客人的腿上。也可将口布的一角压在餐桌的下方。如果客人暂时离开,服务员要将口布重叠为三角形,平放在餐位的右边。

G. 整理餐桌。脱去客人的筷套,视就餐人数进行撤位、加位,收掉餐桌上的小毛巾。

(4)就餐服务

就餐服务是点菜服务的继续,也是餐饮服务中时间最长、环节最复杂的服务过程。

①接受点菜。待客人看过菜单后,便可礼貌地站在宾客后侧约50厘米处,征询客人的意见开始点菜。点菜时要掌握宾客的心理特点、就餐目的、口味要求,并要运用一定的语言技巧,针对性地介绍菜点、酒水及其价格,推荐本餐厅的特色菜、特价菜、创新菜等,让客人能领略到本餐厅菜点的特点。

②酒水服务。根据客人所点的酒水摆上相应的酒杯、饮料杯,并撤去餐桌上多余的酒杯,用托盘将酒水送到客人面前按操作要求进行斟酒。斟完第一杯酒后,可将剩余的酒水放在餐台的一角或放在附近的工作台上,以备随时为客人续酒。

③上菜服务。大多数餐厅都有特殊的呼叫系统来通知服务员菜已准备好了,如没有这样的系统,服务员需要通过已掌握的基本烹调知识来估计准备好菜的大概时间,应尽可能在菜一准备好时就取走,以保证正常的服务温度。上菜时应遵循服务规范,按顺序上菜,对于特色菜、风味菜要报菜名,并给以适当的介绍,及时回答客人的询问,征求客人对菜肴的评价,并将各种信息及时地反馈至领班。当最后一道菜端上桌时,要通知主人,并询问是否还有其他要求。

如果客人投诉菜品,餐厅服务员应向客人表示诚挚的歉意,马上撤掉此道菜,退回厨房,并立即通知餐厅领班或经理。餐厅领班或经理向客人道歉,征得客人的同意后,请厨师长重新制作此道菜,并保证质量。餐厅营业结束后,将客人的投诉记录在餐厅的每日报表上,并通知餐饮总监。

④餐间服务。

A. 服务员必须经常在客人餐台旁来回巡视,以便随时为宾客服务。

B. 按照规定及时进行餐盘、餐具、烟灰缸的撤换,保持餐桌清洁卫生。

C. 随时撤走空菜碟、空瓶、空罐并及时整理餐台。

D. 宾客对菜肴的质量有意见时,应冷静考虑,认真对待。若菜肴确实有问题时,应马上向客人道歉,并征得厨房或主管的同意后马上更换另一道质量好的菜肴送给宾客,或建议宾客换一个味道相似的菜式。如确是客人无中生有,无理取闹,则报告主管或经理,请他们去处理。

E. 上热茶、上甜点。

【案例分析】

奇怪,她不要小费还那么热情

一天晚上,徐先生陪着一位美国外宾来到酒店餐厅用餐。点菜后,服务员小吴摆上酒杯,上好餐前小吃,又为外宾多加了一副刀叉,再为两位客人斟茶水、换毛巾,又为他们倒啤酒,当汤端上来后便为他们盛汤,盛了一碗又一碗。一开始,外宾以为这是吃中餐的规矩,听徐先生告诉他凭客自愿后,在服务员小吴要为他盛第三碗时他谢绝了。小吴在服务期间满脸微笑,眼疾手快,一刻也不闲着:上菜后即刻布菜,皮壳多了随即就换骨碟,毛巾用过了忙换新的,米饭没了赶紧添加……他在两位客人旁边忙上忙下,并不时用英语礼貌地询问两位还有什么需要,搞得两位食客也忙上忙下拘谨起来。当外宾把刀叉刚放下,从口袋里拿出香烟,抽出一支拿在手里时,"先生,请抽烟。"小吴忙从口袋里拿出打火机,熟练地打着火,送到客人面前,为他点烟。外宾忙把香烟叼在嘴里去点烟,样子颇为狼狈。烟点燃后,他忙点着头向小吴说了声:"谢谢!"小吴又在忙着给他的碟子里添菜,客人忙熄灭香烟,用手止住小吴说:"谢谢,还是让我自己来吧。"小吴随即把烟灰缸拿去更换。外宾说:"这里的服务太热情了,就是忙得让人有点透不过气来。徐先生,我们还是赶紧吃完走吧。"当小吴把新烟灰缸放到桌上后,两人谢绝了小吴的布菜,各自品尝了两口后,便要求结账。去买单时,外宾拿出一张钞票压在碟子下面。徐先生忙告诉他,中国餐厅内不收小费。外宾说:"奇怪,她不要小费还这么热情?"徐先生仍旧向外宾解释,外宾只好不习惯地把钱收了起来。结账后,小吴把他们送离座位,站在餐厅门口还连声说:"欢迎下次光临。"

分析:

在本案例中,由于美国客人在该餐厅受到十分热情的接待服务,结合他过去在国外的就餐经历和经验,使外宾形成一种感觉,就是过于热情干扰了自己的用餐情绪,即感到不自在和尴尬,这使他认为这是服务员在索要小费的提示,尽管最后他也清楚并不是那么回事,但是顾客始终并不认同和接受这样的服务。这样的服务实际上是画蛇添足,多此一举。又例如,有些聚在一起想聊聊知心话的朋友,正在热恋的青年男女,爱静静独坐的知识分子或其他一些不想让服务员过多干涉自己的顾客,包括到餐馆洽谈业务生意的商人,都不愿意接受这种画蛇添足式的服务。所以说服务员并不是越殷勤、周到、热情,就越能得到顾客的好感,而是应当根据不同顾客的具体情况,来确定自己是不是应该那样服务。

餐厅在强调对顾客热情服务的同时,更应该强调以顾客感到自在、舒适和愉快为准则,不注意客人反应的过度热情也可能会把顾客吓跑。

处理结果:

◇管理人员对小吴进行培训,强调服务应根据不同顾客的具体情况而进行。

◇以此事作为经验教训,培训全体员工,务求所有员工明确服务应具有灵活性,根据不同顾客的具体情况而进行。

(5)结账服务

①准备账单。

A.在给客人上完菜后,服务员要到账台核对账单。

B.当客人要求结账时,请客人稍候,立即去收银处领取账单。

C.服务员告诉收银员所结账的台号,并检查账单台号、人数、菜品及饮品消费额是否正确。将账单放入账单夹,并打开,账单正面朝向客人。

②呈递账单。

A.呈递账单前,应先行询问客人是否还有别的需要,如分单或打英文账单,若有应事先通知收银员。

B.走到客人右侧,打开账单,左手轻托账夹下端,递至主人面前,身体略微向前倾斜,音量适中,并礼貌地说:"先生(小姐),这是您的账单,请过目。"注意不要让其他客人看到账单。

C.当一男一女在一起进餐时,账单送给男士。

D.若是多位客人,尽可能辨明付款者;如无法判定谁是付款人(所有的定菜事先未交代分开而记在一张账单上),则将账单置于餐桌的正中,以避免造成尴尬场面。

E.账单呈上后,道谢后应随即保持距离,待客人将钱准备妥当后再上前收取,并当面将现金复点一遍;如是伴同客人到收银台付账也应站离远一点,以避免有等候小费之嫌。结账完毕,应向客人说声"谢谢"。

③不同结账方式的结账程序如表2.2所示。

表2.2　不同结账方式程序

结账方式	结账服务程序
客人签单	◇如客人是本酒店的住店客人,服务员在为客人送上账单的同时,为客人递上笔,并礼貌地提示客人需写清房间号、正楷姓名及签名,以凭其转入酒店大柜台结账。 ◇客人签好后,服务员将账单重新放入结账夹,拿起结账夹,并真诚地感谢客人。

续表

结账方式	结账服务程序
现金结账	◇如客人付现金,应在客人面前清点钱数,并请客人等候,将账单及现金快速送收银处。 ◇收银员收现金时需唱票唱收,且在账单三联上盖上"现金收讫"章。 ◇待收银员收完钱后,服务员将账单第一页及所找零钱夹在结账夹内,送还客人。 ◇服务员站立于客人右侧,打开结账夹,将账单第一页及所找零钱递给客人,同时真诚地感谢客人。 ◇客人确定所找钱数正确后,服务员应迅速离开餐桌。
信用卡结账	◇首先要核实是否属于本店接纳卡、使用期限。然后连同账单与信用卡一起交付收银员,收银员再进一卡核实信用卡的真假。 ◇如客人使用信用卡结账,服务员应询问有无交易密码。 ◇若无交易密码,服务程序如下: ① 请客人稍等,快速将信用卡和账单送回收银处。 ② 收银员做好信用卡收据,服务员将收据、账单和信用卡夹在结账夹内拿回餐厅。 ③ 将结账夹打开,从客人右侧递上笔,请客人分别在账单和信用卡收据上签名。 ④检查是否与信用卡上的签名一致。 ⑤将账单第一页、信用卡收据中的存根页及信用卡递给客人,并真诚地感谢客人。 ◇若客人信用卡凭密码交易,则礼貌地请客人一同前往收银处。
支票结账	◇如客人支付支票,应请客人出示身份证及联系电话,然后将账单及支票证件同时送到收银处。 ◇收银员结完账并记录下证件号码及联系电话后,服务员将账单的第一联及支票存根核对后送还给客人,并真诚地感谢客人。 ◇如客人使用密码支票,应请客人说出密码,并记录在一张纸上;结完账后,服务员把账单第一页及支票存根交还客人时,在客人面前销毁密码,并真诚地感谢客人。

④结账注意事项:

A. 凡涂改或不洁的结账单,不可呈给客人。

B. 结账单送上而未付款者,服务员要留意防止客人逃、漏账。

C. 付款时,银钱当面点清,对于外籍客人,可用加法方式算账找钱。

D. 钱钞上附有细菌,取拿后,手指不可接触眼睛、口及食物。

E. 如客人结完账却未马上离开餐厅,服务员应继续提供服务,为客人添加茶水、及时更换烟灰缸。

F.服务员不得向客人索取小费。

⑤征询意见。结账完毕后,征询客人的意见或建议,虚心听取客人对就餐方面的意见,是不断改进工作、提高服务质量的重要措施。

(6)送客服务

①客人不想离开时绝不能催促,不要做出催促客人离开的错误举动。

②客人离开前,如有未吃完的菜肴,在征求客人同意的情况下,可主动将食品打包。

③客人结账后起身离开时,应主动为其拉开座椅,提醒客人携带好随身物品,协助客人穿戴外衣,提携东西。

④要礼貌地向客人道谢,欢迎他们再来。

(7)餐后工作

①客人离座后,应及时检查客位附近有无宾客遗留的物品,若发现有,要及时交还给客人或上交有关部门。

②服务人员立即清理餐桌,重新摆台,并安排下一批客人就餐。

③清洁时应注意文明作业,保持动作沉稳,不要损坏餐具物品,也不应惊扰正在用餐的客人。

④清桌时要注意周围的环境卫生,不要将餐纸、杂物、残渣乱撒乱扔。

⑤清扫完毕后,应立即开始规范摆台,尽量减少客人的等候时间。

⑥营业结束后,要对餐厅进行全面的检查,结算一天账务,清扫地面,分类送洗,整理餐用具,安全检查,关闭水、电、火等设备开关,关闭门窗,保证安全。

⑦工作小结,对自己岗位工作情况作一个简单的小结,一是整理宾客意见,二是填写工作记录,以便于以后工作的提高,一天工作即告结束。

2.3.2 中餐团体服务

1)团队用餐的概念

团队用餐服务是指餐厅主要接待各类旅游和会议的团体客人用餐。餐厅的任务是每人每餐按用餐标准及要求供应他们的膳食和提供服务。目前,来我国的旅游者多数是通过旅行社等组织的包价旅游。他们的膳食、住宿、旅游及交通都是统一安排的。除此之外,还有各种学术讨论会、科技交流会、贸易洽谈会、订货会等,也采取团体包餐的方式就餐。目前不少酒店均设有容量较大的团体餐厅。

2) 团队用餐的形式及特点

(1) 事先预订

团队用餐须事先预订,使餐厅和厨房有准备时间。接受预订时,要问清就餐人数、时间、标准、付款方式、特殊要求及预订人的身份、姓名、单位、联系方式等,以利于安排餐位和制定菜单。服务过程中,要集中人力做好餐前准备工作,与厨房密切配合,科学合理地组织供餐服务工作,尽最大努力缩短宾客候餐时间,做到无论宾客什么时候来,都能得到迅速满意的服务。

(2) 接待面广

一般旅游、会议团体少则十几个人,多则上百、上千个人。餐厅只能根据团队宾客的国籍、地区、职业年龄等特点来制定菜单,照顾到大多数客人的口味的要求。对个别特殊的客人如佛教、伊斯兰教或高血脂、糖尿病患者等做特殊情况处理。有时宾客在就餐时临时提出饮酒加菜的要求,应从方便宾客出发,给予满足,但要提醒客人需另外付账收款。会议团体一般在酒店逗留时间较长,包餐的次数多,在服务操作中服务人员要多观察,主动征求客人的意见,配合厨房搞好餐饮质量。

(3) 服务迅速

团队宾客在用餐时间上和其他宾客不同。他们的抵达、离开和外出活动时间往往不准,变化多端,经常不能准时在规定的时间内进餐。若是进入餐厅,为了赶时间,也要求出菜速度快。因此,在餐厅的组织上,需要十分细致地了解情况,及时和陪同人员取得联系,与厨房密切配合,科学地组织就餐服务,采取灵活的组织安排,使宾客无论什么时候来,都能迅速地就餐,而且饭菜的温度、新鲜程度都要达到规定的标准,使宾客满意。

(4) 形式统一

①用餐标准统一,消费水准通常低于宴会和散餐。
②用餐时间统一,人数集中,服务要求迅速。
③菜式品种统一,但注意每天有新品种,不重复。
④服务方式统一,但也要体现团队的特点。
团队用餐虽然不是以品尝美味佳肴为主,菜肴也不像宴会那样精致,服务没那么讲究,礼节没那么烦琐,又不像零点餐那样注重推销,但绝不能因就餐标准不高而忽视菜肴质量。

3) 团队用餐的服务程序

(1) 餐前准备工作

①了解客情。开餐前,服务员要了解客情,包括团队的名称、国籍、身份、生活习惯和忌讳、人数、开餐时间、用餐标准及特殊要求,熟悉当天的菜单、菜肴的风味特点和上菜顺序等,以便有针对性地服务。

②拟定菜单。由餐厅管理人员根据宾客的用餐标准、口味特点、生活习惯和具体要求与经办人协商拟定。宾客在本店用餐次数较多时,每餐的菜点花色品种都应有其独特的风味,使宾客在旅游或会议期间在酒店住得舒服,吃得满意。

③整理餐厅。清洁餐厅,排列餐桌。餐厅内陈设和台型布置要整齐美观。根据接待对象的不同,对餐厅环境进行布置,如会议包餐,可布置得朴素典雅一些;旅行团团体餐则可布置得华丽热烈一些。餐台的距离要适宜,方便来宾出入。如果同一餐厅同时容纳两个不同标准的团体就餐时,要划分就餐区域,最好用屏风作为隔挡,将其分开。

④准备物品。

A. 清理好餐厅后,准备餐具、用具进行摆台。

B. 准备好茶水、毛巾。

C. 摆放冷菜。会议团队是按事先安排好的日程进行集体活动的,一到就餐时间,客人会集中进入餐厅。因此,服务员要提前15分钟上冷菜。

(2) 迎接服务

①热情迎宾。宾客到达时,迎宾员通过佩戴的徽章识别所属团体,或问询其团队或会议的名称,示意划定的进餐区域。

②值台服务员为客人拉椅让座,递上香巾,斟倒第一杯茶水饮料。

(3) 餐间服务

①宾客到齐后,通知厨房准备起菜。

②为宾客斟饮料并将茶杯撤走。

③上菜时,要向宾客介绍菜肴的名称和特色。

④用餐期间,服务员要勤巡视、勤斟饮料、勤撤换骨碟和烟灰缸。

⑤注意台面清洁,菜上齐后应告诉宾客,并征询宾客有何要求。

(4) 结账收款

要事先了解团体餐的结账方式,以便用餐结束后,及时、准确地按相应的方式办理结账手续。团队用餐的结账方式一般有两种:旅游团体结账,即旅游团队用餐完毕后,交旅游团的领队或导游签单,再由收银台将结账单金额转入旅游团在酒店的总账中,最后由酒店向旅行社统一结账。另一种是会议团队结账,会议团队在用餐结束后,餐厅收银台应根据参会人数开具结账单,请会务负责人在账单上签字,计入会议团队总账,最后由酒店向主办单位或个人统一结账。如遇分食制的团体包餐,则由客人凭就餐券用餐。

当宾客离座时,应主动为其拉椅,并提醒宾客携带好随身物品。如发现遗留物品时,应立即还给宾客或交上司处理。

(5)清理餐厅

其方法与零点服务大致相同。但应注意的是:每桌中若有一个客人未离开,就不能收拾台面;当餐厅有一个宾客仍在就餐,就不能清扫地面。

4)团队用餐的注意事项

①旅游团抵店、离店和外出活动时间较难掌握,经常不能在规定的时间内进餐。因此,要加强与包餐单位、陪同及时联系,做到客人进入餐厅就能迅速就餐,而且保持饭菜的温度。

②团队餐计划中对酒水有数量上的控制,对客人超标的酒水要求要满足,但服务员须礼貌地向客人解释差价现付。

③对于团体中伊斯兰教的宾客要设立清真席,由专人烹制菜肴,并派专人服务,餐具用具与其他桌次分开清洗、存放。

④分餐制的包餐可以根据包餐标准、人数分装好食品,以保证准时、迅速开餐。分餐制盛器大致有 3 种:一种是套餐餐盘,一种是快餐盒,还有一种是美式上菜法,将每个客人的菜肴分装在几个小型餐盘中,一起端上。无论是哪一种盛器,要求所装的食品种类及数量要相同相等。

【案例分析】

迟到的旅游团

领位员小吴正在焦急地等待一个迟到的旅游团。该团原订用餐时间为晚上6 时,直至晚上 7 时,小吴才看见导游员带着一群客人向着餐厅走过来。"你是 F11 旅游团的陪同吗?"小吴忙走上前问道。"不是。我们团没有预订,但想在你们这儿用餐,请务必帮忙解决。"陪同向小吴解释道。"请你稍后,我马上替你联系。"小吴说毕就马上找餐厅经理联系。餐厅经理看到 F11 号旅游团都超了一个小时,就同意了客人的要求请客人先用原订旅游团的餐位。谁知服务员小吴刚把这批客人安排入座，F11旅游团就到了。餐厅经理看着这些面带疲倦的客人马上急中生智解释说："实在对不起,先生。你们已经超出原订的时间太久了,所以你原订的餐位我们已经安排了其他的团队。不过,我先带你们去休息室休息一下,马上给你们安排座位,时间不会太久。"小吴带客人去了休息室,并为他们送来茶水。餐厅经理急忙去联系餐位。10分钟后餐厅经理赶到休息室告诉客人："现在的客人太多,大家还要稍等一下。"又过了5分钟,餐厅终于完成了空闲台位的撤台、摆台,并立即通知厨房出菜等餐前准备工作,当小吴再次来到休息室对大家说："对不起,让大家久等了,由于餐前与你们联系不够,没有及时掌握大家晚来的原因,致使大家等候,请原谅。""这次迟到主要是我们自己的原因,餐厅能在这么短时间内为我们准备已经相当不错了,感谢你们主动热情的服务。"陪同带头鼓起掌来。客人们怀着满意的心情,跟随小吴走进餐厅。

分析：

◇本案例中的宾客由于迟到而造成他们到达餐厅时没有座位,但服务员小吴并没有强调这是宾客本身的原因就不予理睬他们。相反,服务员在出现问题时千方百计帮客人尽快准备好餐位,做好补救性服务,所以宾客们也就非常满意了。服务补救是服务性企业针对服务失误采取的行动。

◇宾客希望问题发生后服务员能快速行动起来,解决其问题。所以,管理人员必须对一线员工进行相应的培训和适当的授权,提高他们的服务技能,鼓励服务员创造性地为宾客解决各种服务质量问题,向宾客说明服务差错产生的原因,正确估计补救性服务工作所需工作的时间,提出合理的解决方法,及时告诉宾客,店方正在进行补救工作,以求得到宾客的谅解。反之,只会使不满的宾客更加失望。

◇在本案例中,餐厅在已经订了餐位的旅游团迟到一个多小时后,把餐位先让给了其他旅游团的顾客,当原已经预订的团队到达时,餐厅已经没有餐位了。虽然这主要是由于旅游团本身的原因造成的失误,但是餐厅经理和服务员小吴并没有埋怨宾客和推卸责任,而是主动反省自己做得不足,如没有及时与宾客联系掌握宾客迟到的原因等。

◇在向宾客解释发生失误(不能马上提供餐位)的原因后,马上为宾客寻求解决的办法,并随时把解决的过程和预计的时间告诉宾客,向宾客表明餐厅已经高度重视服务质量和宾客满意度,这样有效影响了宾客对餐厅的看法,并主动、积极配合餐厅解决问题。

处理结果：

◇加强员工的操作流程培训,务求服务中不出错,给客人提供最专业的服务。

◇培训全体员工,务求所有员工提高顾客意识。

◇将此事作为案例存档,供餐饮部培训学习,以避免日后再次发生同类事件。

任务4　中餐厅拓展知识

【任务目标】

通过了解中国菜点知识、中餐厅服务常用表格以及中餐厅管理制度等相关知识,提高学生的知识面,拓展中餐知识,提升学生的职业能力。

【任务执行】

2.4.1　中国菜点知识

中国菜历史悠久,品种丰富,精美绝伦,举世闻名。其特点主要表现为:选料广泛,刀工精细,配菜巧妙,烹法多样,调味丰富,注意火候,造型美观,讲究盛器。

1)中国主要菜系

(1)山东菜系(鲁菜)

山东菜系由济南和胶东等地的地方菜发展而成。济南菜包括济南、德州、泰安一带的菜肴,精于制汤;胶东菜包括福山、青岛、烟台一带的菜肴,以烹制海鲜见长。

山东菜的特点是选料精细,刀法细腻,味道清淡,突出鲜味,讲究吊汤,花色多样。其代表菜有清汤燕菜、奶汤鸡脯、红烧海螺、德州扒鸡、糖醋黄河鲤鱼、锅烧肘子、九转大肠等。

(2)江苏菜系(苏菜)

江苏菜系由扬州、南京、苏州等地方菜发展而成。扬州菜又称淮扬菜,是指扬州、镇江、淮安一带菜肴,以烹制江鲜、家禽见长;南京菜以制作鸭菜著名;苏州菜是指苏州、无锡一带的菜肴,擅长烹制河鲜和蔬菜。

江苏菜的特点是选料严谨,制作精细,因材施艺,四季有别,讲究造型,味感清鲜,保持原汁,南北皆宜。其代表菜有煮干丝、三套鸭、水晶肴蹄、清炖蟹粉狮子头、叫化鸡、盐水鸭、金陵烤鸭、黄焖鳗鱼、松鼠鳜鱼等。

（3）四川菜系（川菜）

四川菜系以成都为代表,各地又有特色。因四川是"天府之国",故物产丰富,为川菜的发展提供了极为丰盛的物质基础。四川菜素以味多、味广、味厚著称,享有"一菜一格""百菜百味"之誉。

四川菜的特点是选料严谨,刀工精细,烹调考究,注重调味,花色多样,地方色彩浓厚。其代表菜有宫保鸡丁、麻婆豆腐、回锅肉、水煮牛肉、樟茶鸭子、夫妻肺片、鱼香肉丝、水晶腰花、怪味鸡、香酥鸭、干烧鱼翅等。

（4）广东菜系（粤菜）

广东菜系由广州菜、潮州菜及东江菜发展而成。广州菜选料广,配料多,善变化,季节性强;潮州菜以烹制海鲜见长,精于制作汤菜;东江菜以肉禽、野味为主要原料,下油重,口味偏咸,但独具乡土风味。

广东菜的特点是选料广泛,刀工精细,精工细作,花色繁多。其代表菜有烤乳猪、烧雁鹅、蚝油牛肉、冬瓜盅、烩蛇羹、龙虎斗、东江盐焗鸡、滑炒虾仁、咕咾肉、文昌鸡、梅菜扣肉等。

（5）浙江菜系（浙菜）

浙江菜系由杭州、宁波、绍兴三种地方风味组成。杭州菜是浙菜的代表,以制作精细,富于变化著称;宁波菜擅长烹制海鲜,强调鲜咸合一,注重保持原味;绍兴菜以烹制河鲜家禽见长,极富乡土气息。此外,温州、台州等地区的海鲜类菜肴也有一定的特色。

浙江菜的特点是讲究刀工,制作精细,应时而变,简朴实惠,富有乡土气息。其代表菜有西湖醋鱼、龙井虾仁、干炸响铃、东坡肉、油焖春笋、西湖莼菜汤、宋嫂鱼羹、咸菜大汤黄鱼、冰糖甲鱼、清汤越鸡、干菜蒸肉、荷叶粉蒸肉等。

（6）福建菜系（闽菜）

福建菜系由福州菜、厦门菜发展而成。福州菜擅烹肉禽原料,讲究吊汤;厦门菜以烹制海鲜原料闻名。

福建菜的特点是制作细巧,讲究刀工,色调美观,调味清鲜。其代表菜有佛跳墙、太极明虾、干炸三肝花卷、淡糟炒鲜竹蛏、雪花鸡、福寿全、菊花鱿鱼球、鸡汤汆海蚌、小糟鸡丁、八宝龙珠等。

（7）安徽菜系（徽菜）

安徽菜系由皖南、沿江、沿淮三种地方风味发展而成。皖南菜又称徽州菜,以烹制山珍野味著称,并善于保持原汁原味;沿江（长江）菜以烹调江鲜、家禽见长,善用糖调味;沿淮(淮河)菜以肉禽、河鲜为主要原料,咸中带辣,习惯用香菜佐味。

安徽菜的特点是讲究刀工,口重色浓,烹调考究,朴素实惠。其代表菜有火腿炖甲鱼、清蒸石鸡、毛峰熏鲥鱼、蜂窝豆腐、符离集烧鸡、无为熏鸭等。

(8)湖南菜系(湘菜)

湖南菜系由湘江流域、洞庭湖区、湘西山区三种地方风味发展而成。湘江流域的菜以长沙、衡阳、湘潭为中心,是湘菜的主要代表;洞庭湖区以烹制河鲜和肉禽见长;湘西山区擅长制作山珍、熏肉、腊肉等,颇具山乡风味。

湖南菜的特点是用料广泛,制作精细,咸辣香软,讲究实惠。其代表菜有麻辣子鸡、霸王别姬、东安仔鸡、腊味合蒸、红煨鱼翅、金钱鱼、发丝百叶、冰糖湘莲等。

2)中国菜的基本烹调方法

所谓烹调方法是指把经过粗加工和切配成形的食品原料,通过烹制加工和调味处理,制成不同风味菜肴的操作方法。中菜的烹调方法繁多,现将一些基本烹调方法简介如下:

(1)炒

炒是将原料投入小油锅,在中旺火上急速翻拌、调味成菜的一种烹调方法。适用于炒的原料,一般都是经过加工处理的丝、片、丁、条、球等。炒是使用最广泛的一种烹调方法,可分为生炒、干炒、清炒、滑炒、抓炒、爆炒、煸炒等,如滑炒虾仁等。

(2)熘

熘是用调制卤汁浇淋于用温油或热油炸熟的原料上,或将炸熟原料投入卤汁中搅拌的一种烹调方法,可分为脆熘、滑熘、醋熘、糟熘、软熘等,如醋熘鱼块等。

(3)炸

炸是将原料投入旺火加热的大油锅中使之成熟的一种烹调方法,其要求是火力旺、用油多。部分菜肴要间炸两次以上。炸可分为干炸、清炸、软炸、酥炸、香炸、包炸等,如干炸响铃。

(4)烹

烹是将小型原料经炸或煎至金黄色后,再用调味料急速拌炒的一种烹调方法,是炸的转变烹调方法。烹可分为炸烹和清烹,如炸烹里脊丝等。

（5）爆

爆是将原料放入旺火、中等油量的油锅中炸熟后加调味汁翻炒而成的一种烹调方法。爆可分为酱爆、油爆、葱爆、盐爆等,如油爆大虾等。

（6）烩

烩是将多种小型原料在旺火上用鲜汤和调料制成半汤半菜的一种烹调方法。烩可分为红烩和白烩,以白烩居多,如五彩素烩等。

（7）汆

汆是沸水下料,加调料,在汤将开时撇净浮沫,用旺火速成的一种烹调方法。一般是汤多菜少,但口味清鲜脆嫩,如汆鱼圆等。

（8）烧

烧是将原料经炸、煎、水煮等加工成半成品,然后加适量汤水和调味品,用旺火烧开,用中小火烧透入味,再用旺火促使汤汁浓稠的一种烹调方法。烧可分为红烧、白烧、酱烧、干烧等,如红烧鱼等。

（9）煮

煮是将原料放入多量的清水或鲜汤中,先用旺火煮沸,再用中、小火烧熟的一种烹调方法。一般是汤菜各半,如煮干丝等。

（10）焖

焖是将原料经炸、煎、炒或水煮后加入清汤和调料用旺火烧开,再加盖用微火长时间加热成熟的一种烹调方法。焖菜比烧菜汁多。焖可分为红焖、黄焖、葱焖等,如板栗焖鸡块等。

（11）炖

炖是将原料在开水中烫去血污和腥味,加水或清汤及调料后用旺火烧开,再用小火长时间加热至酥烂的一种烹调方法,如清炖羊肉等。

（12）扒

扒是将原料经蒸或煮成半成品后整齐地放入锅中,加汤和调料,用旺火烧开,中小火烧透入味,再用旺火勾芡的一种烹调方法。扒可分为红扒、白扒、奶油扒等,如扒鸡等。

（13）煎

煎是先将锅底烧热,放少量底油后用小火慢慢加热,使扁形的原料两面金黄的一种烹调方法。煎可分为干煎、煎烧、煎焖等,如清煎鱼片等。

(14)蒸

蒸是将经过调味的原料用蒸汽加热使之成熟或酥烂入味的一种烹调方法。这是一种使用较为普遍的烹调方法。蒸不仅用于烹制菜肴,而且还能用于原料的初步加工和菜肴的保温等,如清蒸鳜鱼等。

(15)烤

烤是将经过调料腌渍的生料或半成品利用明火或烤炉(箱)的辐射热使食品成熟的一种烹调方法。它可分明烤(用明火烤制)和暗烤(用烤炉或烤箱烤制),如烤鸭等。

(16)贴

贴是与煎颇为相似的一种烹调方法。两者的区别是贴只需煎一面至焦黄色即可。但在烹调过程中,往往需要加酒和水后加盖略焖使原料成熟,如锅贴虾饼等。

(17)煨

煨是将质地较老的原料,加入调味品和汤汁,用小火长时间加热使原料成熟的一种烹调方法。煨制菜肴的汤汁数量比烧、焖要多,加热时间也长些,如茄汁煨牛肉等。

(18)涮

涮是用火锅把水烧沸,把主料切成薄片,放入水内涮熟后,蘸上调料食用的一种由进餐者自烹自食的特殊烹调方法。一般多由食用者根据自己的口味掌握涮的时间并使用适口的调料,如涮羊肉等。

(19)卤

卤是将大块原料放入由多种调料调制好的卤汁中用小火慢慢煮熟至酥烂,然后移离火口,浸其入味的一种烹调方法。卤可分为红卤和白卤,如卤鸭等。

(20)拌

拌是将生料或水煮后晾凉的熟料切制成丝、片、条、块、丁等形状后用调料拌制的一种冷菜制作方法,如拌黄瓜等。

(21)腌

腌是将生料浸渍于某种调味汁中使其入味的一种制作方法。根据调料不同,腌可分为盐腌、醉腌、糟腌等,如醉虾等。

（22）熏

熏是将无卤汁的经过炸、煮、蒸的熟料,放在红茶、竹叶、红糖等熏料漫燃时的浓烟中熏制而成的制作方法,如熏鱼等。

（23）酱

酱的制作方法与卤大致相似,是将经腌渍的原料放入酱汤锅内煮熟后收浓卤汁,使酱汁涂在成品表面的一种制作方法。酱制菜肴冷热均可食用,如酱牛肉等。

（24）挂霜

挂霜是将原料用油炸熟,再沾上白糖或糖汁成菜的一种烹调方法,如挂霜花生等。

3）中菜的品质内涵

中国的饮食文化源远流长,饮食文化可分为4个层次,一是市井文化,其代表是家常菜和小吃;二是文人文化,其代表是《随园食单》;三是商贾文化,其代表是旧京八大楼;四是官府和宫廷文化,其代表是谭家菜和宫廷菜。这4个层次与地域性文化传统相结合,形成了种类菜系。

目前的中国饮食市场,地域性特点逐步淡化,这有利于饮食文化的交流和创新,但影响了文化的延续。创造时尚,促进中国饮食文化深化发展的要义是形成精品文化,使生产者与消费者都感到饮食是一门文化。我们常常提起的烹调四要素,即原料、调料、刀工、火候,仅是从生产者角度提出的基本要求。饮食作为文化性消费是一个全过程,这个过程的每一个环节都需要分解,分解后的每一个要素在质量上都应该是同等的。在文化内涵上应该是一致的,在相关关系上应该是协调的。

观色、品香、尝味、赏形这8字作为基本要求,已经是人尽皆知了。但这远远不能涵盖饮食文化的全部内容和全过程享受。

滋,是指食物的口感,实际上,这个字的重要远远超出一般的理解。爽、滑、嫩、脆,都是口感。还有口感的复合性要求,这就要在配菜时研究。

养,是指食物的营养,其重要性也越来越突出,药膳和各种养生菜谱的市场化发展就是明证。

声,这一方面是指菜品的声音,菜要热,有的要发声,如铁板烧、油炸锅巴以至火锅的沸水声,同时还包括食物在嘴里咀嚼时自己听到的声音感觉,如清脆、柔糯等。另一方面是指环境的声音,该闹要闹,该静要静,背景音乐适当与否,服务员插话的时机和语气,等等。

名,一是连锁经营;二是名字号、名厨师、名菜品的一致性;三是要形成品牌宴席,以文化内涵、标准操作、规范服务和精制包装相结合,如有的企业推出"大江南北宴",形成市场形象和规模生产;四是菜单设计,讲求独特的风格。最终还是要名实结合,名实相符。

器,一是器皿的文化性;二是器具的方便性;三是器具的专用性。目前,这三个方面的过度与不足同时存在,文化性不如日餐,方便性和专用性不如西餐。

境,直接是指环境,一是干净,二是宁静,三是尊敬;进一步是指境界,洁静精微,小桥流水人家,"晚来天欲雪,能饮一杯无",都是一种境界。

服,即服务,服务的重要性是不言而喻的,但服务的文化性却不易把握。有文化的服务是锦上添花,少文化的服务却败人食兴。

续,即售后服务或后续服务。这在饮食经营中似乎是新题目,实际上已经有许多成功的经验。如有的酒店餐后送吉利饼,主动打包;有的酒店对客人赠贺年卡,熟悉常客的爱好,等等。既是饮食经营的延伸,也是饮食文化的延伸,营造了一种亲切的朋友气氛或温馨的家庭气氛。

色、香、味、形、滋、养、声、名、器、境、服、续十二字,既是市场需求的综合表现,也是饮食文化的全面发展,同样构成了对中国饮食业的总体挑战。技高达于艺,欲极达于境,供给的艺术与需求的境界的结合,将是中国饮食文化辉煌的前景。

2.4.2　中餐厅服务常用文书与表单

表 2.3　食品质量顾客意见反馈表

部门:　　　　　经理:　　　　　日期:

日期	餐别 厅/桌号/包厢	食品名称	宾客意见	看台服务员	厨房当班 负责人

表2.4　餐饮部团队客情预报表

到店时间			来宾名称	人数	标准	餐别	付款方式	离店时间	全陪人数	就餐地点	备　注
月	日	时									

表2.5　厨房菜点处理记录表

日期	餐别	菜点名称	直接责任人	宾客褒贬意见	处理意见	厨师长	备注

表2.6　厨房安全检查表

岗　位	检查内容	检查情况	备　注
储存间	水电关闭		
	机械关闭		
	冰箱、冷库运转		
	消防器具定位		
	门窗关闭		

续表

岗　位	检查内容	检查情况	备　注
切配间	水电关闭		
	机械关闭		
	冰箱、冷库运转		
	消防器具定位		
	门窗关闭		
冷菜间(烧烤)	水电关闭		
	煤气阀、蒸汽锅关闭		
	冰箱、冷库运转		
	消防器具定位		
	门窗关闭		
炉灶间	水电关闭		
	煤气阀、蒸汽锅关闭		
	冰箱、冷库运转		
	消防器具定位		
	门窗关闭		
点心	水电关闭		
	煤气阀、蒸汽锅关闭		
	冰箱、冷库运转		
	消防器具定位		
	门窗关闭		
咖啡厅厨房	水电关闭		
	煤气阀、蒸汽锅关闭		
	冰箱、冷库运转		
	消防器具定位		
	门窗关闭		

检查人：　　　　　　　　　　时间：

表 2.7　饮料验收日报表

供应单位	饮料名称	每箱瓶数	每瓶容量	每瓶成本	每箱成本	小　计
分　类						
果　酒	烈　酒	淡色啤酒	啤　酒		调酒剂	
酒水管理员： 验收员：						

2.4.3　中餐厅管理工作规范

1）餐具管理工作规范

①预洗——清除餐具上的残留菜肴,并分类摆放餐具,以便于清理。

②先进行人工清洗,按"四过关"步骤一冲、二洗、三漂浸、四消毒的要求清洗餐具。首先,将经过预洗的餐具浸入盆中,将可见的食物颗粒和油渍清除。洗洁液必须维持在 40 ℃左右,以促进污物溶解。

③将瓷质餐具放入漂洗液中漂洗干净。

④将餐具放到洗碗机的输送带中,由输送带自动移入洗碗机清洗,清洗后自动移出。

⑤在洗碗机中完成消毒、干燥过程,完成后餐具表面不积水,并做好餐具的分类工作。

⑥按照卫生"五四"制标准,已清洗消毒餐具和未清洗餐具实行分开区域摆放。

⑦洗碗间的清洁卫生规范:每天要搞好卫生,并且将垃圾及时清走,保证洗碗间的干净卫生,无异味。

⑧加强洗碗人员的个人卫生工作,做到"四勤"——勤洗手,勤剪指甲,勤洗澡、理发,勤换衣服。

⑨对洗碗机进行不定期的保养、清理,确保洗碗机的正常运转。

2)卫生管理制度

(1)卫生管理制度

①从事餐饮工作的员工,必须每年接受体检,持健康证上岗。保持良好的个人卫生,上岗时须着工作服,不留长指甲,不涂指甲油,不佩戴除婚戒外的其他首饰,男不留长发,女发不过肩。

②严禁在营业区域内吸烟,嚼口香糖,梳理头发,修剪指甲。

③就餐前或如厕后必须洗手。

④各类餐具、酒具、水杯、冰桶、瓷器等做好清洗消毒工作,防止二次污染,取用冰块用消毒过的冰夹,不能直接用手拿取。

⑤取送食品与上菜时,严禁挠头摸脸,或对着食品咳嗽、打喷嚏。

⑥保持餐厅各辅助用品如台号、酒单、花瓶的清洁完好,做到无污渍、无油腻、无破损。

⑦严格执行铺台、上菜、上饮料的操作卫生要求。

⑧做好电话的每日清洁消毒工作。

⑨餐厅的卫生要实行卫生责任制,专人负责,餐厅主管或领班负责本餐厅整体卫生。

(2)卫生标准规范

①对餐具、布件、服务用具的卫生标准,如表2.8所示。

表2.8 餐具、布件、服务用具的卫生标准

项　目	标　准
瓷器餐具	无缺口、无裂缝、无污迹、清洁完好,保持光亮
银质餐具	无弯曲、无污垢、无破损、保持光亮
玻璃器皿	无裂缝、无缺口、无破损、保持光亮
布件	清洁完好、熨烫平整、无污迹、光亮如新
服务用具	无油腻、无污迹、使用灵活、清洁完好

②家具的清洁标准如表 2.9 所示。

表 2.9　家具的清洁标准

项　目	标　准
转台	清洁、无脏痕、无油腻、转动灵活
餐桌、餐椅	完好无损,物品摆放整齐,无污迹,无破损,备用物品一应俱全,无隔餐遗留下的垃圾、瓶盖等;服务车完好有效,无事故隐患
餐厅工作台	随时保持清洁,不得留置任何食品,以防止细菌传入

③餐厅环境(包括餐厅所属的公共区域)的卫生要求如表 2.10 所示。

表 2.10　餐厅环境的卫生要求

项　目	标　准
地毯、大理石地面	干净完好、无垃圾、无污迹、无破洞
门窗	玻璃干净完好、窗台/门柜无浮灰、窗帘无破洞、无脏迹、无胶钩
餐厅标志	光亮、完好、无浮灰、无蜘蛛网
灯具、空调	完好有效,明亮无尘
天花板、墙面	无污迹、无积灰、无蜘蛛网、无剥落
装饰品	艺术挂件、立体摆设品:无浮尘、无污迹、完好无损、挂得端正
设备(电话机、冰柜等)	完好有效、整洁
餐厅空气	清新、无异味
餐厅环境	发现有苍蝇或其他昆虫的出现,立即报告,并做彻底的扑灰消毒

④备餐间的要求如表 2.11 所示。

表 2.11　备餐间的要求

项　目	标　准
物品摆放	整齐有序、环境清洁(要求同餐厅楼面)
设施设备	完好有效、整洁
垃圾	无隔餐的垃圾
用具与物料	整齐归档

【项目评价】

【知识评价】

1. 简述中餐厅楼面领班、迎宾员、传菜员、值台服务员的岗位职责。

2. 餐巾花花形的选择应考虑哪些因素?

3. 简述中餐斟酒量的控制、斟酒顺序和斟酒注意事项。

4. 叙述中餐分菜的方法和要求。

5. 简述换骨碟、撤菜盘的时机。

6. 如何做好点菜服务?

7. 零点服务的特点是什么?

8. 简述中餐零点服务程序。

【技能评价】

项目1:组织学生到酒店现场观摩餐饮部服务人员服务操作技能和中餐厅服务人员对客服务程序。

项目2:组织学生观摩国家、省、市以及系餐饮服务专业技能大赛或观看比赛录像。

项目3:轻托操作训练。

项目4:斟酒操作训练。

项目5:餐巾折花操作训练。

项目6:中餐早餐、午晚餐、宴会摆台操作训练。

项目7:中餐上菜操作训练。

项目8:分菜操作训练。

项目9:撤骨碟、撤菜盘、撤烟灰缸、撤台布操作训练。

项目10:设置模拟场景,分组进行中餐零点、团队接待服务程序具体包括餐前预订、迎宾服务、就餐服务以及结账送客服务等服务项目模拟训练。

项目11:通过工学交替,到校外实训基地进行短期实地训练。

项目3
西餐厅运营

【项目目标】

了解不同类型的西餐厅及相关特征;了解西餐厅各岗位职责和工作内容;掌握西餐斟酒、摆台、上菜等各项服务技能的标准和要求;熟练掌握咖啡厅早餐服务、西餐扒房服务、酒吧服务及送餐服务的服务程序、服务方法及操作规范;扩展学生的知识面,培养学生较强的服务技巧和处理问题的应变能力。

【项目任务】

任务1:西餐厅介绍

任务2:西餐服务基本技能

任务3:西餐服务

任务4:西餐厅拓展知识

【引导案例】

西餐礼仪

老张的儿子留学归国,还带了位洋媳妇回来。为了讨好未来的公公,这位洋媳妇一回国就诚惶诚恐地张罗着请老张一家到当地最好的四星级酒店吃西餐。

用餐开始了,老张为在洋媳妇面前显示出自己也很讲究,就用桌子上一块"很精致的布"仔细地擦了自己的刀、叉。吃的时候,学着他们的样子使用刀叉,既费劲又辛苦,但他觉得自己挺得体的,总算没丢脸。用餐快结束了,吃饭时喝惯了汤的老张盛了几勺精致小盆里的"汤"放到自己碗里,然后喝下。洋媳妇先一愣,紧跟着也盛着喝了,而他的儿子早已是满脸通红。

思考:老张的儿子为什么会满脸通红?

任务1　西餐厅介绍

【任务目标】

1.了解不同类型西餐厅的特征。

2.能识别西餐厅各种餐、酒具。

3.知晓西餐厅各岗位职责和工作内容。

【任务执行】

3.1.1　西餐厅特征和类型

1)西餐厅特征

西餐厅是专门经营西方菜式、提供西式服务的餐厅。根据西餐厅经营方式和服务特色的不同,有的称"扒房",有的称"法国餐厅""意大利餐厅"等。其特点是按各国不同景致对餐厅进行装饰,具有各国特有情调,需要一定的设备用具、器皿,特别还要配备有一定水准的厨师,以符合餐厅烹饪技术的需要。

2)西餐厅类型

(1)西餐厅根据其国家和地区的不同分类

①法国餐厅。法国的烹饪技艺一向著称于世。法国菜不仅美味可口,而且种类多,烹调方法也有独到之处,加之贵族式的用餐服务形式,可称是西方宫廷贵族菜式的代表。法国餐厅装饰豪华和高雅,以欧洲宫殿式为特色,餐具常采用高质量的瓷器和银器,酒具常采用水晶杯。通常采用手推车或旁桌现场为顾客加热和调味菜肴及切割菜肴等服务。

②英式餐厅。虽同属欧洲大陆,但与法国相比,英国的饮食习惯有所不同。其传统式的早餐素以内容丰富著称,欧洲一些国家称之为 BG Breakfast(丰盛早餐)。然而,其午餐及晚餐相对法国菜又较简单,其特点是油少、清淡,调料中较少用酒,烹调较简单,调味品多放置于餐桌上,客人用餐时自己选用。英式餐厅就餐服务形式上较法式简单,餐饮菜式和服务形式变化不是很讲究。

③美式餐厅。美国烹饪始自英国,但却有自己的特色,菜肴咸里带甜,常用

水果作为菜肴的配料。他们在烹饪食品时很注重营养的保留和研究。由于美国人的性格及生活习惯,美式服务更为简单随便,他们追求自由自在、气氛热烈,一般不会因环境压力而造成拘谨。

④意大利餐厅。意大利烹饪方法为欧洲大陆烹饪之始祖,其烹饪技术可与法、英两国媲美。意大利烹饪技术着重食物本质,菜味浓,以原汁原味闻名,口味接近奥地利、匈牙利等国。

⑤俄式餐厅。俄国菜的烹饪技术不同于法国、意大利、西班牙等国,保持着传统的方式。由于俄国地处寒带,因此喜吃热量高、口味重的食物,食物加热时间也较长。在就餐形式上,俄国就餐服务有宫廷贵族式和民间家庭式之别。

(2)根据提供的产品不同分类

①扒房。这是酒店里最正规的高级西餐厅,也是反映酒店西餐水平的部门。它的位置、设计、装饰、色彩、灯光、食品、服务等都很讲究。扒房主要供应牛扒、羊扒、猪扒、西餐大菜、特餐等。

②咖啡厅。咖啡厅是以休闲、娱乐为主要目的的一类非正餐营业性餐厅。咖啡厅一般供应简单的西式菜肴、咖啡和点心、小吃等。根据不同的设计形式,有的叫咖啡间、咖啡廊等。在我国也可加进一点中式小吃,如粉、面、粥等。通常是客人即来即食,供应一定要快捷,使客人感到很方便。菜单除了有常年供应品种外,还要有每日的特餐,供应品种可以少点,但质量要求要高。客人可以在这里吃正式西餐,也可以只饮咖啡、冷饮,随客人自便。咖啡厅营业时间较长,价格相对较便宜,但营业额却很大。

③酒吧。酒吧也是以休闲、娱乐为主要目的的一类非正餐营业性餐厅,专供客人饮酒小憩的地方,装修、家具设施一定要讲究,因此也是反映酒店装修水平的场所,通常设在大堂附近。酒吧柜里陈列的各种酒水一定要充足,名酒、美酒要摆得琳琅满目,显得豪华、丰富。调酒和服务都要非常讲究,充分显示酒店水平。

④茶室。又称茶座,这是一种比较高雅的餐厅,一般设在正门大堂附近,也是反映酒店格调水准的餐厅,是供客人约会、休息和社交的场所;供应食品和咖啡厅略同,但不提供中式餐饮;营业时间比咖啡厅收市稍早一些。早市可供应较高级的西式自助餐。早、晚安排钢琴或小乐队伴奏,制造一种高雅的气氛。

3.1.2 西餐厅餐、用具认知

1）服务用具

服务用具是指对客人的服务过程中,服务人员使用的工具,包括某些特殊菜肴使用的特殊工具。常见的服务用具主要有:

（1）勺类用具

长柄汤勺,为客人分汤时使用;色拉服务匙,为客人分派色拉时使用。

（2）刀类用具

服务用鱼刀,分鱼或现场烹制鱼类食品时使用;奶酪刀,是专门用来切割奶酪的长刀刀具;蛋糕刀,与餐叉相似,主要用来切割蛋糕等糕点;切割用刀,为客人现场切割大块肉类食品时的专用工具。

（3）叉类用具

服务用鱼叉,分鱼或现场烹制鱼类食品时使用;切割用叉,为客人现场切割大块肉类食品时的专用工具;色拉服务叉,为客人分派色拉时使用。

（4）装盛用具

蔬菜斗,又称沙司斗;橘子模,用于加工鲜橘子和柠檬汁;盅,有果酱盅、蛋盅、盐盅、洗手盅、白脱盅、糖盅等。

（5）特殊菜品用具

蜗牛夹和叉,通心面夹,龙虾夹、钳和叉,坚果捏碎器等。

2）客用餐具

客用餐具主要指摆放在餐桌上供客人就餐时使用的各种器具。

（1）餐刀

餐刀按形状大小及用途主要有:
①鱼刀:是食用鱼类菜肴的专用餐具。
②正餐刀:是西餐的主要餐具,主要是在食用主菜时使用。
③牛排刀:刀锋锐利,也有锯齿形的。
④黄油刀:其外观特点是体形较小,刀片与刀把不在同一水平线上。主要用于分挑黄油或果酱。
⑤甜品刀:餐后食用甜品时的专用餐具。

（2）匙

按形状、大小、用途主要有：

①冰淇淋匙：食用冰淇淋的专用餐具。

②汤匙：西餐喝汤的专用餐具，其头部呈圆形。

③汁匙：在服务色拉或主菜时，帮助客人浇汁的用具。

④咖啡匙：饮用咖啡时的专用工具。

⑤茶匙：饮用红茶时用于搅拌淡奶和糖的工具。

⑥甜品匙：用来食用布丁等各种甜品。

（3）餐叉

按照大小、形状和用途的不同可以分为海鲜叉、鱼叉、正餐叉、龙虾叉、蜗牛叉、生蚝叉等。

①海鲜叉：又叫小号叉，主要用于吃海鲜等菜品，也可用于吃小盘菜、点心、水果等。

②正餐叉：是西餐的主要餐具，主要是在食用主菜时使用，也可作为分菜叉使用。

（4）杯

西餐特别讲究饮品与杯子的对应。根据不同的使用目的，西餐常用杯子主要可分为水杯，白兰地杯，香槟酒杯，红、白葡萄酒杯，甜酒杯，雪利酒杯等。西餐厅或者大型西餐宴会上会用到的酒杯有：

①高杯（Tall）以盛载软饮料为主。

②高脚水杯（Goblet）多用于豪华西餐厅，主要用于盛载矿泉水或冰水。

③古典杯（Old Fashioned）多用于盛载加冰块的烈性酒和古典鸡尾酒。

④吉格杯（Jigger）多用于烈性酒的纯饮，故又称烈酒纯饮杯。

⑤海波杯（Highball）多用于盛载长饮酒或软饮料。

⑥坦布勒杯（Tumbler）多用于盛载长饮酒或软饮料。

⑦果汁杯（Juice）主要供盛载果汁之用。

⑧比尔森式啤酒杯（Pilsner）盛载啤酒之用。

⑨普通啤酒杯（Standard）盛载啤酒之用。

⑩带柄啤酒杯（Mug）主要用于盛载生啤酒。

⑪白兰地杯（Snifter）主要用于盛载白兰地。

⑫利口酒杯（Liqueur）用于盛载利口酒。

⑬甜酒杯（Pony）多用来盛载利口酒和甜点酒。

⑭酸酒杯(Sour)用于盛载酸味鸡尾酒和部分短饮鸡尾酒。

⑮鸡尾酒杯(Cocktail)是短饮鸡尾酒专用酒杯。

⑯雪利酒杯(Sherry)主要用于盛载雪利酒。

⑰钵酒杯(Port)主要用于盛载钵酒。

⑱白葡萄酒杯(White Wine)主要用于盛载白葡萄酒和用其制作的鸡尾酒。

⑲红葡萄酒杯(Red Wine)主要用于盛载红葡萄酒和用其制作的鸡尾酒。

⑳郁金香形香槟杯(Tulip)盛载香槟酒和香槟鸡尾酒。

㉑笛形香槟杯(Flute)主要供盛载香槟酒和香槟鸡尾酒。

㉒碟形香槟杯(Saucer)主要用于盛载香槟酒和香槟鸡尾酒。

㉓果冻杯(Sherbet)多用于盛载冰淇淋和果冻。

㉔金属耳杯(Tankard)多用于盛载热饮酒类。

㉕耳杯(Cup)用于盛载热饮酒和其他特定饮品。

㉖滤酒杯(Decanter)主要用于酒的澄清,也作为追水杯使用。

㉗潘趣酒杯(Punch)供调制潘趣酒之用。

(5)盘

根据大小、形状、用途的不同,西餐餐盘可分为装饰盘、面包盘、黄油盘等。

3)餐桌服务用品

常见餐桌服务用品主要有:

①洗手盅:客人食用带壳食物后的洗手用具。

②芥末盅:专门用来装调味品芥末的。

③胡椒磨:用来现磨胡椒或花椒的工具。

其他常见的还有盐瓶、胡椒瓶、带盖黄油碟、酒瓶垫、油醋架等。

各类餐具使用前应仔细检查。餐刀不可弯曲,刀柄不可松脱,如中空式的柄部松弛时,里面易集水,令人生厌;叉子齿间不可有食物污垢,汤匙上亦不可有黑色的蛋渍等;所有的银器均应将弯曲或边缘粗糙,可能割伤人嘴的部分剔除,不得使用弯曲或经压平的餐具;同时要保持银餐具的光洁,不擦出亮的银器不宜使用。

3.1.3 西餐厅岗位设置及职责介绍

1)西餐厅经理

（1）岗位设置

直接上级：餐饮部经理

直接下级：西餐厅楼面主管

（2）岗位职责

①接受餐饮部经理督导，负责酒店西餐部餐饮出品和服务以及各项行政管理工作。

②制订本部年度、月度的营业计划，领导部门全体员工积极完成各项接待任务和经营指标；及时分析和总结年度、月度的经营情况。

③推广餐饮销售，根据市场情况和不同时期的需要，制订销售计划、有特色的食品及时令菜式和饮品的推广计划等。

④制订服务标准和操作规程、服务规则，检查管理人员和服务人员的工作效率和服务态度、出品部门的食品（饮品）质量及各项规章制度的执行情况，发现问题及时纠正和处理。

⑤控制餐饮出品的标准、规格和要求，掌握良好的毛利率，抓好成本核算。加强食品原料及物品的管理，减少生产中的浪费，降低费用，增加盈利。

⑥处理客人投诉，与客人建立良好的关系。不定期地征求客人意见，听取客人对餐厅服务和食品的评价，及时进行研究，调整相应对策，以便为客人提供良好的消费环境。

⑦建立物资管理制度，保管好餐厅的各种器具、物品。

⑧制订服务技能和烹饪技术培训计划和考核制度，定期与总厨研究新菜式及品种。

⑨对各级业务管理人员进行严格督导，不间断地进行业务知识及工作业绩考核，不断提高业务能力和工作水平。

⑩抓好员工队伍建设，熟悉和掌握员工的思想情况、工作表现和业务水平，开展经常性的礼貌礼仪教育和职业道德教育，注意培训、考核和选拔人才，通过组织员工活动，激发员工的积极性。

⑪参加酒店经理例会及各种重要的业务协调会议，与酒店各部门建立良好的沟通关系，互相协作、配合，保证营业工作顺利进行。

⑫抓好设备、设施的维修保养,提高完好率,加强日常管理,防止事故发生。

⑬抓好卫生工作及安全工作,组织环境、操作方面的卫生检查,贯彻执行餐饮卫生制度,开展经常性的安全保卫、防火教育,确保餐厅、厨房、饼房、库房的安全。

2)西餐厅主管

(1)岗位设置

直接上级:西餐厅经理

直接下级:西餐厅楼面领班

(2)岗位职责

①做好西餐厅经理的助手,对上级分配的任务要按质、按量、按时完成。

②发挥模范作用,对自己严格要求,对下属进行严格督导和训练,认真执行各项规章制度和服务规范、操作规程,保质、保量地完成各项服务工作。

③认真组织餐厅员工进行业务培训,提高服务技能和业务水平,熟悉菜牌、酒水牌,熟记每天供应品种,了解当日 VIP 客人的接待情况。

④抓好员工纪律、服务态度,了解员工思想情绪、操作技术和思想作风。

⑤召开餐前餐后会议,落实每天工作计划,保持好餐厅整洁。

⑥开餐前检查餐台摆设及台椅定位情况,收餐后检查列柜内餐具备放情况。

⑦检查餐厅的电掣、空调掣、音响情况,做好安全和节电工作。

⑧负责楼面餐具、酱料、用品的保管与管理,每天收集反馈各种出品质量信息。

3)西餐厅领班

(1)岗位设置

直接上级:西餐厅主管

直接下级:西餐厅服务员

(2)岗位职责

①在部门经理的领导下,对主管负责,负责检查落实部门规章制度的执行情况和各项工作的完成情况。

②安排、带领、督促、检查员工做好营业前的各项准备工作,及时、如实地向经理反映部门情况,向经理汇报各员工的工作表现。

③做好各项班次物品、单据交接工作。

④加强现场管理意识,及时处理突发事件。掌握客人心态,带领员工不断提高服务质量。

⑤加强公关意识,广交朋友,树立本部门良好的形象,有一定客源。

⑥熟悉业务,在工作中发扬吃苦耐劳、兢兢业业的精神,起到模范带头作用,协助经理增强本部门员工的凝聚力。

⑦检查当班服务员的工作着装及个人仪态仪表。

⑧做好每位员工的考勤排休工作,严格把关,不徇私情。

⑨主持每周班务会,听取服务员的工作汇报,及时总结并发挥主观能动性,对经营管理上不足之处提出自己的意见、设想,上报经理。

4)西餐厅服务员

(1)岗位设置

直接上级:西餐厅领班

协作人员:迎宾员、传菜员、服务员

(2)岗位职责

①按要求布置餐厅、餐台,各种用具准备齐全,做好开餐前的准备工作。

②做好指定服务区的清洁卫生工作,餐前餐后擦净整理好餐具、服务用具。

③着装干净整洁,守时,服从工作安排。

④负责定时送洗、收回餐厅的布草。

⑤保证各类餐用具清洁无破损,调味器皿干净、量充足。

⑥熟悉餐厅菜单所列各式菜肴,了解其原料、配料、烹调方法、烹调所需时间,菜肴价格、分量等,做好推销工作。

⑦准备好为客人订餐所用的订餐单、笔、用餐所需打火机、开瓶器等。

⑧为客人推荐酒水饮料,提供快捷准确的结账服务。

⑨负责补充工作台,清理餐台,将脏餐具分类。

⑩客人走后,迅速翻台,积极做好餐后收尾工作。

任务2 西餐服务基本技能

【任务目标】

熟练掌握西餐斟酒、上菜、摆台、服务方式、撤换餐具等各项服务技能的标准和要求以及操作方法;培养学生的实际操作能力;通过职业技能的培养和训练,使学生具备较强的职业意识和职业素养。

【任务执行】

3.2.1 技能一:西餐斟酒

西餐斟酒在斟酒姿势、斟酒位置及斟酒的动作要领上与中餐斟酒基本相同(可参考中餐斟酒内容)。

1)西餐斟酒顺序及斟酒量

(1)斟酒顺序

西餐宴会用酒较多,几乎每道菜配有一种酒,吃什么菜配什么酒,应先斟酒后上菜,其顺序为:先斟女主宾,后斟男主宾,然后为主人斟酒,再为其他宾客按座位顺时针方向依次斟酒。如果有国家元首(男宾)参加,饮宴则应先斟男主宾位,后斟女主宾位。

(2)斟酒量

西餐斟酒的要求是:红葡萄酒倒 1/2 杯;白葡萄酒倒 2/3 杯;白兰地酒倒 1/5 杯,其标准是将白兰地杯横放,以酒液不溢出杯口为准;香槟酒在斟酒时先向杯中斟 1/3 的酒液,待大量泡沫消失后,再向杯中斟至杯的 2/3 处为宜;啤酒要沿着杯壁缓慢斟倒,分两次进行,以泡沫不溢为准。

2)西餐斟酒注意事项

①西餐用酒品种较为繁多,其中有些酒水需冷饮,有些酒水饮用时需加冰块或兑入苏打水、冰水等。针对不同特点的酒水,在服务中应根据不同的需求,提供相应的服务。如为冷饮的酒备好冰酒桶、包酒布,斟酒前备好冰块、苏打水,同时准备好充足的冷水及斟酒时用的酒篮、酒架。例如:斟倒香槟酒前,应做好冰酒、开酒、清洁、包酒等各项准备工作。

②在斟倒葡萄酒的服务时,首先将酒注入主人酒杯内 1/5 的量,请主人品评酒质,待主人确认后再按顺序进行酒水的斟倒服务。进餐当中每斟一种新酒时,则将上道酒挪后一位(即将上道酒杯调位到外档右侧),便于宾客举杯取用。

③如客人同时引用两种酒时,不能在同一酒杯中斟倒两种不同种类的酒;不要向邻桌斟酒,已开的酒瓶,置置于主人右侧;空瓶不必尽快收取,酒瓶亦是一种装饰品,能增加其气氛。

3) 西餐酒水服务

西餐对酒水的要求较高,享用什么菜肴,搭配什么酒水,都有一定的规律。无论是零点还是宴会,用于佐餐的酒水主要是葡萄酒。本书就以葡萄酒为例。

（1）红葡萄酒服务

①准备。将红葡萄酒放置在垫有餐巾或其他装饰布的酒篮内,商标朝上。取送红葡萄酒时,应避免摇晃以防沉淀物泛起。

②示酒。将酒篮中的红葡萄酒向点酒的宾客展示,商标朝向宾客,以确认该瓶酒是否为宾客所点。同时询问宾客何时开瓶。

③开瓶。若宾客表示可以开瓶,则将酒从酒篮中取出,置于餐桌上（在点酒的宾客右侧）,打开开塞钻的小刀,用小刀沿瓶口外圈割开封口,揭去封纸,用干净的餐巾擦拭瓶口。收起小刀,将开塞钻从木塞中央部位缓缓旋入至适当位置（切不可钻透木塞）,然后用开塞钻的撑杆慢慢用力拔出瓶塞。

④闻塞。取下木塞后,应先闻一下木塞,检查有无异味（如酸味等）,并将木塞放在餐碟中送至点酒的宾客面前让其察看。如发现该酒不宜饮用,应立即更换。然后用干净餐巾擦拭瓶口内侧以去除木塞屑。

⑤试酒。开瓶后的葡萄酒应在点酒的宾客右前侧放置片刻,使酒与空气接触而氧化（散发掉部分酸味）,然后为点酒的宾客斟倒30毫升（约1盎司）左右的酒让其试尝,应注意商标朝宾客,倒毕轻转酒瓶以防酒液下滴。

⑥斟酒。如点酒的宾客品尝后对酒表示满意,即可按照女士优先、先宾后主的原则,依次倒酒。为所有宾客斟好酒后应将酒瓶放在点酒宾客的右侧,商标朝向点酒宾客,并随时准备为宾客斟酒。

（2）白葡萄酒服务

①准备。白葡萄酒应冰镇奉客,所以应准备一冰桶,桶内放满2/3的碎冰和冰水,将酒瓶置于冰桶中,上盖一块餐巾,然后把冰桶放在点酒的宾客右侧（用冰桶支架）。

②示酒。从冰桶中取出酒瓶擦干,用另一餐巾（叠成条状）包裹瓶身（须露出商标）,左手托瓶底,右手持瓶颈,商标朝上,从点酒的宾客右侧向其展示,以获确认。

③开瓶。待宾客确认过后,将酒放回冰桶,在冰桶中开瓶,开瓶方法与开红葡萄酒瓶相同。

④试酒与斟酒。与红葡萄酒瓶服务的区别在于斟白葡萄酒时应用餐巾（叠成条状）裹住酒瓶（须露出商标）进行,一般斟至2/3杯为宜。斟酒完毕应将酒

瓶放回冰桶,用一块叠成条状的餐巾盖住,并随时为宾客斟酒。

（3）香槟酒服务

①准备与示酒。与白葡萄酒相同。

②开瓶。因香槟酒酒瓶内有较大气压,所以软木塞外面套由铁丝帽以防软木塞被瓶内的大量气压弹出。在开瓶时,首先应将瓶口的锡纸剥除,然后用左手握住瓶身,以45°的倾斜角度拿着酒瓶并用大拇指紧压软木塞,右手将瓶颈外面的铁丝帽扭曲,一直到铁丝帽断裂为止,并将其去掉。此时应用左手紧握软木塞,并又轻又慢地转动瓶身,使瓶内的气压逐渐将软木塞弹挤出来。

香槟酒在开瓶时应转动瓶身而不可直接扭转软木塞,以防将软木塞扭断而难以拔出。开瓶时,瓶口不要朝向宾客,以免软木塞突然弹出。

③试酒与斟酒。斟酒量如前所述。斟酒完毕应将酒放回冰桶,用一块叠成条状的餐巾盖住,并随时为宾客斟酒。

3.2.2 技能二:西餐摆台

西餐餐台通常用的是方桌或长桌。宴会使用的餐桌可由方桌、长方桌、半圆桌拼接而成。拼接的大小、形状可根据宴会的人数、餐厅的形状、面积、服务方式、客人的要求等因素来确定。

1）西餐摆台要领及注意事项

（1）基本要领

按照一底盘、二餐具、三酒水杯、四调味用具、五艺术摆设的程序进行。左叉右刀,先里后外,刀口朝盘,各种餐具横竖成线,餐具与菜肴配套,酒具与酒品配套。花瓶放在桌子中央,花瓶前摆盐和胡椒,左盐右椒,盐、胡椒前面放牙签筒,牙签筒前面是烟缸,烟缸缺口对准盐和胡椒的中缝,桌垫摆在桌子正中央。

（2）注意事项

①摆台前,应将摆台所用的餐、酒用具进行检查,发现不洁或有破损的餐具要及时更换,用时要保证用品符合干净、光亮、完好的标准。

②每套餐具之间不要混淆。摆放在台面上的各种餐具要横竖成行。摆放带有图案的餐具,其图案方向一致,全台看上去要整齐、美观、大方。

③摆台时注意手拿瓷器的边沿、刀叉匙的把柄,手不可触摸盘面和杯口;在客人右侧摆刀匙,左侧摆叉。

④摆台时,要用托盘盛放餐具、酒具及用具。

⑤摆放金、银器皿时,要用餐巾包着摆放或戴手套,保证餐具清洁,防止污染。

2) 西餐摆台

(1) 早餐摆台

西餐的早餐由咖啡厅或西餐厅提供,一般分为欧陆式早餐、美式早餐、英式早餐和自助早餐。早餐的餐台上可铺台布,也可铺一张一次性的长方形纸台垫或菜单,垫纸与桌边平行,餐巾花摆在垫纸正中。刀叉中间相距30厘米左右,能放得下一个垫盘。餐具包括垫盘、餐巾、餐刀、餐叉、汤勺、面包盘、黄油刀、饮料杯。自助早餐摆位在早餐摆位规格上加一把甜食匙,甜食匙摆在餐巾花上方,匙把朝右。

(2) 午晚餐摆台

午晚餐台也称正餐台,在早餐台面的基础上又增加了开胃品刀和开胃品叉。

(3) 西餐宴会摆台

西餐宴会摆台与午晚餐摆台基本相似,不同之处是:摆垫盘时要从主人的席位摆;摆放鱼刀时可以突出于其他餐具位置1厘米;当参加宴会的人数较少时,每人摆一份菜单,也可以每两个席位摆一份,但每桌不少于两份菜单;烟灰缸可以从主人餐具右侧摆起,每隔一个餐位放一个,烟灰缸的上端与杯具平行,宴请项目中如有香烟,则烟盒正面向上,置于烟灰缸左侧。调味品架、牙签筒按四人一套标准摆放在餐台中线位置上。

①铺台布。西餐多用白色台布,方桌也有用方格台布,质地选择棉或亚麻制品。高级西餐厅的餐台上一般有三层布草:垫布、台布和装饰布。

A.方桌铺台布要求。铺好的台布正面向上,中缝线与餐桌的中线重叠,四边的垂角遮住餐桌的桌腿,四边的下垂部分距离相等。

方桌斜方形铺台布的要求是台布的4个中缝线落在方桌的对角线上,台布的边与餐桌的四边呈45°夹角。四角的下垂部分也要与地面的距离相等。

B.长台铺台布要求。长台大多作为西餐餐桌、宴会的主桌或自助餐菜台使用。可由2~4张长台或多张方台拼制而成。直长台作为主桌使用时,铺台布前可以事先铺上用法兰绒、毡、泡沫或丝帛棉制作的台垫,以减少餐具与桌面的撞击声,提高宴请规格。铺台时,一般由两人一组合作进行,要从餐厅从里往外铺,让台布的接缝处,台布的重叠部分不少于5厘米,使台面尽量显得整齐美观。

铺台布时要求台布的中缝正对餐桌的中线,所有台布面的中线连为一线,四脚下垂部分相等,台布的下沿正好接触到餐椅的边沿。在规格较高的酒席宴会上,还在餐桌的外沿上围上台裙、缎带,给人一种庄严隆重、典雅豪华之感。

②摆放餐具及用品。西餐使用大量的金属餐具,其中以餐刀、餐叉和餐匙三类最多。因为菜点种类不同,食用方式各异,所以餐具的形状、大小也是多种多样。

按大小来分,主菜刀叉最大,鱼刀、鱼叉次之,甜品、糕点叉、匙就更小些,而咖啡匙、黄油刀、奶油刀、葡萄柚匙则是最小最短的金属餐具。

A. 垫盘。又称装饰盘、餐盘、底盘,是西餐摆台中的定位盘。它既有装饰作用,又可当其他菜品的搁碟使用。用左手垫上餐巾,包住盘底,从主人席位开始用右手在每个席位正中摆放一个餐盘。盘子上端的花纹图案要摆正,盘与盘之间距离要相等。

B. 刀叉匙。根据菜单摆放刀叉匙。西方人用餐讲究食物与餐具的搭配,往往是吃一道菜用一副刀叉。目前西餐摆台的趋势是垫盘两边的餐刀餐叉较少,如果菜单上的菜肴需要更多的餐具,在上菜前将新增加的餐具用托盘送上,并摆放在垫盘外1~2厘米处。为了方便客人使用,在摆放时要兼顾上菜的顺序,先用的刀叉放在外侧,后用的刀叉放在内侧。刀叉摆放的规则是:以垫盘为中心,左叉右刀,叉尖向上,刀刃向左。汤匙放在右侧,正面向上。甜品叉匙放在上方,匙把向右,叉把向左。刀、叉、匙、垫盘之间距离约为1厘米,而鱼叉鱼刀尾端可以与其他餐具相同,也可以突出其他餐具1厘米。

C. 摆放面包盘。面包盘放在餐叉左侧,面包盘的圆心与垫盘圆心的连线与餐桌边平行,也可放在餐叉的正上方。黄油刀竖置在面包盘上,位置应在盘中轴线右侧1/2处,刀刃朝左,黄油刀也可横置于面包盘上,刀柄朝右,刀刃朝下,位置在盘上方1/3处。

D. 摆放酒水杯。在西餐中,摆酒杯往往要根据客人点的酒水而定。一般说来,餐台上至少要摆放一只酒水杯,正餐摆台或宴会摆台通常摆放三至四只酒水杯。摆放顺序是水杯、红葡萄酒杯、白葡萄酒杯。白葡萄酒杯摆在开胃刀的正上方,杯底中心在开胃品刀的中心线上,杯底距开胃口刀尖2厘米,红葡萄酒杯在白葡萄酒杯的上方,水杯在红葡萄酒杯上方,三杯呈斜直线,与水平线呈45°角,各杯杯身之间相距1厘米。

摆放酒水杯时,要用托盘,站在餐位的右侧,手拿杯脚部分或平底杯下半部操作。咖啡杯或茶杯视提供的用餐情况摆放在餐台的右边,杯子的把手向右,以方便客人持杯。

E. 摆放餐巾花。将折好的餐巾花放在垫盘正中,正面朝向客位,也可将餐巾花摆放在餐桌上。

F. 摆放调味瓶、牙签筒及烟灰缸。调味瓶、牙签筒一般可按四人一套,摆放在餐台中心;烟灰缸按两人一只,放在两个餐位之间。

G. 摆放烛台、台号、鲜花。蜡烛的烛光可以增加餐厅的浪漫与温馨的情调,一般每四人配一副烛台,放在餐台中间。台号应放在餐台中间部位,正面朝向餐厅入口,以便客人识别,开餐后即撤去。餐台插花有多种形式,一般都布置在餐台中间部位。有多个插花要等距摆在长台的中心线上,注意鲜花高度不超过宾客就餐时的水平视线。餐具的表面有花格图案或店徽时,应使图案的正面向着客人。

在摆台时,要边摆边检查餐具、杯具,发现不清洁或有破损的要马上更换。摆台结束要进行全面检查,仔细观察是否有漏项或错摆,如发现问题,应及时纠正,弥补不足,如图 3.1 和图 3.2 所示。

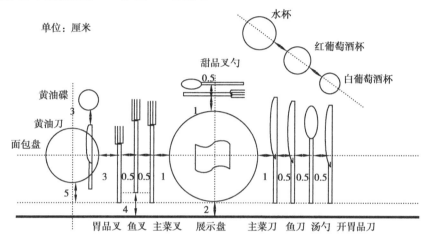

图 3.1 摆台一

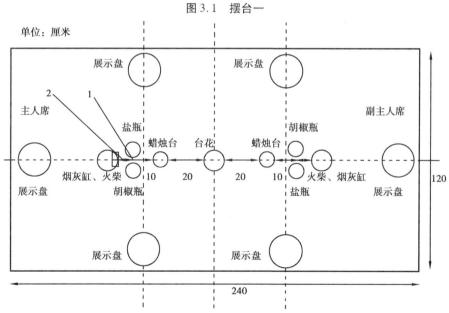

图 3.2 摆台二

3.2.3　技能三：西餐上菜

1）西餐上菜顺序

西餐上菜的顺序一般为头盆（开胃菜）—汤—主菜—沙拉—甜食或水果—咖啡或茶。所有菜品上桌时均需遵循先女后男、先宾后主的顺序依次进行。上菜一般用右手从客人右侧进行。

（1）头盘

西餐的第一道菜是头盘，也称为开胃品。开胃品的内容一般有冷头盘或热头盘之分，常见的品种有鱼子酱、鹅肝酱、熏鲑鱼、鸡尾杯、奶油鸡酥盒、局蜗牛等。面包、黄油在开餐前 5 分钟左右送上。因为要增强客人食欲，所以开胃菜一般都具有特色风味，味道以咸和酸为主，而且数量较少，质量较高。

（2）汤

与中餐有极大不同的是，西餐的第二道菜就是汤。西餐的汤大致可分为清汤、奶油汤、蔬菜汤和冷汤 4 类。品种有牛尾清汤、各式奶油汤、海鲜汤、美式蛤蜊周打汤、意式蔬菜汤、俄式罗宋汤、法式局葱头汤。冷汤的品种较少，有德式冷汤、俄式冷汤等。

（3）主菜

主菜一般以鱼和肉为主，包括副菜和主菜。

鱼类菜肴一般作为西餐的第三道菜，也称为副菜。品种包括各种淡、海水鱼类、贝类及软体动物类。通常水产类菜肴与蛋类、面包类、酥盒菜肴品均称为副菜。因为鱼类等菜肴的肉质鲜嫩，比较容易消化，所以放在肉类菜肴的前面，叫法上也和肉类菜肴主菜有区别。西餐吃鱼菜肴讲究使用专用的调味汁，品种有鞑靼汁、荷兰汁、酒店汁、白奶油汁、大主教汁、美国汁和水手鱼汁等。

肉、禽类菜肴是西餐的第四道菜，也称为主菜。肉类菜肴的原料取自牛、羊、猪、小牛仔等各个部位的肉，其中最有代表性的是牛肉或牛排。牛排按其部位又可分为沙朗牛排（也称西冷牛排）、菲利牛排、"T"骨形牛排、薄牛排等。其烹调方法常用烤、煎、铁扒等。肉类菜肴配用的调味汁主要有西班牙汁、浓烧汁精、蘑菇汁、白尼斯汁等。食类菜肴的原料取自鸡、鸭、鹅，通常将兔肉和鹿肉等野味也归入禽类菜肴。禽类菜肴品种最多的是鸡，有山鸡、火鸡、竹鸡，可煮、可炸、可烤、可焖，主要的调味汁有黄肉汁、咖喱汁、奶油汁等。

（4）沙拉

沙拉可以安排在肉类菜肴之后，也可以与肉类菜肴同时上桌，所以可以算为一道菜，或称为一种配菜。蔬菜类菜，与主菜同时服务的沙拉，称为蔬菜沙拉，一般用生菜、西红柿、黄瓜、芦笋等制作。沙拉的主要调味汁有醋油汁、法国汁、干岛汁、奶酪沙拉汁等。沙拉除了蔬菜之外，还有一类是用鱼、肉、蛋类制作的，这类沙拉一般不加味汁，在进餐顺序上可以作为头盘食用。还有一些蔬菜是熟食的，如花椰菜、煮菠菜、炸土豆条。熟食的蔬菜通常是与主菜的肉食类菜肴一同摆放在餐盘中上桌，称为配菜。

（5）甜品

西餐的甜品是主菜后食用的，可以算作是第六道菜。从真正意义上讲，它包括所有主菜后的食物，如布丁、煎饼、冰淇淋、奶酪、水果等。

（6）咖啡、茶

西餐的最后一道是上饮料、咖啡或茶。喝咖啡一般要加糖和淡奶油。茶一般要加香桃片和糖。

正式的全套餐点没有必要全部都点，点太多却吃不完反而失礼。稍有水准的餐厅都不欢迎只点前菜的人。前菜、主菜（鱼或肉择其一）加甜点是最恰当的组合。点菜并不是由前菜开始点，而是先选一样最想吃的主菜，再配上适合主菜的汤。

2）几种典型的西餐上菜方法

（1）美式上菜

在厨房内将菜分成一人一份，服务员用右手从客人右边上菜，从客人右边撤盘。

①用托盘先上汤或开胃品（通常有色拉），从客人右侧取走餐前酒杯；汤勺与开胃品的餐具放在碟子的右侧。

②主菜及配菜烹调好，盛在盘子里，由服务员用托盘端进餐厅，从客人左侧供应主菜。从客人右侧撤走主菜盘碟。每人一个餐盘。

③用过的汤或开胃品盘碟从客人右侧取走，然后从客人左侧再度供应面包及黄油，然后从客人右侧倒冰水。

④假如客人要咖啡，服务员要从客人的右侧供应。

⑤甜点从客人的右侧供应和服务。

（2）俄式上菜

一般将食物在厨房完全准备好，放入大浅盘中，由服务员端到餐厅，服务员左手托盘，右手用服务勺把菜分到客人的餐盘中。

①主菜或其他菜肴的服务，是整齐地将菜肴放在大银盘里，服务员端进餐厅，从主人开始，逆时针方向为客人服务，银盘中剩余的菜肴退回厨房。

②汤的服务。服务员按顺时针从客人右边用右手将餐盘逐一放在客人面前，然后回到服务台，用左手端起盛汤的大银盘，用右手从客人左边分给客人。

（3）法式上菜

菜肴的最后一道烹饪程序在客人面前的服务车上完成，有两名服务员服务，一名在餐车上将菜烹饪好，分到餐盘中，另一名服务员将盘中的菜端给客人。

①助理服务员用右手从客人右侧端上和服务，一般的菜点都从右侧服务。

②面包、黄油碟、色拉碟及一些特殊的盘碟必须从客人的左侧供应和服务。

③汤由助理或首席服务员用右手从客人右侧供应和服务，放在客人的底盘纸上，并放上一块叠好的餐巾。

④主菜的服务方式同汤的一样，不过有色拉要与主菜一同端上。

3）西餐上菜基本要求

①根据宾客所点的菜肴摆好餐具。

②点菜结束后，服务人员用托盘托送面包供客人选择。服务时站在客人左侧，按女生优先的原则，顺时针方向进行。

③先斟酒后上菜。任何一道需要配饮酒类的菜品，在上桌之前均应先斟酒后上菜。

④上菜时，盘中的主料应该摆在靠近宾客的一侧，配菜应朝向远离宾客的一侧。如果餐具较热，要提醒宾客注意。

⑤主菜需要跟上配汁、调料时，应将其盛器放在铺有花纸垫的小碟托上。

3.2.4　技能四：西餐服务方式

西餐服务源于欧洲贵族家庭，经过多年的演变，各国各地区的服务方式及摆台方法都不尽相同。目前国内在酒店中常见的服务方式有法式服务、俄式服务、美式服务、大陆式服务、自助餐服务等。

1）法式服务

法式服务是由西查·理兹于20世纪初发明的一种用于豪华酒店的服务方式，故又称"理兹服务"。

（1）法式服务特点

传统的法式服务在西餐服务中是最豪华、最细致和最周密的服务。通常，法式服务用于法国餐厅，即扒房。法式服务通常采用手推车或旁桌现场为顾客加热和调味菜肴及切割菜肴等服务。在法式服务中，注重服务程序和礼节礼貌，注重服务表演，注重吸引客人的注意力，服务周到，每位顾客都能得到充分的照顾。但是，法式服务节奏缓慢，需要较多的人力，用餐费用高，且餐厅空间利用率和餐位周转率都比较低。

（2）法式服务方法

①服务人员。法式服务人员是一种最周到的服务方式，由两名服务员共同为一桌宾客服务。其中一名为经验丰富的专业服务员（相当于师傅），主要负责客前分割装盘或客前烹制，为宾客斟酒、上饮料，接受宾客点菜。另一名是服务助手（相当于学徒），主要负责把装好菜肴的餐盘送到宾客面前，撤餐具、收台，服从专业服务员的指挥。

②上菜方式。用服务车推出菜肴，服务员在宾客面前进行烹制表演或切割装盘，服务员助手用右手从宾客右侧送上每一道菜。注意面包、黄油和配菜应从宾客左侧送上，因为它们不属于一道单独的菜肴，而总是跟配某一道菜上桌。另外，从宾客右侧用右手斟酒或上饮料，从宾客右侧撤盘。

2）俄式服务

（1）俄式服务特点

①俄式服务讲究优美文雅的风度，将装有整齐和美观菜肴的大浅盘端给所有顾客过目，让顾客欣赏厨师的装饰和手艺，并且也刺激了顾客的食欲。

②俄式服务每一张餐桌只需要一个服务员，服务的方式简单快速，服务时不需要较大的空间。因此，它的效率和餐厅空间的利用率都比较高。

③由于俄式服务使用了大量的银器，并且服务员将菜肴分给每一个顾客，使每一位顾客都能得到尊重和较周到的服务，因此增添了餐厅的气氛。

④由于俄式服务是大浅盘里分菜，因此，可以将剩下的、没分完的菜肴送回厨房，从而避免不必要的浪费。

不足之处是:俄式服务的银器投资很大,如果使用和保管不当会影响餐厅的经济效益。在俄式服务中,最大的问题是最后分到菜肴的顾客,看到大银盘中的菜肴所剩无几,总有一些影响食欲的感觉。

(2)俄式服务方法

①分发餐盘。服务员先用右手从客人右侧按顺时针方向送上相应的空盘。注意冷菜上冷盘,热菜上热盘,以便保持食物的温度。

②运送菜肴。菜肴在厨房全部制熟,每桌的每一道菜肴放在一个大浅盘中,然后服务员从厨房中将装好的菜肴大银盘用肩上托的方法送到顾客餐桌旁。

③分发菜肴。服务员用左手以胸前托盘的方法,用右手操作服务叉和服务匙从客人的左侧分菜。分菜时以逆时针方向进行。

④撤换餐具。斟酒、上饮料和撤盘在宾客右侧操作。

3)美式服务

顾名思义美式服务起源于美国,又称"盘子服务"。

(1)美式服务特点

美式服务是一名服务员看数张餐台,而且这个服务员要完成宾客整个就餐过程的接待服务工作。美式服务简单明了,服务速度快,餐具成本低,人工成本低,空间利用率及餐位周转率都十分高。由于各项成本降低,用餐费用也相对较低。除了缺乏表演性服务及烘托餐厅气氛不足外,美式服务是最理想的服务方式,因此广泛流行于西餐厅和咖啡厅,也常用于西餐宴会服务。

(2)美式服务方法

美式服务的食物由厨师在厨房按宾客人数装盘,每人一份,服务员直接端着送给宾客。上菜时在宾客右侧进行操作,用右手从宾客右侧送上,撤盘时也从右侧进行。

4)大陆式服务

大陆式服务是一种融合了法式、俄式及美式的综合服务方式,这也是当前西餐服务中普遍采用的服务方式。现在各国的西餐服务都不仅指某一种服务方式,而是在一套菜中根据每道菜的特点和价格选用不同的服务方式。通常用美式服务上开胃品和色拉,用俄式服务上汤或主菜,用法式服务上主菜或甜点。不同餐厅或不同餐次选用的服务方式组合不同,可能有俄式而没法式,也许有法式而没俄式,但总少不了美式服务。

5）自助餐服务

自助餐服务是近几年发展起来的一种服务方式。随着社会的发展,现代人的生活节奏越来越快,许多人进入餐厅就希望能立即得到菜肴,在这种情况下自助餐服务便应运而生了。服务方式是把事先准备好的食物陈列在食品台上,宾客进入餐厅后支付一餐的钱,便可自己动手选择符合自己口味的菜点,然后拿到餐桌上用餐。这种用餐方式需要宾客"自我服务",故称自助餐。

任务 3 西餐厅服务

【任务目标】

了解并熟练掌握西餐扒房服务、咖啡厅早餐、服务酒吧服务和送餐服务的服务形式、服务特点及操作规范,培养较强的服务技巧和处理问题的应变能力。

【任务执行】

3.3.1 西餐扒房服务

1）扒房简介

扒房是酒店为体现餐饮菜肴与服务的特色水准、满足一部分宾客需求、增加经济收入而开设的高级西餐厅。扒房按其经营风格大致可分为法式和美式两种,其中美式扒房是近几年才在酒店兴起的。

扒房的装饰与布置,大多采用法式装潢与设计,反映出欧洲文明的经典与辉煌。气氛情调洋溢神秘、浪漫、富丽的色彩,款客水准秉承臻善臻美的传统,充分展现了最高级、最优雅的服务姿态。

2）扒房午晚餐服务程序

扒房以提供午晚餐为主,有的只提供晚餐。在欧美,晚餐比午餐更正式、更受重视。扒房服务体现酒店餐饮与服务的最高水准。目前,国际上扒房常结合采用美式与法式服务向顾客提供服务。

（1）餐前预订

①当电话铃声响后不超过三声接听,接听电话首先用英文问好:"Good

evening! This is the 'ㄨㄨㄨ'. May I help you?"如遇对方没有反应,即用中文问好:"您好,这里是扒房,我是约翰,请问有什么可以帮您的?"

②接受预订时,须清楚客人姓名、人数、用餐时间、联系电话及特殊要求,并复述给客人,以免错漏。

(2)迎接客人

①客人来到餐厅,迎送员应面带微笑,主动上前问好:"Good evening! Welcome to the 'ㄨㄨㄨ'. Have you made reservation?""晚上好,请问你是否有订座?"

②如客人已订座,迎送员应热情地引客人入座。如果客人没有预订,迎送员应礼貌地将客人引领至适当的餐桌。

(3)带位

①询问客人就餐人数后,礼貌地将客人带到客人满意的餐台前。"How many person in your party?""请问你们有几位?""This way please!""请这边走。""How about this table?""这张台怎么样?"

②带客时应走在客人前方约1米处,且不时回头,把握好客人与自己的距离。切忌只顾自己走在前面,而把客人落在后头。

③离开前,向客人说:"请享用。""Enjoy your lunch(dinner),please!"

(4)拉椅让座

①站在椅背的正后方,双手握住椅背的两侧,后退半步,同时将椅子拉后半步。

②用右手做一个"请"的手势,示意客人入座。

③在客人即将坐下的时候,双手扶住椅背两侧,用右膝盖顶住。椅背、手和脚同时运用将椅子轻轻往前送,让客人不用自己移动椅子便恰好入座。

④拉椅、送椅动作要迅速、敏捷、力度要适中,不可用力过猛,以免撞倒客人。

(5)铺席巾

①按先女士后男士,先客人后主人的次序顺时针方向依次进行。

②站于客人的右手边拆开餐巾,左手提起餐巾的一角,使餐巾的背面朝向自己。

③用右手拇指和食指捏住餐巾的另一角。

④采用反手铺法,即右手在前,左手在后,轻快地为客人铺上餐巾,这样可避免右手碰撞到客人身体。

（6）点蜡烛（晚餐）

①服务员退后半步,点燃火种,身体前倾把餐台上蜡烛点燃后,立即熄灭火种。

②注意火种不能碰到客人。

（7）推销餐前饮品

酒水员或厅面领班向客人推销饮品。酒水员在客人右侧上餐前饮品,并报上饮品名称。

（8）上面包、黄油

①黄油碟放于面包碟正上方约1.5厘米处。

②备饭匙、大叉各一个,置于面包篮的一端,饭匙柄、叉柄向右,面包篮里备好各款面包。

③上面包在客人的左侧进行,左手持面包篮身体微前倾,将面包篮送到客人的左前方,礼貌地请客人选择喜欢的面包品钟,然后右手持饭匙和大叉将面包夹送至客人的面包碟里。

④面包服务按逆时针方向进行。

⑤面包篮递送位置要恰当,不可过高或过低。

⑥每服务完一位客人要将饭匙和大叉放回篮子里,同时后退一步再转身去为下位客人服务,千万不可将面包篮直接从客人头上绕过去。在服务另一位客人时再拿起饭匙和大叉。

（9）递送餐牌

①领班从客人的右边送上餐牌,须将餐牌打开至第一页,送至客人手中。

②在点菜时要细心聆听,主动介绍厨师特色菜。

③让客人考虑片刻,再上前站在客人的左边为客人点菜,按逆时针方向进行。

④按女士优先、先宾后主的原则为客人点菜。

⑤点菜结束后要重复客人所点的菜名、分量和特别要求,离开前向客人道谢。

⑥点完菜后立即将菜单送入厨房备菜。

（10）撤换及摆放餐具

①服务员根据点菜单准备用餐所需的餐具,撤换及摆放餐具,并准备台边服务的煮车、用具、调味用料等。

②用一个圆形的头盘盘子,上面放上一条折叠好的干净餐巾,将准备好的餐具放入餐巾中。

③撤换餐具时应先撤一个,再摆放一个。

④撤换餐具时不可将客人所要用的餐具全部一次性摆上台,而应在下一道菜未上前及时撤换一套相应的餐具。

(11)送上酒单介绍餐酒

①酒水员从客人的右边送上餐酒单,并根据客人所点的食品主动推销红、白葡萄酒。

②用一条餐巾垫在瓶身下,右手握住瓶身上端。

(12)上葡萄酒

与前面红白葡萄酒服务同。

(13)上菜

①上菜顺序是头盘、汤、沙司、主菜、水果、奶酪。

②上菜在客人的右侧进行。

③上配料汁酱、柠檬、面包片、沙律汁、胡椒粉等,从客人左边进行。

④上菜时,重复客人所点的菜式名称。

⑤将每道菜观赏面或主菜朝向客人。

⑥上菜完毕后再一齐揭开菜盖,并请客人慢用。

(14)巡台

①添酒:客人酒杯里的酒不能少于1/3,如酒瓶已空,要展示给客人看,待主人认可后方可将空瓶撤下。

②添冰水:水杯里的水少于1/3时也要添加。

③添黄油:如客人还在吃面包,而黄油碟里的黄油已少于1/3时可添加。

④添面包。

⑤更换烟灰缸:烟灰缸内不能超过两个烟头或烟灰缸内已有许多杂物。

⑥撤空饮料杯,并推销其他饮品。

(15)撤餐碟

①在客人右侧进行,按顺时针方向撤盘子。

②要等到整桌客人均吃完同道菜后再一起撤掉餐碟,不要在客人未吃完时,便先撤掉吃完的客人餐具,这样就如同催促未吃完的客人。

③当宾客将刀叉合并或平行放到餐盘上,表示不再食用,一般可以撤去;如

果将刀叉呈"八"字形搭放在餐盘的两边,则表示暂时不需撤盘。

④待到上甜点时,应该撤去所有刀叉,调味品一同撤下。

（16）询问客人意见

当菜上到1/3左右时,领班应主动上前询问客人对食品及服务质量的意见。

（17）清洁桌面

①客人用完主菜后,除水杯(包括有饮料的玻璃杯)、烟灰缸、茶瓶、蜡烛座外,应将餐桌的其他餐具撤下。

②一手拿一个甜品盘或银制小簸,一手拿一块叠好的干净餐巾,按逆时针方向在客人的左边清扫桌面。

（18）推销甜品、咖啡、茶

在客人右边送上甜品单,同时推销时令水果、雪糕、芝士、咖啡、茶等。

（19）推销餐后酒

酒水员将餐后酒车推至桌前,推销餐后酒或雪茄烟,如客人要了雪茄烟则将雪茄烟点着,用甜品碟和花底纸垫着烟灰缸,从客人右边送上。

（20）结账

①准备好账单,用账单夹夹着账单。

②当客人结账时,在主人右边递上账夹,并说:"这是您的账单,谢谢。"

③结账后须向客人表示感谢。

（21）送客

①当客人即将离座时,应及时上前为客人拉椅,并把客人送至餐厅门口,感谢客人的光临。

②客人离开后,清洁餐桌,检查桌底是否有客人遗留物品,将餐椅摆放整齐。

③更换桌布,重新摆位。

3.3.2　咖啡厅服务

1）咖啡厅简介

咖啡厅早期只供应咖啡。由于社会的发展进步,人们越来越感受到时间宝贵,生活节奏明显加快,咖啡厅也就成了方便用早餐的地方。后来,咖啡厅又进一步提供简单的午餐、晚餐,全天24小时服务。特别在商务酒店里,咖啡厅成了不可缺少的一个重要组成部分。

咖啡厅虽属于西餐厅,但它的内部装饰、采光、家具、菜单、服务人员的服装及其服务与正规的西餐厅如西餐扒房有很大区别。

咖啡厅色彩明快,多采用自然光线,装修大面积采用玻璃墙面,气氛柔和,具有现代特色。家具较简单,台面多采用大理石、木质或塑料的,餐具直接铺放在简易的纸垫或餐具垫上,较小使用台布。小餐台多为方形,可以随意拼合。

咖啡厅宾客的流动量大,要求服务快捷简便。菜肴以快速餐为主,辅之以当地各种风味小吃,如三明治、汉堡包、咖啡、酒水冷饮,小吃甜点以蛋糕为主。菜单的形式多种多样,有固定零点菜单、合页式菜单、纸垫式菜单、帐篷式菜单和招贴式菜单等。菜肴价格相对偏低,经济实惠。服务员服装色彩较鲜艳,并与总体布置的基本色调协调,式样也显得精干、活泼。

咖啡厅又是开设自助餐的好场所,特别是早餐更能节省宾客的时间,座位周转率相应提高。咖啡厅的午餐、晚餐采用美式服务以提高效率。

2)咖啡厅早餐种类

由于咖啡厅服务快捷,加之食品种类多,容易烹制,因此为节省时间,许多宾客都愿到咖啡厅用早餐。

西餐早餐按传统划分方法可分为三类,即英式早餐、欧陆式早餐和美式早餐。

(1)英式早餐

英式早餐内容丰富,有蛋有肉。英式早餐内容包括:咖啡、茶或可可;果汁、番茄汁或蔬菜汁;各式面包;黄油、果酱、蜂蜜;冷或热的谷物食品,燕麦片粥;鸡蛋及鱼类;肉类,如熏肉、火腿、香肠等。

(2)欧陆式早餐

欧陆式早餐也称大陆式早餐,内容简单,无蛋无肉。欧洲大陆习惯把午餐作为正餐,因此对早餐不太讲究,时至今日,欧洲许多国家的早餐还只是冷食。

欧陆式早餐内容包括:咖啡、茶或可可;果汁、番茄汁或蔬菜汁;面包、牛角面包或小圆面包(只供应其中一种);黄油、果酱(限量)。

(3)美式早餐

美式早餐包括果汁或水果、冷或热的谷物食品;糖胶煎饼或各式蛋类配以肉食(咸肉、小香肠、火腿等);吐司配黄油及果酱(有时还加炸土豆条);咖啡或茶。

3）咖啡厅早餐服务程序

（1）做好开餐前的准备工作

备好面包、黄油、果酱、蜂蜜、果汁、热咖啡、热茶、热可可、鲜奶、方糖（或砂糖）及水果等，协助后台厨师共同做好自助餐台的布置和上菜工作。

（2）接待服务程序

①迎送员站立在迎送台恭候客人光临。

②客人光临时主动上前，身体稍微鞠躬，面带微笑，向客人问早上好，询问有否订位以及人数。

③在引领客人时询问客人喜欢哪张台，征得同意后引领入座并替客人拉椅子说"请坐"，离开时要对客人说"请慢用。"（Enjoy your breakfast.）

④服务员看到客人光临时主动上前问好并协助迎送员拉椅，同时询问客人需要咖啡还是茶，然后送上咖啡或茶给客人。（Good morning Sir/Madam, would you like coffee or tea?）

⑤稍后准备点菜单，询问客人需要吃些什么早餐。（May I take your order now?）

⑥在上菜时注意向客人询问，点完菜后需要向客人复述一遍，以免错漏，并致谢。完毕后送点菜单到厨房备餐。

⑦早餐通常有美式早餐、欧陆式早餐、中式早餐、散点早餐及自助式早餐。

⑧上早餐顺序是：果汁类、谷物类、蛋类和早餐包或早牛扒等，出菜时应按顺序出菜，快慢按客人用餐速度和要求灵活掌握。

⑨上菜时按点菜图迹上菜，尽量不要打扰客人，并报上菜名，请客人慢用。

⑩客人用餐期间勤巡台，勤收空杯碟，勤换烟灰缸，添加咖啡等。

⑪当撤走餐具时，应从客人右边用右手将餐具撤走，在撤走过程中应用拇指按着刀叉，以免滑落，也要注意防止汁液脏物的洒落。如不妨碍客人时可征询客人对菜式的意见。

⑫客人用完餐后询问客人是否还需要什么，如没有就可以准备好账单。

⑬客人结账时用账单夹夹好，双手呈给客人并告知应付费用，如需找零钱时应对客人说："请稍候。"找回零钱后，应向客人致谢。

⑭客人结账后将要离座位时，服务员上前拉椅并检查客人有否遗留物，并提醒客人需用拿好物品，致谢，欢迎下次再光临。

3.3.3 酒吧服务

酒吧是宾客谈生意、聊天、消遣娱乐的场所。以销售酒类和饮料为主,兼营各种佐酒小食品。

1) 酒吧的类型

为适合各种不同需要的宾客,酒吧又分为以下几种类型:

(1)主酒吧

主酒吧是以供应各类烈性酒、鸡尾酒和混合饮料为主。其特点是客人坐在吧台前的高椅上,面对调酒师并欣赏调酒师的操作技艺。

(2)酒廊

酒廊以供应各种冷热饮品为主,同时也提供各种酒类小吃,但不提供主食。这类酒吧的台前有一些吧椅,但是客人一般不喜欢坐上去,而是坐在小圆桌旁。

(3)服务酒吧

服务酒吧是指设在中、西餐厅内的酒吧,调酒师不直接与客人打交道,而是通过餐厅服务员按点酒单为客人提供酒水服务。

(4)宴会酒吧

宴会酒吧是指根据宴会的场地、性质和参加宴会的人数临时摆设的酒吧,其特点是营业时间较短,营业量大,服务速度快。

2) 酒吧服务程序

(1)迎宾服务

①问候:客人到达酒吧时,服务员应主动热情地问候"您好""晚上好"等礼貌性问候语。

②领坐服务:引领客人到其喜爱的座位入座。单个客人喜欢到吧台前的吧椅就座,对两位以上的客人,服务员可领其到小圆桌就座并协助拉椅并遵照女士优先的原则。

(2)为客人点酒

①调酒师接到点酒单后要及时调酒。

②调酒时要注意姿势正确,动作潇洒,自然大方。

③调酒师调酒时,应始终面对客人,去陈列柜取酒时应侧身而不要转身,否则

被视为不礼貌。

④严格按配方要求调制,如客人所点的酒水单上没有的,应征询客人的意见而决定是否需要。

⑤调酒师调酒时要按规范操作。

⑥调制好的酒应尽快倒入杯中,对吧台前的客人应倒满一杯,其他客人斟倒八成满即可。

⑦随时保持吧台及操作台的卫生,用过的酒瓶应及时放回原处,调酒工具应及时清洗。

⑧当吧台前的客人杯中的酒水不足1/3时,调酒师可建议客人再来一杯,起到推销的作用。

⑨掌握好调制各类饮品的时间,不要让客人久等。

(3)为客人送酒服务

①服务员应将调制好的饮品用托盘从客人的右侧送上。

②送就是应先放好杯垫和提供的酒水和咖啡,递上餐巾后再上酒,报出饮品的名称并说:"这是您(或你们)的,请慢用。"

③服务员要巡视自己负责的服务区域,及时撤走桌上的空杯、空瓶,并按规定要求撤换烟灰缸。

④适时向客人推销酒水,以提高酒吧的营业收入。

⑤在送酒服务过程中,服务员应注意轻拿轻放,手指不要触及杯口,处处显示礼貌卫生习惯。

⑥如果客人点了整瓶酒,服务员要按示酒、开酒、试酒、斟酒的服务程序为客人服务。

(4)为客人验酒

①酒水服务中首先是要给客人验酒,这是相当重要而不可忽视的过程。验酒的目的,其一是得到客人认可,假如拿错了酒,验酒时经客人发现,可立即更换,否则未经同意而擅自开酒,也许会遭到退回的损失;其二是使客人品酒的味道和温度;其三是显示服务的规范。不管客人对酒是否有认识,均应确实做到验酒,这种做法也体现了对客人的尊敬。

②供应红葡萄酒的温度应与室温相同,淡红酒可稍加冷却,可利用美观别致的酒篮盛放。该酒因陈年常会有沉淀,要小心端到餐桌,小要上下摇动。先给客人验酒认可,然后将酒篮平放客人的右侧,供其饮用。酒从酒库取出,在拿给客人验酒之前,均需将每只酒瓶上的灰尘擦拭干净;仔细检查缺点并进行弥补后,再拿至餐

桌上给客人验酒。

(5)开瓶与斟酒服务

在开瓶与斟酒过程中,服务员要从容地按餐厅礼仪,姿态、语言做到恰到好处。应经常随身携带启瓶器以及开罐器,以备开瓶(罐)使用。

(6)为客人结账服务

①客人示意结账时,服务员应立即到收银台取出账单。

②取回账单后,服务员要认真核对台号、酒水的品种、数量及金额是否准确。

③确认无误后,服务员要将账单放在账单夹中用托盘送至客人的面前,并有礼貌地说:"这是您的账单。"找回零钱后要向客人道谢,并欢迎客人下次光临。

3.3.4 客房送餐服务

客房送餐是指根据客人的需要,将酒水、菜肴送到客人房间的服务。送餐服务是酒店为了方便宾客,提高酒店的知名度和档次,减轻餐厅的工作压力,增加酒店的经济效益而提供的服务。客房都配备"客房用餐点菜单",列出主要供应品种,供客人挑选。

有的酒店单设送餐部,是餐饮部下属的一个独立的部门;也有的是属于客房部的下属部门。由于送餐服务的工作环节多,人工费用高,提供的服务周到、细致,因此菜点的价格比餐厅要高出20%~30%或更高。

1)送餐服务流程

(1)早餐

客人想在房间用早餐或喝饮料,一般是向客房服务员订餐或直接用电话向餐饮部订餐。所点的食物和饮料由服务员直接送到房间。其服务程序和方法是:

①接听电话。

A.接听电话,声音柔和,态度和蔼,电话铃不得超过三声,并主动向客人问候,表示愿意为客人服务。

B.认真听清客人所订菜品并做记录(当客人不了解菜单时,要主动为客人介绍并根据其口味推荐菜品)。

C.重复客人要求,以便得到客人确认。

D.根据客人所点菜品开菜单,若客人需要特殊食品,向厨师长说明。

②准备工作。

A.接过订餐单后,认真查看,并送到相应的厨房。

B. 根据菜式准备餐具、餐车（托盘）。如客人所需要的菜点较少时，可用托盘；食物较多时，用餐车推送。若同一楼层有几位客人同时用早餐，就要准备好餐车和各种餐茶具，如咖啡壶等。

C. 为客人取菜及饮料。

D. 厨房准备好食品饮料后，服务员用餐车或托盘将客人的食品装好，记下食品价格和客人的楼层和房号。装车时凡是几位客人同时在房间用早餐，一定要分开装，同时加盖，注意保温。

③送餐。

A. 若用托盘，盘上要垫布巾，托平稳。一般用左手托着，右手相扶，以防翻倒。这样用右手开门也较方便。若用餐车，推车时应特别细心，防止因地毯松动、地面不平或上下电梯时倒出。

B. 轻按房间门铃，并报称"Room service"（"送餐服务"），待客人开门后，向客人问候，经客人允许进入房间。

C. 问询客人用餐位置，将食品、饮料、餐具按订餐类型和规模进房内服务。

D. 为客人将食品上的盖打开，并为客人服务咖啡、茶或酒水。

E. 提前将收银夹准备好请客人签字。

F. 向客人道谢，轻轻离开房间。

④收餐盘和餐车。

A. 撤盘时间：早餐30分钟后、午餐60分钟后打电话询问客人是否用餐完毕，能否到房间收餐具。

B. 到房间：按门铃后报称自己所在部门，经客人允许后进入房间，迅速整理餐盘和餐车，检查是否有客人物品混入其中。擦拭客人弄脏的东西，保持房间清洁、整齐、优雅。

C. 与客人道别：询问客人是否还有其他要求，祝客人愉快，再次感谢客人，轻轻离开房间。

D. 餐具撤出后，通知订餐员做好撤餐记录。

E. 如果客人不在房间，请客房楼层服务员打开房门，及时将餐具撤走。

（2）正餐

客人在房间用正餐的情况是很少的，但也有客人因某些原因在客房用午餐或晚餐。其服务程序和方法同早餐服务基本相同，但需要注意以下方面：

①客人在房间用正餐，如果是全餐服务的话，需提前1~2小时订餐。服务员要事先了解客人所订的食品和饮料，开餐前准备好餐具、餐纸或口布，用餐车连同第一道菜汤及面包送到房间。这时要做好铺台服务，根据用餐人数铺台，擦好餐

桌,摆好茶具、口布或餐纸。

②客房正餐上菜服务员与餐厅有所区别,在第一道汤菜和面包或点心送去后,第二次送主菜,如肉类、鱼类、禽类及各种炒菜。主菜尽可能用餐车或托盘一次送入房内。同时送上酒类或其他饮料。

2)送餐服务注意事项

①客人所订的食品饮料,必须及时供应,不可让客人在房间久等。

②所有热菜和易冷的食物,必须加盖,以防因食物变冷而引起客人的抱怨。

③送餐服务时,一定要将调味品准备齐全,连同食物、饮料一起送入房内。

④服务员必须熟记客人订餐的品种、价格、主要风味特点等,以便客人有疑问时,随时回答。

⑤送餐服务中每次进房都应先敲门,或按门铃,自报送餐服务,待客人允许后再进入。第一次离开前应主动询问客人有无其他要求,如有应做好记录,及时复述。离开时要礼貌地向客人告别。并告诉客人如需收餐具,请电话告知营业(送餐)部。并随手关门,切不可在客人用餐时将房门敞开。

3)送餐服务质量标准

①在咖啡厅设立预订、送餐服务岗位,24小时保持有岗、有人、有服务,服务规范,程序完善。

②上岗的服务人员做到仪容端正、仪表整洁,符合《员工手册》要求。

③熟练地运用外语进行预订及送餐服务工作。

④客房送餐从接受预订到送至客房的时间,早餐20分钟,中晚餐30分钟内。

⑤送餐服务前对菜肴、酒水、调料、餐具、台布、口布、送餐车做全面检查,要求菜肴点心符合质量要求,并加盖保洁保温盖,餐具配置得当,清洁完好;台面、口布干净平整,无污渍,无皱纹;送餐车干净整洁,完好有效,并将餐具记录在客房送餐记录本上。

⑥送餐服务时餐车推行小心谨慎,餐具摆放平稳得当。进房时,先敲三下并说"客房送餐",待客人开门后再进入房间,礼貌问候客人,并主动征求客人对摆放和服务的意见要求。

⑦送餐服务时要视客人需要,提供各种小服务。

⑧每天定期清理送餐车,保持干净整洁,无油腻;有送餐车维护保养制度,每天检查并注意一礼拜加一次润滑油。

⑨由咖啡厅服务员每天晚上9:00到客房楼层回收门把式早餐单,按照客人要

求的时间给客人送餐至房间。

⑩对客人的投诉和意见,要高度重视,及时整改,使客人满意,并记录在案。

⑪做好交接班工作,交接清楚,并有记录及交接人签字。

⑫若有 VIP 客人的送餐服务,部门经理或餐厅主管与服务员一起送。

任务4　西餐厅拓展知识

【任务目标】

了解西餐菜肴的特点及菜肴与酒水的搭配;熟悉西餐礼仪等内容,扩展学生的知识面。

【任务执行】

3.4.1　西餐简介

1)西餐菜肴特点

西餐是一种迥然不同于我国饮食文化的舶来品,是我国人民和其他东方国家及地区的人民对西方国家菜点的统称,广义上讲,也可以说是对西方餐饮文化的统称。

与中餐相比,西餐具有以下显著特点:

①重视各类营养成分的搭配组合,根据人体对各种营养(糖类、脂肪、蛋白质、维生素)和热量的需求来安排菜或加工烹调。

②选料精细,用料广泛。西餐烹饪在选料时十分精细、考究,而且选料十分广泛。如美国菜常用水果制作菜肴或饭点,咸里带甜;意大利菜则会将各类面食制作成菜肴:各种面片、面条、面花都能制成美味的席上佳肴;而法国菜,选料更为广泛,诸如蜗牛、洋百合、椰树芯等均可入菜。

③讲究调味,调味品种多。西餐烹调的调味品大多不同于中餐,如酸奶油、桂叶、柠檬等都是常用的调味品。法国菜还注重用酒调味,在烹调时普遍用酒,不同菜肴用不同的酒做调料;德国菜则多以啤酒调味。

④注重色泽。在色泽的搭配上则讲究对比、明快,因而色泽鲜艳,能刺激食欲。

⑤工艺严谨,烹调方法多样。西餐十分注重工艺流程,讲究科学化、程序化,工序严谨。西餐的烹调方法很多,常用的有煎、烩、烤、焖、焗、炸、熏、铁扒等十几种,

其中铁扒、烤、焗最具特色。

⑥器皿讲究。烹调的炊具与餐具均有不同于中餐的特点。特别是餐具,除瓷制品外,水晶、玻璃及各类金属制餐具占很大比重。

2)西餐的主要类型

根据地域的不同,西餐可以分为以下几类:

(1)西餐之母——意大利餐

在罗马帝国年代,意大利曾是欧洲的政治、经济、文化中心。就西餐烹饪来讲,意大利可谓是鼻祖,能够与法餐、英餐相媲美。

意式菜肴的特点是:原汁原味,以味浓著称。烹调注重炸、熏等,以炒、煎炸、烩等方法见长。

意大利人喜爱面食,做法吃法甚多。其制作面条有独到之处,各种形状、颜色、味道的面条至少有几十种,如字母形、贝壳形、实心面条、通心面条等。意大利人还喜食意式馄饨、意式饺子等。

意式菜肴的名菜有:通心粉素菜汤、焗馄饨、奶酪局通心粉、肉末通心粉、比萨饼等。

(2)西菜之首——法式大餐

法国人一贯以长于吃并精于吃而出名,法度大餐至今仍名列国际西菜之首。

法度菜肴的特征是:选料广泛(如蜗牛、鹅肝都是法国菜肴中的甘旨),加工精密,烹调考究,滋味有浓有淡,花色品种多;法国菜还比较考究吃半熟或生食,如牛排、羊腿以半熟新鲜为特征,海鲜的蚝也可生吃,烤野鸭通常六成熟即可食用等;法国菜肴注重调味,调味品品种多样,如用酒调味,不同的菜选用不同的酒都有严格的规律,如清汤用葡萄酒,海味品用白兰地酒,甜品用各式甜酒或白兰地等;此外,法国人还十分喜爱吃奶酪、生果和各种新鲜蔬菜。

法国菜肴的名菜有:马赛鱼羹、鹅肝排、巴黎龙虾、红酒山鸡、沙福罗鸡、鸡肝牛排等。

(3)简洁与礼仪并重——英式西餐

英国的饮食烹饪,有家庭美肴之称。

英式菜肴的特点是:油少、清淡,调味时较少用酒,调味品大都放在餐台上由客人自己选用。烹调讲究鲜嫩,口味清淡,选料注重海鲜及各式蔬菜,菜量要求少而精。英式菜肴的烹调方法多以蒸、煮、烧、熏见长。

英式菜肴的名菜有:鸡丁沙拉、烤大虾苏夫力、薯烩羊肉、烤羊马鞍、冬至布丁、明治排等。

(4)营养快捷——美式菜肴

美国菜是在英国菜的基础上发展起来的。

美式菜肴的特点是:继承了英式菜简单、清淡的特点,口味咸中带甜。

美国人一般对辣味不感兴趣,喜欢铁扒类的菜肴,常用水果作为配料与菜肴一起烹制,如菠萝焗火腿、菜果烤鸭。喜欢吃各种新鲜蔬菜和各式水果,对饮食要求并不高,只要营养、快捷。

美式菜肴的名菜有:烤火鸡、橘子烧野鸭、美式牛扒、苹果沙拉、糖酱煎饼等。

(5)西菜经典——俄式大餐

沙皇俄国时代的上层人士非常崇拜法国,贵族不仅以讲法语为荣,而且饮食和烹饪技术也主要学习法国。但经过多年的演变,特别是俄国地带,食物讲究热量高的品种,逐渐形成了自己的烹调特色。

俄国人喜食热食,爱吃鱼肉、肉末、鸡蛋和蔬菜制成的小包子和肉饼等,各式小吃颇有盛名。

俄式菜肴口味较重,喜欢用油,制作方法较为简单。口味以酸、甜、辣、咸为主,酸黄瓜、酸白菜往往是酒店或家庭餐桌上的必备食品。烹调方法以烤、熏腌为特色。

俄式菜肴的名菜有:什锦冷盘、鱼子酱、酸黄瓜汤、冷苹果汤、鱼肉包子、黄油鸡卷等。

(6)啤酒、自助——德式菜肴

德国人对饮食并不讲究,喜吃水果、奶酪、香肠、酸菜、土豆等,不求浮华只求实惠营养,首先发明自助快餐。德国的啤酒举世闻名,是当今世界上著名的啤酒王国,德国人均啤酒消费量居世界首位,是世界"第一啤酒肚"。

3.4.2 西餐礼仪

1)就餐前礼仪

①要穿着得体、整洁。

②进入餐厅时,男士应先开门,请女士进入。

③进入餐厅后,先将外套(大衣、风衣)、提包、礼帽存入衣帽间。

④入席时,应掌握从左侧入席的原则。

⑤就座时,身体要端正;手肘不能放在桌子上,包不可放在桌子上。

⑥应等全体客人面前都上了菜,女主人示意后才开始用餐。

2)进餐中的礼仪

进餐时总的礼仪要求是:进餐时谈话要低音,尽量选一些轻松的话题;需要远离自己的调料时,由服务生或旁边的人代拿;口内有食物不要交谈;用餐中切勿使用手机,不可补妆等。具体进餐中的礼仪体现在以下方面:

(1)喝汤的礼仪

①西餐喝汤时,不能发出声音。

②不可用嘴将汤吹凉,可轻轻摇动汤使其稍凉。

③汤即将喝尽时,可将盘向外略托起。

④食用完毕后把汤匙放在靠自己身前的底盘上,或是放在盘中。将汤匙的柄放在右边,而汤匙凹陷的部分向上。

(2)餐巾的使用礼仪

①餐巾应折成三角形,开口朝外,铺放在并拢的大腿上。可用餐巾的一角擦去嘴上或手指上的油渍,但绝不可用餐巾擦拭餐具。

②若有事暂时离开,应将餐巾放在椅子后背上。若就餐完毕,应将餐巾放在餐桌上,不要照原来的样子折好。

③女主人把餐巾放在腿上意味着宴会开始,放在桌子上意味着宴会结束。

(3)餐具的使用礼仪

①进餐时,一般都是左右手互相配合,刀叉是从外侧向里侧按顺序使用(也就是说事先按使用顺序由外向里依次摆放)。进餐时,一般都是左右手互相配合,即一刀一叉成双成对使用。

②刀叉有不同规格,按照用途不同而决定其尺寸的大小。吃肉时,不管是否要用刀切,都要使用大号的刀。吃沙拉、甜食或一些开胃小菜时,要用中号刀。叉或勺一般随刀的大小而变。喝汤时,要用大号勺,而喝咖啡和吃冰激凌时,则用小号勺为宜。

③忌讳用自己的餐具为他人来布菜。

④不能用叉子扎着食物进口,而应把食物铲起入口。当然现在这个规则已经变得不那么的严格。英国人左手拿叉,叉尖朝下,把肉扎起来,送入口中。如果是烧烂的蔬菜,就用餐刀把菜拨到餐叉上,送入口中。美国人用同样的方法切肉,然后右手放下餐刀,换用餐叉,叉尖朝上,插到肉的下面,不用餐刀,把肉铲起来,送入口中,吃烧烂的蔬菜也是这样铲起来吃。

某道菜不需要用刀,也可用右手握叉,例如意大利人在吃面条时,只使用一把叉,不需要其他餐具,那么用右手来握叉倒是简易方便的。没有大块的肉要切的话,例如素食盘,只是不用切的蔬菜和副食,那么,按理也可用右手握叉来进餐。

　　⑤为了安全起见,手里拿着刀叉时切勿指手画脚。发言或交谈时,应将刀叉放在盘上才合乎礼仪。这也是对旁边的人的一种尊重。

　　⑥叉子和勺子可入口,但刀子不能放入口中,不管它上面是否有食物。除了礼节上的要求,刀子入口也是危险的。

　　(4)食用面包的礼仪

　　①食用时可用左手拿面包,再用右手把面包撕成小块,然后用左手拿着小面包,用右手涂抹奶油。

　　②要把面包撕成小块后再涂奶油。

　　③切忌用刀子切割面包。

　　(5)食用沙拉的礼仪

　　①沙拉用叉子吃,如菜叶太大,可用刀在色拉盘中切割,然后再用叉子吃。

　　②美国人通常将沙拉供应于主菜前,而欧洲人如法国人,通常将沙拉放于主菜后供应。

　　(6)食用鱼的礼仪

　　①吃鱼片时,以吃一片切一片为原则,可用右手持叉进食,或用鱼刀。

　　②食用全鱼时,宜先将头、尾切除,再去鳍,将切下的头尾鳍放在盘子一边,再吃鱼肉。

　　③吃完鱼的上层,切勿翻身,应用刀叉剥除龙骨再吃下层鱼肉。

　　④去除鱼骨,要用刀叉,不能用手。

　　⑤若口中有鱼骨或其他骨刺,则可用手自合拢的唇间取出放在盘子上。

　　(7)食用肉类

　　①切牛排应由外侧向内。一次未切下,再切一次,不能像拉锯子的方式切,亦不要拉扯,勿发出声响,肉的大小以一口为宜。

　　②嚼食肉时,两唇合拢,不要出声。嚼食肉勿说话或以刀叉比画。

　　③吃肉时宜切　块吃一块,勿将肉全部一次切小块,这样会导致肉汁流失及温度下降。

　　④烤鸡或炸鸡,在正式场合用刀叉吃。先把翅膀和腿切下,然后借助刀和叉来吃身体部分。可以把翅膀和腿用手拿着吃,但不能拿其身体部分。

(8) 用酒礼仪

①吃西餐时,不能拒绝对方的敬酒,即使自己不会喝酒,也要端起酒杯回敬对方,否则是一种不礼貌的行为。

②吃西餐饮酒,忌讳举杯一饮而尽,文雅的饮酒是懂得评酒的色、香、味,慢慢品味。

③在西餐宴席上往往是敬酒不劝酒,即使是劝酒也只是点到为止。

(9) 甜点和咖啡的礼仪

①吃蛋糕用刀叉。

②在用汤匙把咖啡搅匀以后,应把汤匙放在碟子外边或左边。

③不可将汤匙与咖啡杯一起端起。

④不可用汤匙饮用咖啡。

⑤饮咖啡时应当放下点心,吃点心时则放下咖啡杯。

3) 其他礼仪

①当侍者依次为客人上菜时,走到你的左边,才轮到你取菜。

②当女主人或服务员要为你添菜时,你可以将盘子连同放在上面的刀叉一起传递给她。不能主动要求添菜,那样做很不礼貌。

③用餐毕,客人应等女主人从座位上站起后,再一起随着离席。在进餐中或宴会结束前离席都不礼貌。

④起立后,男宾应帮助女士把椅子归回原处。

⑤有的主人会备有小纪念品或一朵鲜花。宴会结束时,主人招呼客人带上,客人可说一两句赞扬这小礼品的话,但不必郑重表示感谢。

⑥除主人特别示意作为纪念品的东西外,各种招待用品,包括糖果、水果、香烟等,都不要拿走。

3.4.3 西餐餐具语言

西餐餐具摆放的方式不同,表示的意思也会不同。在西餐厅一般很少见到直接大声喊服务员的,有时候用餐者更习惯用餐具言语表达自己的意思。下面简单介绍几种常见的西餐餐具语言:

①继续用餐:把刀叉分开放,大约呈三角形,那么示意你要继续用餐,服务员不会把你的盘收走。

②用餐结束:当你把餐具放在盘的边上,即便你盘里还有东西,服务员也会认

为你已经用完餐了,会在适当时候把盘子收走。

③请再给我添加饭菜:盘子已空,但你还想用餐,把刀叉分开放,大约呈八字形,那么服务员会再给你添加饭菜。注意:只有在准许添加饭菜的宴会上或在食用有可能添加的那道菜时才适用。如果每道菜只有一盘的话,你没有必要把餐具放成这个样子。

④我已用好餐:盘子已空,你也不再想用餐时,把刀叉平行斜着放好,那么服务员会在适当时候把你的盘子收走。

3.4.4 西餐酒水与菜肴的搭配

西餐用餐十分讲究以酒配菜,长期总结了一套相配的规律,也可以称之为饮食习惯。

总的就是口味清淡的菜式与香味淡雅、色泽较浅的酒品相配,如头盘、鱼、海鲜类应配白葡萄酒(需冰冻);深色的肉禽类菜肴与香味浓郁的酒品相配,如肉类、禽类配红葡萄酒。另外,咸食选用干、酸型酒类,甜食选用甜型酒类。在难以确定时,则选用中性酒类。餐前选用旨在开胃的各式酒品,称为餐前酒;餐后选用各式甜酒以助消化,称为餐后酒;餐中饮用的酒水称为佐餐酒。

了解西餐菜肴与酒水的搭配知识,可以帮助我们在服务时向宾客推销恰当的酒品,使之与宾客所点用的菜肴相得益彰。当然,最终还是要取决于宾客本人的意见,不得硬性推销。西餐酒水与菜肴的搭配,具体有以下几点:

(1)餐前酒

在用西餐之前,西方客人喜爱饮用一杯开胃功能的酒品,如法国和意大利生产的味美思,也有用鸡尾酒和软饮料(soft drinks)等。

(2)头盘

头盘大都是些较清淡、易消化的食品。可选用低度、干型的白葡萄酒(dry),如德国 Mesel 白葡萄酒,法国 Bursundy White Wine 白葡萄酒。

(3)汤类

一般不用酒。如需要可配较深色的雪利葡萄酒(Sherry)或白葡萄酒(White Wine)。有客人喜欢用啤酒来配汤。也有人认为不同的汤应配用不同的酒,如牛尾汤配雪利酒,蔬菜汤配干味白葡萄酒等。

(4)鱼类及海味菜肴

选用干白葡萄酒、玫瑰露酒,在喝前一般需冷冻。如德国 Rhin White Wine 白葡萄酒,法国 Bordeaux White Wine 白葡萄酒等。一般来说,红葡萄酒不与鱼类、海鲜类菜肴相配饮。

(5)肉类、禽类及各式野味菜肴

选用酒度为 12～16 度的干红葡萄酒。各式牛排或烤牛肉,最合适选用红葡萄酒。羊肉类菜肴适宜淡味红葡萄酒。猪肉类,适宜配香槟酒和甜白葡萄酒。家禽类菜肴宜选用红葡萄酒或甜白葡萄酒。

(6)奶酪类

食用奶酪时一般配较甜的葡萄酒,也可继续使用配主菜的酒品,有时也选用波特酒。

(7)甜食类

一般配用甜葡萄酒或葡萄汽酒,有德国莱茵白葡萄酒、法国的香槟酒等。

(8)餐后酒

用餐完后,可选用甜食酒、蒸馏酒和利乔酒等酒品,也可选用白兰地、爱尔兰咖啡等。香槟酒则在任何时候都可配任何菜肴饮用。

【项目评价】

【知识评价】

1.西餐厅的类型有哪些?

2.西餐服务有哪几种服务方式,各种服务方式有什么特点?

3.简述咖啡厅早餐的服务程序。

4.简述西餐扒房服务程序。

5.简述西餐酒水和菜肴的搭配标准。

【技能评价】

项目 1:西餐斟酒操作训练。

项目 2:西餐摆台操作训练。

项目 3:西餐上菜操作训练。

项目 4:西餐不同服务方式操作训练。

项目 5:西餐礼仪操作训练。

项目 6:组织学生到酒店现场观摩酒店西餐厅服务人员对客服务程序。

项目 7:设置模拟场景,分组进行咖啡厅、西餐扒房、客房送餐接待服务程序,具体包括餐前预订、迎宾服务、就餐服务以及结账送客服务等服务项目模拟训练。

项目 8:通过工学交替,到校外实训基地进行短期实地训练。

项目4
宴会厅运营

【项目目标】

了解宴会厅部门结构、布局设施以及各岗位的职责标准和工作内容;能熟练掌握宴会预订、宴会设计等宴会服务基本技能,具备宴会预订、宴会环境设计、宴会台面、台型布局、宴会菜点安排、宴会酒水设计等各项服务能力;能按程序和标准完成中餐宴会、西餐宴会、冷餐会、鸡尾酒会等各式宴会服务接待工作。通过职业技能、职业态度、职业习惯的培养和训练,具备较强的服务技巧和处理问题的应变能力,最终能胜任宴会厅的服务与基层管理工作。

【项目任务】

任务1:宴会厅介绍

任务2:宴会服务基本技能

任务3:宴会厅服务

任务4:宴会厅拓展知识

【引导案例】

只为少说一句话

某大餐厅的正中间是一张特大的圆桌,从桌上的大红寿字和老老小小的宾客可知,这是一次庆祝寿辰的家庭宴会。朝南坐的是位白发苍苍的八旬老翁,众人不断站起对他说些祝贺之类的吉利话,可见他就是今晚的寿星。一道又一道缤纷夺目的菜肴送上桌面,客人们对今天的菜显然感到心满意足。寿星的阵阵笑声为宴席增添了欢乐,融洽和睦的气氛又感染了整个餐厅。又是一道别具一格的点心送到了大桌子的正中央,客人们异口同声喊出"好"来。整个大盆连同点心拼装成象征长寿的仙桃状,引起邻桌食客伸颈远眺。不一会儿,盆子见底。客人还是团团坐着,笑声、祝酒声,汇成了一首天伦之曲。可是不知怎地,上了这道点心之后,再也不见端菜上来。闹声过后便是一阵沉寂,客人开始面面相觑,热火朝天的生日宴会慢慢冷却了。众人怕老人不悦,便开始东拉西扯,分开他的注意力。一刻钟过去,仍不见服务员上菜。一位看上去是老翁儿子的人终于按捺不住,站起来朝服务台走去。接待他的是餐厅的领班。他听完客人的询问之后很惊讶:"你们的菜不是已经上完了吗?"中年人把这一消息告诉大家,人人都感到扫兴。在一片沉闷中,客人怏怏离席而去。

任务1　宴会厅介绍

【任务目标】

1. 了解宴会厅的特征和作用。
2. 熟悉宴会厅布局、设施设备等。
3. 知晓宴会服务各岗位职责及各项管理要点。

【任务执行】

4.1.1　宴会的特征和作用

1) 宴会的特征

宴会,从字义上分析,"宴"的本义是"安逸""安闲"(见《说文解字》"宴:安也。"),引申为宴乐、宴享、宴会;"会"是许多人集合在一起的意思,之后衍化成了"众人参加的宴饮活动"。国际和国内政府、社会团体、企事业单位或个人之间进行交往经常运用这种交际方式来表示欢迎、答谢、庆贺。现代社会生活中离不开宴会,现代宴会是一种高级的餐饮形式,也是餐饮文化的综合表现形式之一。

宴会厅是根据宴会的不同可以任意改变其布置装饰、台型设计、宴会类型、规格档次、礼仪习惯等,从而满足不同客户的各种需求,集饮食、社交、娱乐于一体而举行的高级宴饮聚会的场所。至今,宴会厅在各大酒店随处可见,宴会厅的场地越做越大,宴会厅的功能越来越丰富,宴会厅的装饰装潢越来越豪华,宴会厅的效果也越来越受到人们的喜爱。

总体而言,宴会厅应该具有一定的功能性,可以容纳一定数量的客人聚餐,能够显示一定的规格,区别于普通的餐饮场所,也区别于聚会的广场。

(1)功能性

功能性是宴会厅的本质特征。宴会厅占用较大的场地面积,一般至少在300平方米以上,相当于12～15个标准客房的建筑面积,作为以营利为目的的酒店企业必然希望其获利超过等量面积的客房收入。因此宴会厅的功能性是其最本质的要求,只有功能符合客户要求,并且能够充分地吸引客户前来宴会厅消费,带动酒店其他相关消费,才能够增加酒店利润。

(2)聚餐式

聚饮会食是宴会厅的形式特征。多人围坐而食,多席同室而设,在愉快的气氛中共同进餐。每桌有主宾、随从、主人、陪客之分,全场又有主席、二席……之别。主人是东道主,宴会要听从他的调度与安排,以达到他的宴请目的;主宾是宴会的中心人物,常安排在最显要的位置,宴饮中的一切活动都要围绕他而进行;陪客是主人请来陪伴客人的,有半个主人的身份,在奉酒敬菜、交谈交际、烘托宴会气氛、协助主人待客中起着积极作用;随从是主宾带来的客人,伴随主宾。大家在同一时间、同一地点品尝同样的菜点、享受同样的服务,为了一个共同的主题在同一个空间聚饮会食。

(3)规格化

规格化是宴会厅的内容特征。宴会不同于日常便饭、大众快餐、零餐点菜,要求宴会环境优美,礼仪程序井然,席面设计考究,菜点组合协调,烹饪制作精良,餐具精致整齐,保持祥和、欢快、轻松的气氛,给人以美的享受。同时,还要考虑因时配菜、因需配菜,尊重宾主的民族习惯、宗教信仰、身体状况和嗜好忌讳等。

(4)礼仪性

宴会礼仪是赴宴者之间互相尊重的一种礼节仪式,也是人们出于交往的目的而形成的为大家共同遵守的习俗,其内容广泛,如要求酒菜丰盛,仪典庄重,场面宏大,气氛热烈;讲究仪容的修饰、衣冠的整洁、表情的谦恭、谈吐的文雅、气氛的融洽、相处的真诚;以及餐室布置、台面点缀、上菜程序、菜品命名、嘘寒问暖、尊老爱幼等。

2）宴会厅的作用

宴会厅是大中型酒店、宾馆的重要组成部分,也是酒店的主要收入来源之一,它具有以下其他部门不可替代的作用:

(1)是酒店餐饮部重要的经营项目

宴会部是一个在经营管理上占重要地位的部门,因为宴会厅和多功能厅不仅在人员配备上占有优势,其面积也几乎占了酒店餐厅总面积的35%～50%。

(2)是酒店经济收入的一个重要来源

因为宴会的人均消费额和综合毛利率很高,宴会经营成为餐饮部利润的一个主要来源。国内外一些酒店宴会营业日收入最高可超过餐饮部所属其他餐厅的总和。

(3)可以发展烹调艺术,培养厨师力量

宴会档次高,花色品种多,很多食品生产由于受成本、菜单等限制,平时厨师没有机会锻炼,宴会提供了这种机会,可以创制新产品,发挥烹调技术,提高厨师技术水平。

(4)宴会是提高酒店知名度的重要形式

酒店宴会大多是伴随着商业、社交和特殊需要举行的,如公司推销产品、新闻发布、洽谈业务、签订合同、招待政府官员、举行会议、生日、结婚纪念活动等。有些宴会的宾客地位比较高,常常是新闻机构报道的焦点,在进行新闻报道的同时,也宣传了酒店,扩大了酒店的影响,提高了酒店的声誉。

4.1.2　宴会厅布局、设施设备

1）宴会厅布局

宴会厅一般由大厅、门厅、衣帽间、贵宾室、音像控制室、家具储藏室、公共化妆间、厨房等构成。

①门厅。设在大厅与外界环境之间,门厅内布置一些供客人休息的沙发或其他座椅。门厅最好紧邻大玻璃窗户,有较好的自然采光和值得欣赏的室外景色。

②衣帽间。设在门厅入口处,随时为客人提供存储衣帽服务。

③贵宾室。设在紧邻大厅主席台的位置,有专门通往主席台大厅的通道。

贵宾室里应配置高级家具等设施和专用的洗手间。

④音像控制室、辅助设备用房。主要保证宴会的声像设置的需要。音像设备调试员应能在音像控制室内观察到宴会厅中的活动情况,以保证宴会厅内使用中的声像效果的良好状态。

⑤家具储藏室。存放不用或暂时闲置的座椅。

⑥公共洗手间。洗手间宜设在较隐蔽的位置,并有明显的图形符号标志。

⑦舞台。供宴会活动发言时使用。舞台应靠近贵宾休息室并处于整个大厅的视觉中心的明显位置,应能让参加宴会的所有人看见,但舞台不能干扰客人动线和服务动线。

⑧厨房。宴会厅应设相应的厨房,其面积约为宴会厅面积的30%。厨房与宴会厅应紧密联系,但两者之间的间距不宜过长,最长不要超过40米,宴会厅可设置配餐廊代替备餐间,以免送餐路线过长。但是宴会厅和厨房、储藏之间的服务动线的布置也直接影响到服务效率,故必须与客人动线完全分离。客人在使用宴会厅时,视线不能直接看到后勤部分,所以通常在通往服务区的门处做错位处理或走道做转折。

同时,宴会厅的主要用途是宴会、会议、婚礼和展示等,其使用特点是会产生短时间大量并集中的人流,因此宴会厅最好有自己单独通往酒店外的出入口,专用客梯是非常必要的。该出入口与酒店住宿客人的出入口分离,并相隔适当的距离,客梯的位置与数量依功能需要根据消防确定,入口区需方便停车,并尽量靠近停车场,避免和酒店的大堂交叉,以免影响大堂日常工作。

2) 宴会厅设施设备

宴会厅的设施设备根据不同的功能要求会进行不同的配置,一般而言,包括家具设备、宴会布草、宴会电器、酒吧用具、宴会文具等。

4.1.3 宴会厅岗位设置

由于各酒店宴会部的经营规模不同,宴会在餐饮销售中所占比重不同,宴会部的组织机构也不相同。一般而言,综合性酒店宴会部拥有举办大型宴会的环境设施,它或者成为一个独立部门,或者隶属于餐饮部,但即使隶属餐饮部领导,也拥有自己相对独立的机构体系,通常包括业务组、服务组和生产组三个部分,业务组负责各项宴会的接洽与销售业务,服务组则负责宴会环境策划、布置和服务工作的执行,生产组负责宴会菜单设计与菜品加工烹调,三个组通过密切配合,使宴会业务顺利进行,如图4.1所示。

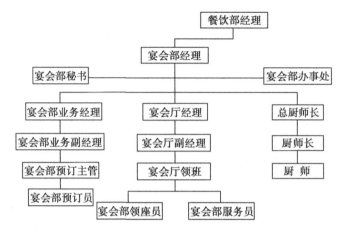

图 4.1 隶属于餐饮部的大型宴会部组织结构图

1)宴会部经理

(1)岗位设置

直接上级:餐饮部经理

直接下级:宴会部业务经理、宴会厅经理、总厨师长

(2)岗位职责

①每天需将各项任务分派给下属。

②协助餐饮部经理制定报告、预算、政策,并在升迁方面提供建议。

③协调处理一切宴会方面的需求。

④授权批准所有菜单价格以及房间、设备的租金折扣,而一切重要决定须由餐饮部经理签字确认。

⑤负责宴会部所属厨房、餐厅、办公室的物资、设施及设备的管理。

⑥学习同行先进经验,并与经常举办会议的政府机关、公司保持良好关系。

⑦加强宴会部收支情况、维修情况的控制,加强设备保养。

⑧指导宴会业务经理、服务经理及所属员工,并负责督导下属部门的培训工作。

⑨与酒吧经理、主厨、餐饮经理及成本控制人员共同准备宴会菜单、酒水明细表、酒水价目表等。

⑩准备宴会部门的资本预算,并参与制作营运设备及创收器具设备的预算。

⑪与宾客保持良好的关系,建立完整的顾客档案。征询客人意见,处理客人投诉、抱怨并汇总,以分析宴会部服务管理中存在的问题,随时提出改正措施。

⑫参加每月的沟通会议,并与宴会部业务经理、服务经理和人事培训经理一起讨论部门的培训事宜。

⑬依市场情况随时调整并更新工作安排及经营策略。

⑭制定部门人员编制,安排员工培训,并根据业务需要合理组织、调配人员,以提高工作效率。

⑮每周参与餐饮会议及部门主管会议。

⑯参加维修、节省能源及消防安全会议。

2)宴会部业务经理

(1)岗位设置

直接上级:宴会部经理

直接下级:宴会部预订员、销售员

(2)岗位职责

①督导并负责宴会业务人员工作。

②主持每日宴会业务人员的早晚简报,并做重点提醒。

③维持办公室行政及经营程序的正常运转。

④指导督促业务人员开发新客源,并与现有客户维持良好关系。

⑤提出年度计划方案,作为业务人员促销及开发市场的工作准则。

⑥了解员工需求,并呈报上级给予适当的在职培训。

⑦与业务员一起拜访重要客户,以巩固所有可能的生意机会。

⑧考评员工年度绩效,并呈报主管作为日后升迁的参考依据。

⑨定期审核业绩,以求达到所设定的营业额目标。

⑩针对客人需求及市场信息,向上级提供咨询意见,以制订策略及宴会促销方案。

⑪每日核对宴会预订记录及所有进出待办文件,以维持业务的正确性与时效性。

⑫审核宴会合约书并确认其条款内容及价目的正确性。

⑬发函感谢已举办过宴会的顾客并询问其意见,以争取下次合作的机会。

⑭协助上级制定报告、年度预算,拟定方针策略和目标。

⑮出席餐饮部及宴会部定期举行的沟通会议。

3) 宴会厅经理

(1) 岗位设置

直接上级:宴会部经理

直接下级:宴会部主管、领班

(2) 岗位职责

①财务项目。

A. 参与年度预算的编制,确定家具、固定装备和设备的需求。

B. 严格控管并执行营业费用的支出。

②执行运作。

A. 建立部门服务准则。

B. 协助执行忙碌时段的工作。

C. 检查下属各时段责任区的表现。

D. 就工作所需要器皿的库存数量,建立管理制度,保证充足供应。

E. 每天分时段向员工介绍及说明例行工作(分项各餐、摆设、服务、菜肴)。

F. 处理客人对餐饮的抱怨、要求及建议的改进事项。

G. 建立客户往来记录表,维持良好的客源关系。

③经营管理。

A. 每日记录工作日志,并将工作收益情况及客人意见上报给宴会部经理。

B. 安排员工每周作息表,确保人力资源的配置符合工作量需求。

C. 汇总客人意见和员工的报告。

D. 报告"失物招领"项目表。

E. 参加主管会议、餐饮部门会议及其他各项会议。

④员工管理。

A. 规划培训课程和安排员工培训项目。

B. 主持每月员工沟通会议,举办员工培训。

C. 实行员工高标准的仪表要求和个人卫生要求。

D. 监督员工工作时穿着制服、佩戴工号牌。

E. 实施员工年度考核,作为升迁依据。

F. 协助员工谋求福利、安全与发展。

G. 确保员工能提供热诚专业的服务。

H. 训练员工得到服务所需的技巧和能力。

I. 监督员工遵守酒店有关防火、卫生、健康与安全的各项规定。

4)宴会厅领班

(1)岗位设置

直接上级:宴会部主管

直接下级:宴会部领位员、传菜员、服务员

(2)岗位职责

①执行运作。

A.监督宴会厅器皿的摆设。

B.遵照操作守则,执行不同宴会形式的摆设标准。

C.确实遵照并执行宴会单上的指示。

D.了解每日宴会安排情况,并向本班组布置任务和分配工作。

E.遵守前台作业流程,具备餐饮知识,了解当地风俗习惯、菜肴特色。

F.与客人建立良好关系。

②员工运作。

A.确保当班员工穿着制服、佩戴工号牌。

B.协助员工谋求福利、安全与发展。

C.确保员工提供热忱专业的服务。

D.协助员工提高服务技巧,加强专业能力培训,以使服务工作顺利进行。

E.带领并指挥服务员完成餐前各项准备工作,检查各种服务用具。

F.督导员工遵守酒店员工手册。

5)宴会部预订员

(1)岗位设置

直接上级:宴会部主管

协助人员:领位员、传菜员、服务员

(2)岗位职责

①与单位主管所指派的客户群保持联系,满足其需求。

②与现有客户维持良好关系,并同时开发新客户。

③推销酒店现有的宴会产品、设施、场地与餐饮服务。

④将客户资料系统存档,并保持完整性及准确性。

⑤服从部门主管指派,到酒店外拜访客户、接洽业务,或勘察外卖宴会场地。

⑥在当班时间内及其他餐厅尚未营业前,负责接洽并协助各餐厅的订位事宜。

⑦负责带领来访宾客参观,介绍酒店宴会设施,必要时交由上级处理,以争取生意。

⑧出席部门定期举行的业务沟通会议以及任何指定出席的会议。

⑨跟踪任何有潜力的生意来源,及时报告上级制定应对策略。

⑩将客户意见及同行评语予以记录,并报告上级以求改进。

⑪随时保持积极主动的态度招呼客人,注意个人仪表,保持端庄。

⑫每周上交工作重点报告,包括已确定及待跟踪生意,每月上交业绩报告。

⑬按值班表所排定的时间上下班,遇业务繁忙时,应机动调整并予以协助。

⑭负责填写各种预订表格,待相关主管核定后,再与客人进行确认。

⑮对酒店宴会厅的设施应了如指掌,以便对顾客做全面的介绍。

6)宴会部服务员

(1)岗位设置

直接上级:宴会部领班

协助人员:领位员、传菜员

(2)岗位职责

①执行操作。

A.负责宴会厅的各项摆设。

B.为客人提供高效率、高品质的餐饮服务。

C.根据订单提供餐饮服务。

D.宴会前、后送洗及整理桌布、餐巾、桌裙等。

E.报告餐饮用品及一般用品的需求量。

F.空闲时段折餐巾备用。

G.协调前台作息时间安排及作业流程。

H.熟悉餐饮菜单内容。

I.保持服务台及环境清洁。

J.减少废弃物品,注意资源回收。

K.热忱地接待客人。

②一般事项。

A.遵守员工手册。

B.遵守酒店有关防火、卫生、健康与安全的规定。

C.工作时务必穿着制服、佩戴姓名牌。

D.保持个人高标准的仪表和卫生。

E. 与同事及各单位保持和谐关系。

F. 当班结束后应与下一班做好交接工作,并于宴会结束后做好收尾工作。

G. 随时提供热忱专业服务。

H. 接受酒店领班、副经理、经理对责任区的分配。

I. 接受安排培训课程。

J. 接受酒店调派的工作。

K. 接受酒店的职务调动。

③临时责任。

A. 协助财产控制。

B. 接受临时工作指派。

【案例分析】

热闹的婚宴

一天,上海某酒店的宴会厅内正在举办一个大型的婚宴。席间气氛热烈,参与者不停地走动、敬酒、说笑,向新人祝贺,整个大厅充满了喜庆的气氛。宴会在热烈进行,一位服务员手托一盆刚出锅的热汤向主桌走去。刚到桌旁停住,新郎突然从座位上站起准备向别人敬酒,一下子撞到了服务员的身上。服务员出于职业本能和潜意识的支配,将汤盆向自己身上拉来,高温的热汤泼到了他的胳膊上。顿时,他感到剧痛钻心,但他却强忍疼痛,不哼一声,脸上仍带着微笑,并向新郎道歉。婚宴还在进行,这位服务员继续忙着为客人们上酒上菜,直到大家一一离席为止。当新人向接待婚宴的服务员道谢时才发现,这位服务员的手臂上烫起了几十个水泡。大家问他为什么被烫的时候不说?服务员回答,如果被烫时表现出反常神情,便会影响婚宴喜庆的气氛。新郎和新娘听后,异常感动,半天都说不出话来。

问题:请分析此案例。

任务2 宴会服务基本技能

【任务目标】

1.掌握宴会预订的技巧和方法。

2.熟悉宴会设计的技巧和方法。

【任务执行】

4.2.1　技能一:宴会预订

宴会预订是酒店对外开发客源市场、宣传酒店、营销酒店餐饮产品;对内协调宴会、沟通各餐厅之间预订的职能部门,是酒店与外部相互联系的枢纽,是酒店内部相互合作的桥梁。

1)宴会预订方式

(1)电话预订

电话预订是宴会部与顾客联络的主要方式。电话预订主要用于小型宴会预订,接受客人询问,向客人介绍宴会有关事宜,为客人核实细节,确定具体事宜。

(2)专人来店面谈

面谈是进行宴会预订较为有效的方法。预订人员与顾客当面洽谈讨论所有的细节安排,满足宾客提出的特殊要求,讲明汇款方式。

(3)信函邮递预订

信函是与客户联络的另一种方式,主要用于促销活动,回复宾客询问,寄送确认信,适合于提前较长时间的预订,如表4.1所示。

表4.1　宴会预订方式

项　目	工作标准
＊电话预订	1.当电话打来时,在铃响三声内接起,用礼貌用语问候对方,并用中英文报本部门名称(您好! 宴会预订部,我可以为您提供帮助吗? Good morning/afternoon/evening! Catering dept, ＊＊＊ is speaking, may I help you?) 　2.认真听清,问明客人的要求在宴会预订登记表上做好记录。 　◇主办单位名称(指示牌如何写),主人的姓名及身份。 　◇注明接洽人的姓名(在预订中至少称呼客人名字一次)、联系电话及传真号码。 　◇用餐日期及时间(早午晚)。 　◇用餐人数,根据人数的多少、台型及客人的要求来安排适当的厅堂。 　◇被邀请客人的国籍或单位,主宾的姓名及身份。 　◇类别:风味菜、粤菜、西餐套餐或自助和会议等,确认有无禁忌或特殊要求。 　◇酒水方面的要求。

续表

项　目	工作标准
*电话预订	◇司机或工作人员人数及误餐费和工作餐的安排(误餐费金额、工作餐标准及地点)。 ◇是否需要停车位,问清数量及要求。 ◇是否要鲜花。 ◇需要何种设备设施。 ◇厅堂布置(横幅、背板及其他)。 ◇有无贵宾室及贵宾休息室,餐前有无会谈及相关要求。 ◇预订在零点餐厅用餐时询问安排在吸烟区或非吸烟区。 ◇提供相应报价并问明结账方式。 ◇在宴会预订登记表上注明登记日期及登记人。 3. 重复客人要求,根据以上要求给主办单位安排宴会场所,及时记录在宴会预订一览表上,后告之客人所安排的场地名称。结束谈话时感谢客人。 4. 如客人要求看菜单,及时将菜单传给对方,并提前确认菜单。 5. 提前经与客人确认后做好宴会任务通知单,经部门经理签字后,发至各有关部门。 6. 如宴会有变化要及时通知有关部门,并在预订单上注明被通知人的姓名及时间。 7. 如客人当天提出取消宴会,要向客人说明酒店规定,按规定收取损失费。 8. 如遇大型宴会、婚宴,要与主办单位签订合同书并收取定金,以示确认。 9. 如有重要宴会或大型宴会时,预订人员应在活动前到现场与主办单位取得联系,并检查准备状况。 10. 对客人的特殊要求或有超过自己的职权范围的要求时,要及时请示部门经理。 11. 活动举办后,将相关资料输入 OPERA 系统中。
*来客预订	1. 积极、热情、主动地接待客人,表现出酒店的诚意,即使无法为客人安排,也不要让客人有冷落感。 2. 带领客人看宴会场地,并给客人合理化建议。 3. 其他要求同电话预订。
*传真及电子邮件预订	1. 收到客人的预订传真及电子邮件,一天之内给予客人接到预订的回复。 2. 具体细节要同客人联系,在宴会预订登记表上做好记录。 3. 其他各项要求同电话预订。
*迎接客人	1. 提前检查宴会的准备情况。 2. 在大堂或宴会厅明显位置热情地迎接客人的到来。 3. 主动、周到地帮助客人协调宴会或会议中的各类事情。

续表

项　目	工作标准
*外出销售	1. 每周五做好本周的销售总结及下周的销售计划,积极走访客户。 2. 事先准备好酒店资料,在拜访中恰当地回答客人的问题。 3. 在拜访中对客人反映的情况认真记录,及时反馈与答复。

2) 宴会预订主要环节

宴会预订业务从客人提出宴会预订开始,到宴会部确认宴会预订,共包括 5 个环节,下面分别说明每一环节的工作要点,如图 4.2 所示。

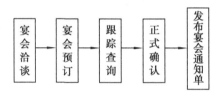

图 4.2　宴会预订工作环节

(1) 宴会洽谈

宴会洽谈的主要工作是回答客人有关宴会的各种问询,准备相关资料以供洽谈时参考,如宴会部的宴会厅平面图、宴会厅规模、宴会标准收费表、宴会厅容量表、宴会厅租金价目表、宴会菜肴及饮料价目表等资料。

(2) 宴会预约

宴会预约阶段是顾客有意预约宴会,但尚未对宴会做最后决定,属于暂时性确认。暂时性确认的宴会预订包括以下几种情况:

① 顾客处于询问和了解宴会情况阶段,如不及时预订,宴会厅就会被他人订满。

② 填写宴会预订单,如表 4.2 所示。

(3) 宴会跟踪查询

如果是提前较长时间的预订,预订人员应进行密切的跟踪查询,主动用信函或电话保持联系,直到客人下订单为止,确保宴会预订成功。

(4) 宴会预订正式确认,填写宴会确认书

宴会预订确认后,填写宴会确认书,对宴会时间、要求等进行确认。

表4.2　宴会预订单

预订日期：		预订人姓名：		联系方式：
单位：			地址：	
宴会名称：		宴会时间：		宴会地点：
预计人数：		最低桌数：		结账方式：
宴会费用：		食品人均费用：		酒水人均费用：
宴会菜单：				宴会酒水：
宴会布置(台型、主桌型、场地、设备等)：				
处理：				
确认签字：		预收订金：		承办人：

(5)发布宴会通知单

宴会正式确定后,预订人员对内应发布一份类似公文的宴会通知单(表4.3),告知各个部门在该宴会中所应负责执行的工作。各部门接到宴会通知单后,必须按照通知单上的要求执行工作。

表 4.3　宴会通知单

发文日期：		宴会通知单号：	
预订日期：	预订人姓名：		联系方式：
宴会名称：	宴会时间：		宴会地点：
预计人数：	最低桌数：		结账方式：
宴会费用：	订金金额：		付款人：
器材收费：	订金收据单号：		收款人：
海报内容：			
美工：			
宴会服务部：			
中餐厨房：			
西餐厨房：			
酒吧：			
客房部：			
工程部：			
花房：			
保安部：			
预订业务员：		宴会经理：	
发送部门	□总经理　□餐饮部　□宴会部　□财务部　□工程部　□客房部 □西厨房　□中厨房　□管事部　□餐厅部　□保安部　□采购部 □花　房　□美　工　□其　他		

　　总而言之，宴会通知单是各部门之间的沟通渠道。它在客户的要求与各部门的工作准备当中直接搭起一座桥梁，以确保部门间快速、直接地传达信息，获得最佳工作效率。

3) 宴会预订具体工作流程

表 4.4 宴会预订具体工作流程

内 容	工作流程
*每日工作	1. 上午 08:30 到岗,签到后搞卫生,进行办公室消毒、通风,检查当日菜单是否正确无误,并复印、分发给相关部门。 2. 检查当日宴会是否都已确认并下发通知单给各部门,若有没确认的宴会,及时同客人联系,进行确认。确认完毕后,下发通知单给各部门。 3. 尽可能地追踪前一天的宴会情况,听取客人提出的意见;建立客户档案,并反馈给相关部门。(大型宴会、重要宴会要发感谢信。) 4. 电话或外出拜访客户,外出前要与部门经理汇报所拜访客户名称,走出去,请进来。 5. 上午 11:00 前,打好上午宴会的指示牌,通知宴会部领取。 6. 浏览当日宴会单,看是否有自己所定活动或熟悉的客户,在宴会前检查各项准备情况,并在一楼大厅或餐厅门口迎接客人。 7. 下午 16:30 之前打好晚上的宴会的指示牌,通知宴会部领取。 8. 下午 16:30 之前将第二日的宴会情况统计表通过 OA 发送给相关部室(发送之前,要经部门经理审核),每周五发送星期六、星期日、星期一 3 天的宴会统计表。将当日补充完整的宴会情况统计表传真至餐饮部。 9. 当日下班前,要确认完第二日宴会情况,并下发给相关部门,遇到大型活动、重点宴会,要提前 3 天下发任务通知单。(如不能届时下发通知单,要先向有关部门通报。) 10. 完善客户档案和贵宾车号的记录及变更。 11. 每日晚班 20:30,节假日 18:00 由值班人员通过短信向经理汇报餐饮部当日收入。 12. 完成当日 OPERA 的输入、客户手机号码的输入、次日菜单的打印和桌签的制作。次日上午 11:00 之前的指示牌、菜单及桌签等,要当晚打印、复制、制作好,及时交给相关部门。 13. 记录当日宴会发生情况,有事及时向经理汇报。 14. 厅堂预订表每 10 天更改一次,由当日值班人员负责,每逢 10,20,30 或 31 日,要及时更改宴会预订登记表。 15. 晚班人员下班前要认真填写好值班日记,检查安全,搞好卫生,关好电源、锁好办公室门。 注:第 11 至 15 项为晚班及节假日值班人员工作要求。
*每周工作	1. 每周一汇总一周的销售报告及信息。 2. 每周四做好下一周重点宴会统计,确认无误后 OA 至餐饮部及相关部门。 3. 每周五召开店业务会,时间为早 09:00,提前一天与总办确认,并通知客房部。 4. 每周五交部门经理一周工作总结及下周工作计划。

续表

内　容	工作流程
*每月工作	1. 每月 1 日当班人员装订好上月宴会统计表。 2. 每月 3 日前 OA 客户手机号至餐饮部、公关部。 3. 每月 3 日前完成上月宴会统计及经营分析,同时将工作计划及销售和会展信息一同上交餐饮部及部门经理。 4. 每月 15 日及月末最后一天,完成半月要情,交于餐饮部和本部门经理。 5. 每月 20 日前上交餐饮部本部门考勤表。 6. 每月末最后一个周四做出下一月重点宴会统计,确认无误后 OA 至餐饮部及相关部门。 7. 整理、归档一个月的销售工作报告,做下月的工作计划。 8. 分析、整理一个月信息,将有用的信息列入工作计划。 9. 整理客户档案。

4.2.2　技能二:宴会设计

1)宴会设计要求

(1)主题突出

宴会都有目的,目的就是主题。围绕宴会目的,突出宴会主题,乃是宴会设计的宗旨。如国宴目的是国家间相互沟通、友好交往,在设计上要突出热烈、友好、和睦的主题气氛;婚宴目的是庆贺喜结良缘,设计时要突出吉祥、喜庆、佳偶天成的主题意境。

(2)特色鲜明

宴会设计贵在特色,可在菜点、酒水、台面、服务方式、娱乐、场境布局等来表现。不同的进餐对象,由于其年龄、职业、地位、性格等不同,其饮食爱好和审美情趣各不一样,因此,宴会设计不可千篇一律。

宴会特色的集中反映是它的民族特色、地方特色或本酒店的浓厚风格特征。通过地方名特菜点、民族服饰、地方音乐、传统礼仪等,展示宴会的民族特色或地方风格,反映一个地区或民族淳朴民俗风情的社交活动。

(3)安全舒适

宴会既是一种欢快、友好的社交活动,也是一种颐养身心的娱乐活动。赴宴者乘兴而来,为的是获得一种精神和物质的双重享受,因此,安全和舒适是所有赴宴者的共同追求。宴会设计时要充分考虑和防止如电、火、食品卫生、建筑设施、服务活动等不安全因素的发生,避免顾客遭受身心损害。优美的环境、清新的空气、适宜的室温、可口的饭菜、悦耳的音乐、柔和的灯光、优良的服务是所有赴宴者的共同追求,构成了舒适的重要因素。

(4)美观和谐

宴会设计是一种"美"的创造活动,宴会场境、台面设计、菜点组合、灯光音响,乃至服务人员的容貌、语言、举止、装束等,都包含许多美学内容,体现了一定的美学思想。宴会设计就是将宴会活动过程中所涉及的各种审美因素,进行有机的组合,达到一种协调一致、美观和谐的美感要求。

(5)核算科学

宴会设计从其目的来看,可分为效果设计和成本设计。前面谈到的四点要求,都是围绕宴会效果来设计的。作为企业的酒店最终目的还是为了赢利,因此,宴会设计还要考虑成本因素,对宴会各个环节、各个消耗成本的因素要进行科学、认真的核算,确保宴会的正常赢利。

2)宴会设计要素

(1)人

人包括设计者及餐厅服务人员、厨师、宴会主人、宴会来宾等。宴会设计者是宴饮活动的总设计师、总导演、总指挥,其学识水平、工作经验是宴会设计乃至宴会举办成功与否的关键。餐厅服务员是宴会设计方案的具体实施者,要根据服务人员的具体情况,做出合理的分配和安排。厨师是宴会菜品的生产者,要充分了解厨师的技术水平和风格特征,然后对宴席菜单做出科学、巧妙的设计。宴会主人是宴会产品的购买者和消费者,宴会设计时一定要考虑迎合主人的爱好,满足主人的要求。宴会来宾是宴会最主要的消费者,宴会设计时要充分考虑来宾的身份、习惯等因素,进行针对性设计。

(2)物

宴会举办过程中所需要的各种物资设备,这是宴会设计的前提和基础,包括餐厅桌、椅、餐具、饰品、厨房炊具,尤其是各种食品原料等。宴会设计必须紧紧围绕这些硬件条件进行,否则,脱离实际的设计肯定是要失败的。

(3)境

宴会举办的环境,包括自然环境和建筑装饰环境等。环境因素影响宴会设计。繁华闹市临街设宴与幽静林中的山庄别墅设宴、豪华宽敞的大宴会厅与装饰典雅的小包房设宴、金碧辉煌的现代餐厅设宴与民风古朴的竹楼餐厅设宴的设计都不一样。

（4）时

时间因素包括季节、订餐时间、举办时间、宴会持续时间、各环节协调时间等。季节不同，宴席菜点用料有别；中餐与晚餐也有一定的差异；订餐时间与举办时间的间隔长短，决定宴会设计的繁简；宴会持续时间的多少，决定服务方式和服务内容的安排；大型或重要宴会 VIP 活动内容的时间安排与协调，影响整个宴饮活动的顺利进行。

（5）事

宴会为何事而办，达到何种目的。不同的宴事，其环境布置、台面设计、菜点安排、服务内容是不尽相同的，宴会设计要因事设计，设计方案要突出和针对宴会主题，即宴事，不可偏离或雷同。

（6）钱

宴会设计要根据宴会主人的不同宴席标准来设计不同档次的菜单，同时，要考虑人工、原料、管理等各种成本，对每个菜点、桌宴进行精确的核算，保证获得较高的毛利率和正常盈利。

3）宴会设计内容

表 4.5　宴会设计内容

设计项目	具体体现
场境设计	大环境。宴会所处的特殊自然环境，如海边、山巅、船上、临街、草原蒙古包、高层旋转餐厅等。 小环境。宴会举办场地在酒店中的位置，宴席周围的布局、装饰，桌子的摆放等。
餐台设计	根据客人进餐目的和主题要求，将各种餐具和桌面装饰物进行组合造型的创作，包括台面物品的组成和装饰造型、台面设计的意境和台型的组合摆放等。
菜单设计	要以人均消费标准为前提，以顾客需要为中心，以本单位物资和技术条件为基础设计菜谱。其内容包括各类食品的构成设计、营养设计、味型设计、色泽设计、质地设计、原料设计、烹调方法设计、数量设计、风味设计等。
酒水设计	"以酒佐食"和"以食助饮"是一门高雅的饮食艺术。酒水与宴会的档次相一致，与宴会的主题相吻合，与菜点相得益彰。

续表

设计项目	具体体现
流程设计	对整个宴饮活动的程序安排、服务方式规范等进行设计,其内容包括接待程序与服务程序、行为举止与礼仪规范、席间乐曲与娱乐杂兴等设计。
安全设计	对宴会进行中可能出现的各种不安全因素的预防和设计,其内容包括顾客人身与财物安全、食品原料安全、就餐环境安全和服务过程安全设计等。

4) 宴会设计程序

表4.6 宴会设计程序

程 序		要 求
获取信息	信息内容	本次宴会的主办单位、宴会主题、宾主身份及国籍、宴会标准、参加人数、安排桌数、开席时间、菜式品种及出菜顺序、付款方式以及宾客的风俗习惯、生活禁忌和特殊要求。各种信息都要准确、详细、真实。
	获取途径	有顾客提供的,有酒店主动收集的。
分析研究	认真分析	全面、认真分析研究信息资料,了解其特点和作用。
	精心构思	突出宴会主题,满足顾客要求,具有独特个性。
起草方案	专人起草	富有经验的宴会设计人员综合多方面的意见和建议,负责起草详细、具体的设计草案,可制订出2~3套可行性方案供选择。
	初步审定	草案由主管领导或主办单位负责人初步审定。
修改定稿	倾听意见	倾听主办单位负责人或具体办事人员的意见与建议,对草案进行反复修改,尽量满足其合理要求。
	修改定稿	由主管领导或主办单位负责人最后定稿。设计方案既要切合实际,又要富有创意。
严格执行	下达方案	召集各部门负责人开会,设计方案以书面形式向有关部门和个人下发,明确职责,交代任务。
	执行方案	根据设计方案,督促落实执行。
	调整方案	执行中由于情况发生变化,及时予以调整。

5) 宴会设计人员文化底蕴

表 4.7　宴会设计人员应具备的文化知识

类　目	要　求
饮食烹饪知识	一套宴席菜单中包括各类菜品二十余种,从酒店成百上千道菜品中精心选配而成。宴会设计人员要掌握菜肴知识,包括每道菜的用料、烹调方法、味型特点等,熟知不同菜点的组合、搭配效果。
成本核算知识	掌握宴会成本核算知识,根据客人宴会价格标准,对宴会的直接成本和间接成本做出科学、准确的核算,确保正常赢利。
营养卫生知识	了解各种食物原料的营养成分状况,烹调对各营养素的影响,各营养素的生理作用,宴会菜肴各营养素的合理搭配和科学组合等。
餐饮服务知识	有丰富的餐饮服务经验和服务技能,掌握宴会服务规律,设计切合实际便于操作的宴会服务流程。
心理学知识	顾客由于其年龄、性别、职业、信仰、民族、地位等各不相同,文化修养、审美情趣、饮食心理各异,掌握顾客的餐饮消费心理,投其所好,避其所忌。
民俗学知识	"十里不同风,百里不同俗"。要充分展示本地的民风民俗,同时也要适应客人的生活习俗和禁忌,切不可冲犯。
美学知识	宴会设计要考虑时间与节奏、空间与布局、礼仪与风度、食品与器具、菜肴的色彩与装盘等内容,都需要美学原理做指导。
文学知识	好的菜名可起到先声夺人的效果,食者未尝其味而先闻其声;许多菜肴的民间传说也蕴含着浓厚的文学色彩,这需要有一定的文学修养。
历史学知识	对历史文化、社会生活史有一定的了解,探讨饮食文化的演变和发展,挖掘和整理具有浓郁地方历史文化特色的仿古宴,创新风格古朴、品位高雅的宴席。
管理学知识	宴会方案的设计与实施都是一个管理问题,包括人员管理、物资管理、成本管理、现场指挥管理等。必须掌握管理学原理、餐饮运行规律以及宴会服务规程。

任务3　宴会厅服务

【任务目标】

1. 掌握中餐宴会服务的流程与服务规范。
2. 掌握西餐宴会服务的流程与服务规范。
3. 掌握冷餐会、鸡尾酒会服务的流程与服务规范。

【任务执行】

宴会作为一种高规格的就餐形式,其显著的特点是礼仪性和程序性,因而在宴会服务中,服务流程的正确与否、服务质量的好与坏,会对整个宴会的过程起到推动作用或产生负面的影响。

4.3.1　中餐宴会服务

1)餐前组织准备工作

(1)掌握情况

接到宴会通知单后,餐厅的管理人员和服务人员都应做到"八知""三了解"。"八知"是:知邀请对象,知宾、主国籍身份,知参加人数与安排的桌数,知宴会标准,知开餐时间,知菜式品种、烟酒茶果与出菜顺序,知主办单位或房号,知收费方法。

"三了解"是:了解宾客的风俗习惯,了解宾客的生活忌讳,了解宾客的特殊需要。如果是外宾,还应了解其宗教信仰、口味特点及特殊爱好。

对于规格较高的宴会,还要了解宴会的正式名称,宴会的目的和性质,对场景布置的要求,宴会的进程与接待要求等。还要了解其他一些细节情况,如是否发放请柬、纪念品,有无席位卡,是否有 VIP 客人、文艺表演,是否设工作餐等。

管理人员根据上述情况,按宴会的程序设计、场景、菜单设计、礼仪设计、台面设计和安全设计等做好宴会的组织工作。

(2)明确分工

根据宴会的规模、标准、要求等情况,对迎宾、值台、传菜、供酒及衣帽间、贵宾室等岗位都要有明确分工,将责任落实到人。做好人力物力的充分准备,要求所有服务人员思想重视,措施落实,保证宴会善始善终。

(3)宴会布置

①多桌宴会餐桌的设计布局。

宴会餐桌设计布局的要求是：合理利用宴会厅的场地，表现出主办人的用意，体现宴会的规格标准，突出主桌，方便服务人员进行宴会服务。

台形布局的原则是中心第一，近高远低。中心第一是指布局时要突出主桌，主桌放在上首中心，要突出其设备和装饰，主桌的台布、餐椅、餐具的规格应高于其他餐桌，主桌的花坛也要特别鲜艳突出，主桌周围的通道比其他一般通道要宽敞一些。近高远低是根据被邀请宾客的身份而言，身份高的离主桌近，身份低的离主桌远。

有主席台设施的宴会厅，台上要布置会标，以表明宴会的性质；没有主席台的宴会也要在主桌后面用花坛画屏或大型盆景等布置一个重点装饰面。

②席位安排。

A.确定主人位置。主人位置安排原则是面向大厅，看到正门，使主人能纵观全局。如果是多桌宴会，各桌主人的位置应都能看到主桌。

B.宾客的座次安排。主人坐在厅堂正面，副主人与主人相对而坐。主人的两侧安排主、次宾座席，右主左次，在副主人两侧安排第三、四座席，右三左四。有的在主人右侧安排主宾，副主人右侧安排次宾，主人左侧是第三宾客，副主人左侧是第四宾客。其他座位为陪同席，如有外宾，还要在主宾右侧安排翻译。

(4)熟悉菜单

服务员应熟悉宴会菜单的以下内容：菜单上菜品名称和出菜顺序；菜单上菜品的原料构成和制作方法；菜单上菜品所跟调配料及服务方法；菜单上菜品的口味特点和典故传说等，以做好上菜、派菜和回答宾客对菜点提出询问的思想准备。

(5)物品准备

根据宴会的标准和菜单，准备好各种银器、瓷器、玻璃器皿等餐酒具。为了防止客人临时加位或其他要求，应多准备 10% ～20% 的餐具，分类摆放在备餐柜内，以随时满足客人的需要。宴会菜单每桌一至二份置于台面，重要宴会则人手一份。要求封面精美，字体规范，可留作纪念。

根据宴会通知单要求，还要准备好香巾、鲜花、酒水、香烟、水果等特殊情况的服务用品。

(6)铺好餐台

宴会开始前 1 小时，根据宴会餐别，按规格铺好餐具和台上用品，并围好椅套。在副主位的桌边,面向宴会厅的入口摆上席次卡,在每个餐位的水杯前立席卡,菜单放在正副主位餐碟的右上侧。将各类开餐用具摆放在规定的位置,要求台面清洁卫生,整齐划一。

(7)摆设冷盘

大型宴会开始前15分钟左右摆上冷盘,然后斟预备酒。中小型宴会则视宾客情况而定。摆设冷盘时,根据菜点的品种和数量,注意菜点色调的分布,荤素的搭配,菜型的正反,刀口的逆顺,菜盘间的距离等。

(8)全面检查

根据《宴会通知单》逐一检查客人的要求是否落实,人员的分工是否合理,服务人员的仪容仪表、餐具用具准备、场地布置和摆台、环境卫生、餐具卫生、用具调料、各种电器及其他设备等是否齐全、清洁、完好,如表4.8所示。

表4.8 宴会前检查标准

检查项目	检查标准
设备设施	◇检查照明、通信设备是否完好。 ◇检查音响、空调设备是否完好。 ◇检查厅房内是否按照宴会主办方要求配备了相应设备、设施,如演讲台、横幅、指示牌等。
餐具、酒具、服务用具	主要检查餐具、酒具、服务用具是否整洁、完整,并按照宴会要求准备齐全。
摆台情况	◇检查各厅房的餐桌摆放形式是否符合宴会的规格和主办方的要求。 ◇检查宴会的桌椅是否牢固、干净。 ◇检查台布的铺设和台面上用具的摆放是否合乎规范,台布、用具是否整洁无破损。 ◇检查台号是否正确,台面上是否按照主办方的要求摆上了姓名牌。 ◇检查菜单是否干净、精美。
宴会厅布置	检查宴会厅的其他布置(如厅房内的装饰物、衣帽架、沙发等)是否满足了客人的要求。
清洁情况	检查宴会厅的墙壁、地毯、沙发、衣帽架及厅房内的装饰物等的清洁工作质量。

【案例分析】

位数与台型变更

某餐厅开班前会后,陈领班接到当晚订单之后,便回贵宾厅安排工作。其中1号厅高先生留台16位/席。当时陈领班只是安排服务员小吴在1号厅的大铁台(14人台)摆16人的餐位,而没有按要求换成18人台,严重违反了操作规程。当时经理在开餐检查工作时不够细致,发现问题未能及时追问领班为何不变台型及纠正错误。下午6:30小厅接到宴会部的菜单时(已明确是16位),领班小陈仍未能及时更换台型。下午7:00高先生带了几位客人来到餐厅,小陈马上将当晚的菜单让高先生确认。高先生的客人中由于有小孩,便将第一个菜"三文鱼北极贝刺身"改为"乳猪拼盘"。当时高先生说一共有18位客人,陈领班仍然没有组织人员更换台型。后来客人认为餐桌太小,陈领班才匆忙找人变更,并请在2号厅休息的高先生一行入座,上酒水、上菜,宴会过程中出品及服务均正常。

分析:

通过此事,我们应认识到餐厅服务人员应该做到知台数、知人数,严格按订单及操作规程安排好宴会的台型、餐位,并且要随时随着客人的人数提前安排变更台型,以免客人来到之后出现尴尬的场面,既令客人不满意,又影响了餐厅本身的正常工作。

处理结果:

◇餐厅经理与陈领班向客人诚恳道歉,以期取得客人原谅。

◇以此事件作为经验教训,培训全体员工,加强员工的顾客意识。

◇加强员工的操作流程培训,务求服务中不出错,给客人提供最专业最贴心的服务。

◇将此事作为案例存档,供餐饮部培训学习,以避免日后再次发生同类事件。

2)迎宾与引位工作

(1)热情迎宾

客人到达前5~10分钟,迎宾员在宴会厅门口迎候客人,宾客到达时,要热情迎接,微笑问好。待宾客脱去衣帽后,将宾客引入休息间就座休息。回答宾客问题和引领宾客时注意用好敬语,做到态度和蔼,语言亲切。

（2）引客入席

宾客到达宴会厅，服务员协助主办单位迎接宾客，然后按宴会规定座次图把客人引入席。

（3）拉椅让座

在照顾宾客入座时，用双手和右脚尖将椅子稍撤后，然后徐徐向前轻推，让宾客坐稳坐好，引请入座时，同样按先宾后主、先女后男的次序进行。

待宾客坐定后，即把台号、席位卡、花瓶或插花拿走。菜单放在主人面前，然后为宾客取餐巾，将餐巾摊开后为宾客围上，脱去筷套。

（4）存放衣物

接过客人衣物，挂在椅背上，征得客人同意后使用椅套将客人的衣服、包套住，并提示客人："请保管好自己的随身物品！"

（5）确认人数

宴会领班再跟销售专员确认最终人数、桌数、宴会程序及上菜时间，再跟有关厨房沟通并互相交换该注意的要点。

3）就餐服务

（1）斟酒服务

为宾客斟倒酒水时，要先征求宾客意见，根据宾客的要求斟倒各自喜欢的酒水饮料，一般酒水斟八分满即可。斟白酒时，如宾客提出不要，应将宾客位前的空杯撤走。

酒水要勤斟倒，宾客杯中酒水只剩 1/3 时应及时添酒，斟时注意不要弄错酒水。宾客干杯和互相敬酒时，应迅速拿酒瓶到台前准备添酒。主人和主宾讲话前，要注意观察每位宾客杯中的酒水是否已满上。在宾主离席讲话时，主宾席的服务员要立即斟上甜、白酒各一杯放在托盘中，托好站在讲台侧侍候。致辞完毕，迅速递上，以举杯祝酒。当主人或主宾到各台敬酒时，服务员要准备酒瓶跟着准备添酒，宾客要求斟满酒杯时，应予满足。

（2）上菜服务

宴会上菜要严格地按照上菜顺序进行，大型或重要宴会要由专人指挥、联络、控制，上菜要看主台或听从指挥，做到行动统一，以免造成早上或迟上，多上或少上现象。

同时要掌握上菜时机，按进餐节奏，每一道菜都要趁热上。每上一道新菜都要报菜名,介绍风味特点。摆菜时要有一定的造型图案,及时撤盘,保持台面的清洁美观。

凡宴会都要主动、均匀地为宾客分汤分菜。分派时要胆大心细,掌握好菜的分量、件数,分派准确均匀。凡配有佐料的菜,在分派时要先沾(夹)上佐料再分到餐碟里,分菜的次序也是先宾后主,先女后男。

一些现代化的大型酒店,提倡宴会"旁桌分菜",即在席上示菜后,到席旁工作台上分菜。待分好后再给客人送上餐位。

【案例分析】

粗心导致的投诉

10月4日,某酒店宴会厅接待了一个五桌的寿宴。接待完毕后,客人顺利地结了账。次日,寿宴客人到部门投诉,说10月4日宴席上没有上鱼,要讨个说法。经部门调查了解后,客人在预订时点了"清蒸鲈鱼",但是营业员在下单时工作粗心,开漏了分单,厨房负责人和此次宴席服务跟进人没有认真检查,导致无出品,这才有上面客人的投诉。

分析:

◇这次投诉属员工工作责任心不够强、不细心所造成。出品部门每日检查每一张进入厨房的菜单,核对清楚每道菜式是否分到每个出品部门。此次宴席服务跟进人没有核对菜单也要负一定的责任。

◇以上环节如果有检查的话,那么类似的错误是可以避免的。

处理结果:

◇在本案例中,部门负责人接到投诉后马上查明原因,当即给客人赔礼道歉,并再三承认了酒店的错误。在征询客人意见后,将五桌"清蒸鲈鱼"的金额退还给客人,并要当事人再三跟客人道歉。

◇部门内部要对入单的经手人和厨房总厨、宴席负责人进行批评和处罚。

◇加强服务员的业务培训。并且每次宴会预订单和点菜单,下单人员必须再三核对清楚,分单清楚,保证万无一失,各管理人员也必须对各项细节严格把关,理顺服务流程。

(3)撤换餐具

为显示宴会服务的优良和菜肴的名贵,为突出菜肴的风味特点,并保持桌面卫生雅致,在宴会进行的过程中,需要多次撤换餐具或小汤碗。重要宴会要求每道菜换一次餐碟,一般宴会的换碟次数不得少于三次。撤碟时要严格按照操作规范进行。

(4)席间服务

宴会进行中要细心观察宾客的表情及示意动作,主动地进行服务。要做到一快,服务快;三轻,走路轻、说话轻、操作轻;四勤,勤巡视、勤斟酒、勤换餐碟、勤换烟灰缸。

若宾客在席上弄翻了酒水杯具,要迅速用餐巾或香巾帮助宾客清洁,并用干净餐巾盖上弄脏部位,为宾客换上新的杯具,然后重新斟上酒水。

宾客吃完饭后,送上热茶和香巾,随即收去台上除酒杯、茶杯以外的全部餐具,抹净转盘,换上点心碟、水果刀叉,然后上甜品、水果,并按分菜顺序分送给宾客。

宾客吃完水果后,撤走水果盘,递给宾客香巾,然后撤走点心碟和刀叉,摆上鲜花,以示宴会结束。

4)收尾工作

(1)结账准备

上菜完毕后即可做结账准备。清点所有酒水、香烟、佐料、加菜等宴会菜单以外的费用并累计总数,送收款处准备账单。结账时,现金现收。若是签单或转账结算,应将账单交宾客或宴会经办人签字后送收款处核实,及时送财务部入账结算。

(2)拉椅送客

主人宣布宴会结束,服务员要提醒宾客带齐携带物品。当宾客起身离座时,要主动为其拉开座椅,以方便离席行走。视具体情况目送或随送宾客至餐厅门口。如宴会后安排休息,要根据接待要求进行餐后服务。

(3)取递衣帽

宾客出餐厅时,衣帽间的服务员根据取衣牌号码,及时、准确地将衣帽取递给宾客。

(4)收台检查

在宾客离席的同时,服务员要检查台面上是否有未熄灭的烟头,是否有宾客遗留的物品。在宾客全部离去后立即清理台面。清理台面时,按先餐巾、香巾和银器,然后酒水杯、瓷器、刀叉筷子的顺序分类收拾。凡贵重餐具要当场清点。

(5)清理现场

各类开餐用具要按规定位置复位,重新摆放整齐。开餐现场重新布置恢复原样,以备下次使用。

(6)工作总结

大型宴会结束后,宴会部经理一般会召开总结会传递信息,并填写工作或管理日志,最后进行存档。

【案例分析】

真丝外套弄脏了

酒店会议中心西门子地铁开通庆典的晚宴,小李负责1号台的服务。宴会一直顺利进行,但到将近结束时,服务员已开始将台面的餐具撤换,准备上甜品、水果。此时也是该宴会的高潮,客人纷纷离座,三五成群地举杯畅饮。当时小李正在收撤餐具,刚走到餐桌与餐桌之间的过道上。她的托盘上已有一些餐具,有位女宾驻足在那里谈话。小李刚好手里拿着一个味碟,内有少许酱油。她刚想请女宾让一让,不料一转身手里的味碟的一滴酱油已倒在了那女宾名贵的泰国真丝外套上。小李马上道歉并拿小毛巾想为客人擦干净衣服。但女宾坚持不让小李擦她的衣服,并表示不要紧。但过了几分钟,客人对小李讲,要求第二天由酒店将她的衣服拿去洗涤部清洗。后来,领班小梁怕时间长衣服洗不掉污迹,便请客人马上将衣服交给酒店拿去清洗。但女宾坚持要宴会结束后才将衣服交给酒店。由于未能及时将衣服送洗,最后衣服送洗涤部清洗时未能将所有的污迹完全洗干净,令客人留下遗憾。

分析:

◇吸取此教训,如将客人的衣服弄脏,应马上诚恳道歉,然后及时处理,以免留下不必要的麻烦,令客人带着遗憾离开。

◇更要留意的是须努力使服务人员的操作技巧过关,并在操作时随时留意客人的动态和掌握好操作技巧,防止事故发生。

处理结果:

◇餐厅经理与小李向客人道歉,以期取得客人原谅。

◇以此事件作为经验教训,培训全体员工,务求所有员工明确顾客第一的意识。

◇加强员工的操作流程培训,务求服务中不出错,给客人提供最专业的服务。

◇将此事作为案例存档,供餐饮部培训学习,以避免日后再次发生同类事件。

4.3.2 西餐宴会服务

随着中国社会经济的发展,西餐已经成为中国宴会市场中不可或缺的补充。

西餐宴会是一种按照西方国家的宴会形式举办的宴会。它使用西餐餐具,按照西方人的饮食习惯摆放餐台,享用西式菜肴和酒水,在服务过程中遵循西方人的礼仪礼节,通常情况下服务规格较高,服务环节复杂。

1)餐前准备工作

(1)掌握情况,熟悉菜单

掌握情况,熟悉菜单具体内容参考中餐宴会的内容。

(2)台型设计与席位安排

①台型设计。宴会的台型设计要根据宴请活动的性质、形式、主办单位或主办人的具体要求、参加宴会的人数、宴会厅的形状和面积等因素来决定。西餐宴会一般使用长台,其他类型的餐台由小型餐台拼合而成,如"一"字台、"T"形台、"口"形台、"山"形台、"U"形台、"E"形台等。台型布局总的要求是左右对称、出入方便、整齐美观。

②席位安排。西餐宴会服务对象一般为主人、副主人、主宾、副主宾、翻译及其他陪同人员。西餐宴会主人的席位应正对餐厅入口处,其视线能纵观全厅。在一些国家和地区,尤其是在一些较为正式的宴会中,一般将主人和副主人席位相对安排在长台中间位置,其他宾客按顺序安排在主人和副主人左右,使全桌形成一个交谈中心,而又不至于冷落宾客。目前在许多重要的宴会中,将主宾的席位安排在主人的左侧,服务时先从主宾开始,顺时针方向服务,最后到主人位结束,以表示对宾客的尊重。

(3)准备桌椅

西餐宴会使用的餐桌可由方桌拼接而成,拼接的大小、形状应根据宴会的人数、宴会厅的形状和大小、服务的组织、宾客的要求来进行。在我国,西餐宴会餐台用圆形台面也较为普遍,因圆台的设计排列比较方便灵活。每个客人餐位所占的桌边距标准如下:经济型餐厅不少于60厘米;舒适型餐厅不少于75厘米;豪华型餐厅应在90厘米左右。餐椅放在每个餐位的正前方。

(4)摆设餐台

根据"宴会通知单"的要求布置餐厅,摆出台型,铺上台布,按列出的菜单摆放刀、叉餐具,餐具摆放得当,规格统一,按通知单的酒水要求摆放相应的酒水杯,台面中央放插花、烛台、胡椒盅、盐盅、牙签盅(3~4人1套)。

(5)准备工作台和服务物品

临时工作台根据人数、菜肴来准备。通常在工作台上备有咖啡具、茶具、冰水

壶、托盘、干净的烟灰缸、服务用刀、叉、勺等。准备间则准备面包篮、新鲜面包、黄油、酒水等。

(6)餐前检查

客人到达之前要对各项准备工作进行一次全面检查(具体检查内容参考中餐宴会的餐前检查)。

2)迎宾与引位工作

(1)热情迎宾

有礼貌地热情接待来宾,同时引领宾客到休息室休息。

(2)餐前鸡尾酒服务

在宴会开始前半小时或15分钟,通常在宴会厅门口为先到的客人提供鸡尾酒会式的酒水服务。由服务员托盘端上饮料、鸡尾酒,巡回请客人选用,茶几或小圆桌上备有虾片、干果仁等小吃。

(3)引客入席

待主宾或宴会开始时间到时请宾客入宴会厅,然后按宴会规定座次图把客人引入席。

(4)拉椅让座

同中餐宴会拉椅让座服务操作规范。

3)就餐服务

(1)黄油、面包服务

在宴会开始前几分钟摆上黄油,分派面包。

(2)开胃品服务

当宾客准备用开胃冷菜时,服务员应配好相应的酒水,当基本用完开胃品时就可撤盘,从主宾的位置开始撤,在宾客的右手方向用右手连同刀叉一并撤下。

(3)上汤服务

上汤时汤盘下应加垫盘,然后应从宾客的右手方向用左手把汤上到宾客面前。上汤的顺序是先女士后男宾再主人。

(4)主菜、色拉服务

上鱼虾海鲜菜肴前,先撤下汤盘和汤匙,为宾客斟好白葡萄酒,然后上菜。主菜上桌之前,先为宾客斟倒红葡萄酒。

(5)点心服务

吃点心用的餐具要根据点心的品种而定。吃点心时若主人讲话,此时应上香槟酒,斟香槟酒一定要在上点心或宾客讲话之前全部斟好,以方便宾客举杯祝酒。

(6)干酪、水果服务

先撤下桌上除酒杯以外的餐具,然后摆好甜品叉匙。水果要摆在水果盘里,跟着上洗手盅和水果刀叉。

(7)上咖啡或茶

放好糖缸、淡奶壶,每位宾客右手边放咖啡或茶具,然后拿咖啡壶或茶壶依次斟上。有些高档宴会需推酒水车送餐后酒和雪茄。

(8)撤盘上菜

每上一道菜前,应先将用完的前一道菜的餐具撤下。

4)收尾工作

(1)结账

宴会接近尾声时,清点所有的饮料,如果收费标准不包括饮料费用则要立即开出所耗用的饮料订单,交收款员算出总账单。宴会结束时,宴请的主人或助手负责结账,一般不签单,而以现金、支票或信用卡的方式结账。

(2)送客

当宾客起身离座时,应为其拉椅,检查是否有遗留物品,送宾客至宴会厅门口,欢迎宾客下次光临。

(3)结束工作

送完客人后,服务员要及时检查台面、地面是否有未熄灭的烟头,然后按顺序收拾餐桌,整理餐厅和休息室。

(4)工作总结

大型宴会结束后,宴会部经理一般会召开总结会传递信息,并填写工作或管理日志,最后进行存档。

4.3.3　冷餐会服务

冷餐酒会又称自助餐会,是当今较流行的服务方式,适用于会议用餐、团队用餐和各种大型活动。冷餐会一般有设座和立式两种就餐形式。不设座的立式就餐可以在有限的空间里容纳更多的宾客，而且气氛活跃。设座冷餐会的规格较立式高。冷餐会的服务规范体现在以下几方面：

1) 餐前准备工作

(1) 布置会场

从"宴会通知单"上了解参加人数、酒会形式、台形设计、菜肴品种、布置主题等事项。餐桌在摆放时要突出主桌，预留通道。环境布置应围绕宴会主题进行，如元旦、周年庆典、圣诞节、婚礼等。

(2) 食台的摆设和布置

食台的摆设形式多种多样，除了设完整的自助餐台外，也可将一些特色菜分列出来，如色拉台、甜品台、切割烧烤肉类的肉车等。食品台的摆设应方便宾客迅速顺利选取菜肴，考虑宾客流动方向安排取菜顺序。

布置食台时，先在餐台上铺台布，台子四周围桌裙，台中央可布置冰雕、雕刻、鲜花、水果等装饰物点缀，以烘托气氛，增加立体感。

(3) 致辞台和签到台准备

致辞台一般设在靠墙边的中央位置，以便能环视整个宴会厅。签到台一般设在宴会厅门外一侧，应根据主办方要求备好签到簿和笔。

(4) 餐用具准备

宾客就餐的餐桌应摆放头盘用小号刀叉、汤勺、餐刀、餐叉、甜点叉、面包盘、黄油刀、餐巾、胡椒和盐瓶、桌号、鲜花、烛台等。

(5) 菜肴及其他用品的摆放

①宾客盛菜用盘整齐地放在自助餐台最前端，立式自助餐台应附有杯托架、餐刀、餐叉、餐巾等用具。

②色拉、开胃品和其他冷菜放在人流首先能取到的一端，摆放时图案新颖美观。接着摆热蔬菜、肉类菜、其他热主菜，菜肴的配汁与菜肴摆在一起。热菜通常要用保暖锅保温。

③甜品、水果一般是单独设台摆放，也可放在主菜的后面即人流最后取到的一端。

(6) 酒水准备

吧台调酒师应在酒会前10分钟斟倒好酒水，份数应比来宾人数略多，以便客人进入宴会厅后能每人有一杯酒水,斟好的酒水呈方形整齐地分类排列在吧台上。

（7）其他准备

其他准备主要有做好衣帽间准备,打开所有灯光,播放背景音乐,调试好音响,控制好宴会厅室温,检查仪表仪容等,并各就各位,面带微笑、精神饱满地恭候客人的到来。

2）迎宾服务

在酒会开始前半小时或 15 分钟,一般在宴会厅门外大厅或走廊为先到的宾客提供鸡尾酒、饮料和简单小吃,直到酒会时间将到,才请宾客进入宴会厅。

3）就餐服务

除了主桌常设座席卡外,其他客桌用桌花区别,由宾客自由选择入座,服务员为每位宾客斟倒冰水,询问是否需要饮料。主办单位等全部宾客就座后致辞,祝酒宣布酒会正式开始。较高档的座式冷餐会中的开胃品和汤则常由服务员送到餐桌上,而面包、黄油是提前派好的。

（1）自助餐台服务

自助餐台应有厨师值台,负责向宾客介绍、推荐、夹送菜肴,分切肉车上的大块烤肉,及时更换和添加菜肴,检查食品温度,回答宾客提问。

（2）席间服务

服务员要随时接受宾客点用饮料,并负责送上餐桌或宾客手中;巡视服务区域,随时换烟灰缸,撤送空盘。

4）结尾收尾工作

（1）结账

宴会接近尾声时清点酒水,核实人数,协助收款员打出账单,按规定办理结账手续。

（2）送客

同西餐宴会送客服务规范。

（3）收尾

酒会结束后,厨师负责将余下的菜肴全部撤回厨房按规定处理。服务员负责

清理餐台、食品台,将用过的餐具、物品交洗涤间,由宴会负责人写出"酒会服务报告"备案。

4.3.4　鸡尾酒会服务

鸡尾酒会是较流行的社交、聚会的宴请方式。举办鸡尾酒会简单而实用,热闹、欢愉且又适用于不同场合。无论隆重、严肃或不拘礼节均可采用。它不需豪华设备,可以在任何时候举行,与会者不分高低贵贱,气氛热烈而不拘泥。从酒会主题来看,多是欢聚、庆祝、纪念、告别、开业典礼等。鸡尾酒会的服务规范体现在以下几方面:

1)准备工作

根据"宴请通知单"的具体细节要求摆放台形、桌椅,准备所需的各种设备,如立式麦克风、横幅等。

(1)吧台

鸡尾酒会临时设的酒吧台由酒吧服务员负责在酒会前准备好。根据通知单上的"酒水需要"栏准备各种规定的酒水、冰块、调酒用具和足够数量的玻璃杯具等。

(2)食品台

将足够数量(一般是到席人数的三倍数量)的甜品盘、小叉、小勺放在食品台的一端或两端,中间陈列小吃、菜肴。高级鸡尾酒会还准备肉车为宾客切割牛柳、火腿等。

(3)小桌、椅子

小桌摆放在餐厅四周,桌上置花瓶、餐巾纸、烟灰缸、牙签盅等物品,少量椅子靠墙放置。

(4)酒会前分工

宴会厅主管根据酒会规模配备服务人员,一般以一人服务 10～15 位宾客的比例配员。专人负责托送酒水,照管和托送菜点及调配鸡尾酒,提供各种饮料。

2)服务工作

鸡尾酒会开始后,每个岗位的服务人员都应尽自己所能为宾客提供尽善尽美的服务。

①负责托送酒水的服务员,用托盘托送斟好酒水的杯子,自始至终在宾客中巡回,由宾客自己选择托盘上的酒水或另外点订鸡尾酒,每杯饮料附上口纸一张。

②负责菜点的服务员要保证有足够数量的盘碟、勺、叉,帮助老年宾客取食,添加点心菜肴,必要时用托盘托送特色点心,负责回收小桌上的空盘、废牙签、脏口纸等并送往洗涤间。

③吧台服务员负责斟倒酒水和调配宾客所点鸡尾酒,在收费标准内保证供应。

3)结束工作

宾客结账离去后,服务员负责撤掉所有的物品。余下的酒品收回酒吧存放,脏餐具送洗涤间,干净餐具送工作间,撤下台布,收起桌裙,为下一餐做好准备。

4.3.5 自助餐服务

自助餐服务与冷餐酒会、鸡尾酒会服务相似。

任务4 宴会厅拓展知识

【任务目标】
1.认识宴会服务常用的各种文书与表单。
2.掌握宴会服务管理的要点。
3.知晓中国宴会的发展趋势。

【任务执行】

4.4.1 宴会厅服务常用文书与表单

表4.9 宴会洽谈表

客 户:		客户代表:	
联系电话:		联系电话:	
联系地址:		联系地址:	
宴会类别:		宴会时间:	
宴会人数: 桌, 人。		宴会场地:	

续表

宴会标准： 菜品　价格　元； 饮料　价格　元； 酒水　价格　元； 其他　价格　元； 共计：　　　　元。	备注：		
餐厅经办人：			

表 4.10　一般性小型宴会预订单

宴会日期		时　间	
联系人姓名		电　话	
地　址			
人数或桌数		每人(台)标准	
有何忌食			
宴会厅要求			
付款方式		预收定金	
处理情况			
预订日期		承办人	

表 4.11　大型、中型宴会预订单

预订日期		预订人姓名	
地　址		电　话	
单　位		地　址	
宴会名称		宴会类别	
预算人数		保证人/桌数	
宴会费用标准		食品人均费用	
		酒水人均费用	

续表

具体要求	宴会菜单			
	宴会布置	台型		
		主桌型		
		场地		
确认签字		结账套式	预收定金	
处　理		承办人		

表 4.12　宴会合约书

宴会日期：　　　年　　月　　日

宾客姓名：　　　　联系电话及地址：

付款人姓名：　　　联系电话及地址：

租用餐厅：

服务费用：

订餐桌数：　　　保证人数：

餐价合计：　　　定金：

付款方式：

买单内容：

宴会摆设及相关事项：

　餐厅：

　宾客签名：　　　　　　　　　　　年　　月　　日

表 4.13　宴会订单(一)

编号：　　　　　年　　月　　日　星期　(午)(晚)

楼　层	厅　房	主办单位或主办人	人数和桌数	开宴时间	宴会管理
制表人				审　定	
分送部门					

表 4.14　宴会订单(二)

客人名称:		
公司名称:		
电话:		
地址:		
宴会性质		日期与时间:
地　点		
预算人数		保证人数:
结账方式		
每位价目(食物)		餐单:
每席价目(食物)		
每位价目(饮品)		
每席价目(饮品)		
酒　水		
摆设和服务要求		
设备要求		
其他安排及收费		
指示牌		
联络人		电　话
备　注		

表 4.15　宴会预订周汇总表

日期 星期	时间	地点	主办单位	重要客人	人数	标准	酒水	工作餐	特殊要求	变更情况	联系人
月 日 星期一											
月 日 星期二											
月 日 星期三											
月 日 星期四											
月 日 星期五											
月 日 星期六											
月 日 星期日											

表4.16 宴会订单记录表

编 号：

预订人名称		电 话		菜 单
主办单位		主办人		
宴会人数		重要客人		
宴会日期		时 间		
每人标准		场 租		
形 式		休息室		
地 点		司 陪		
酒水要求		乐 队		
烈性酒		音 响		
葡萄酒		麦克风		
软饮料		鲜 花		
台 型		特殊要求		
付款方式		接洽人签字		
接洽日期		经手人		

表4.17 宴会变更通知单

发文日期： 年 月 日	
宴会名称：	
日期：	场地：
联络人：	电话：
变更项目 原案 修订为 日期 时间 人数/桌数 场地 餐费	
□其他变更项目 □增加项目 宴会销售组：	
□总经理 □餐饮部 □宴会部 □财务部 □工程部 □西 厨 □信用部 □饮务部 □餐务部 □保安部 □采购部 □中 厨 □花 房 □美工冰雕 □前厅部	

表4.18　宴会部容量使用表

容量 厅别	宴 会				会 议			面 积			室内 挑高 /米
	中式 宴会 （桌数）	自助餐 （人数）	鸡尾 酒会 （人数）	舞会 （桌数）	U字 形（人 数）	教室 型（人 数）	剧院 型（人 数）	长度 /米	宽度 /米	总面积 /平方 米	
A 厅											
B 厅											
C 厅											
D 厅											

注:此容量表为最大容量,舞台不包括在内。

表4.19　宴会厅租金价目一览表

时间 厅别	08：30— 12：00	13：00— 16：30	18：10— 21：30	08：30— 16：30	08：30— 22：00	面积 /平方米
A厅						
B厅						
C厅						
D厅						

注:以上所有场租需另加10%服务费。

4.4.2　宴会服务管理要点

宴会服务质量管理的内容一般来说包括设施质量、产品质量和劳务质量三部分的管理。设施质量和产品质量是有形的,它们是劳务质量的依托。劳务质量则是无形的,它是服务水平的具体表现,是适合和满足顾客心理需要程度的重要内容。

(1)宴会环境、设施的管理

宴会部充分利用服务设施和环境来为客人服务,宴会部的各种设备和举宴环境水平如何,是否始终处于完好状态,是实现优质服务的先决条件。设施环境的好坏是宴会举办成功的基本条件。因此,宴会部应对设施环境加强管理,保证设施完好运转,环境始终处于良好状态。

(2)宴会的食品质量管理

宴会的食品质量管理就是依照烹饪菜肴的"色、味、香、形、器"和保持菜肴营养卫生的基本要求进行管理,要在产品保持特色和创新上加强管理。也就是说,任何宴会部的产品质量管理肩负着继续保持传统的名菜名点,并不断推出新的菜点的重任。

(3)宴会部的劳务质量管理

宴会部的劳务质量管理就是对宴会服务过程中服务态度、服务技艺、服务方式、仪表风度、服务工作效率和安全等方面的管理。

①服务态度包括宴会服务时应有的仪态、举止,它是宴会部全面质量管理的重要方面。它的基本要求是:接待客人时语言和气,举止文明大方,热情为客人提供各种服务,并虚心听取客人的意见。

②服务技艺即接待客人时应运用的服务技术知识、技术水平的熟练程度,它是服务质量的技术保证。它的基本要求是:熟悉本岗位业务知识,掌握服务操作规程,善于把握顾客心理,熟悉各地区、各民族顾客的风俗习惯,具备较强的应变能力。

③服务方式即劳务质量的外部形式,它的基本要求是:最大限度地满足客人对宴会的各种物质需求和精神需求。宴会部必须把改进服务方式和增加服务项目结合起来。要根据不同地区、不同季节和不同客人的风俗习惯,并结合企业的经营特点,设立适合客人需要的各种服务项目。每一个服务项目都要根据实际需要运用恰当的服务方式,以促进消费,提高服务质量。

④仪表风度即服务人员的衣着打扮、精神面貌,它是劳务质量的重要组成部分。服务人员在宴会经营服务过程中是面对面为客人提供服务的,仪表风度是首先映入客人眼帘的第一形象,给接受宴会服务的客人留下一个很深刻的印象。它的基本要求是:精神振作,仪表端庄,衣冠整洁。

⑤服务工作效率指在坚持一定服务标准的前提下,服务人员所消耗的劳动量与劳动效果的比率,它是衡量宴会服务水平的重要标准,也是衡量服务人员实际能力的标准。它的基本要求是:快速有效地为客人提供优质服务。宴会服务

必须不断地提高服务工作效率,才能受到客人的欢迎。

4.4.3　中国宴会的发展趋势

宴会改革是宴会发展过程中的必然趋势,宴会艺术从其产生直至现代化的今天,已经经历了变革、创新、规范、再变革、再创新、再规范的演变和发展。21世纪的今天,是加快改革、扩大开放、加速经济发展、开拓前进的时代,这也必然冲击着生活领域要改革,宴会也要改革,那些陈旧的传统观念和不科学、不合理的生活方式都要进行革新。从人类饮食文明的发展轨迹来看,当人类已完全解决温饱和达到"小康"生活水平后,饮食的质量不再是权力、地位、金钱的象征;饮食的功能应回到其本来的轨道,其社会功能应是人类生存、繁衍、发展的需要,其个体功能是人们保健、社交、娱乐的需要,这对提高人们的身体素质,使之有更加充沛的精力,去从事社会主义物质文明和精神文明建设,具有十分重要的战略意义。宴会发展的大致趋势如下:

(1)宴会的营养化、卫生化趋势

今后,营养科学会更多地被引入烹饪领域,宴会的饮食结构向营养化发展,更趋合理、科学,绿色食品会越来越多地在宴会餐桌上出现。暴饮、暴食、酗酒、斗酒这类不文明的饮食行为会被人们逐渐认识其危害性而舍弃。宴会的营养化趋势具体表现形式主要是根据国际、国内的科学饮食标准设计宴会菜肴,提倡根据就餐人数实际需要来设计宴会,要求用料广博,荤素调剂,营养配备全面,菜点组合科学,在原料的选用、食品的配置、宴会的格局上,都要符合平衡膳食的要求。

宴会的卫生趋势主要是由集餐趋向分餐,许多酒店已注意到这方面问题,采用"各客式""自选式"和"分食制",许多高档宴会的上菜基本都是分餐各客制,既卫生又高雅。

(2)宴会的节俭化、精致化趋势

宴会反映一个民族的文化素质,量力而行的宴会新风会被更多的社会各阶层人士所接受、提倡以至蔚然成风。上万元一桌的"豪门宴",菜肴中包金镶银的奢靡之风乃至捕杀国家明令禁止的野生动物的违法行为会得到有效遏制。奢侈将成为历史,提供"物有所值"的宴会产品是未来的主流。讲排场、摆阔气、相互攀比的"高消费"不正之风会随着社会主义"双文明"建设的发展而逐步消亡。

宴会的精致化趋势是指菜点的数量与质量。新式宴会设计要讲究实惠,力戒追求排场,既应适当控制菜点的数量与用量,防止堆盘叠碗的现象,又需改进烹调技艺,使菜肴精益求精,重视口味与质地,避免粗制滥造。

（3）宴会的形式多样化、风味特色化趋势

所谓多样化,即宴会的形式会因人、因时、因地而宜,显现需求的多样化,而宴会因适合这种需求而出现各种的形式。

特色化趋势使宴会有地方风情和民族特色,即能反映某酒店、地区、城市、国家、民族所具有的地域、文化、民族特色,使宴会呈现精彩纷呈、百花齐放的局面。如对待外地宾客,在兼顾其口味嗜好的同时,适当安排本地名菜,发挥烹调技术专长,显示独特风韵,以达到出奇制胜的效果。

（4）宴会的美境化、食趣化趋势

宴会的美境化趋势主要是指设宴处的外观环境和室内环境布置两个方面。人们特别关注室内环境的布置美,关心宴会的意境和气氛是否符合宴会的主题。诸如宴会厅的选用,场面气氛的控制,时间节奏的掌握,空间布局的安排,餐桌的摆放,台面的布置,台花的设计,环境的装点,服务员的服饰,餐具的配套,菜肴的搭配等都要紧紧围绕宴会主题来进行,力求创造理想的宴会艺术境界,给宾客以美的艺术享受。

宴会的食趣化趋势是注重礼仪,强化宴会情趣,提高服务质量,体现中华民族饮食文化的风采,能够陶冶情操,净化心灵。如进食时播放音乐,有时也观看舞蹈表演或跳舞,盛大宴会有时还边吃边喝、边看歌舞表演节目。音乐、舞蹈、绘画等艺术形式都将成为现代宴会乃至未来宴会不可缺少的重要部分。

（5）宴会的快速化、自然化、国际化趋势

快速化,即宴会所使用的原料或某些菜肴,会更多地采用集约化生产方式,半成品乃至成品会出现在宴会的餐桌上。

自然化,即宴会的地点、场所会进一步向大自然靠拢,举办的场所可能会选择在室外的湖边、草地上、树林里,即使在室内,也要求布置更多的绿叶、花卉来体现自然环境,让人们感受大自然的温馨,满足人们对回归自然的渴望。

烹饪文化的国际交流给中国饮食文化的发展带来新的活力。宴会的国际化,即宴会的形式会更向国际标准靠拢,同国际水平接轨,这是改革开放、东西方烹饪文化交流的必然结果,也是迎合各国旅游者、商务客户需要的市场自然选择。

总之,热情好客必将被态度诚恳、彬彬有礼所代替,而强调进餐环境、宴会气氛和服务水准,更加节俭、文明、实效、典雅的新型宴会观念将会成为社会发展趋势。

【项目评价】

【知识评价】

1. 简述宴会厅经理、领班、预订员、服务员的岗位职责。

2. 简述宴会的特征。

3. 简述中餐宴会、西餐宴会的服务规范。

4. 简述鸡尾酒会、冷餐会的服务规范。

【技能评价】

项目1：安排学生参观当地酒店并收集资料，进一步了解中西宴会菜肴格局。

项目2：组织学生观摩国家、省、市以及系餐饮服务专业技能大赛或观看比赛录像。

项目3：宴会预订操作训练。

项目4：根据宴会性质，制订中餐宴会、西餐宴会、鸡尾酒会、冷餐会等服务方案，具体包括场地布置、台形设计、菜单设计。

项目5：设置模拟场景，分组进行各式宴会服务程序，具体包括餐前预订、迎宾服务、就餐服务以及结账送客服务等服务项目模拟训练。

项目6：通过工学交替，到校外实训基地进行短期实地训练，培养其优质服务能力，并形成良好的职业习惯。

模块3　　餐饮部管理

项目5
餐饮原料管理

【项目目标】

知晓食品原料采购、验收及储存的全过程,学会利用各种手段来做好餐饮成本控制工作;掌握餐饮原料验收、库存、发放的管理方法和管理程序,培养学生对食品原料采购、验收、储藏、发放等工作的管理能力。

【项目任务】

任务1:采购和验收管理

任务2:储存和发放管理

【引导案例】

采购与验收的规范管理

北京某酒店采购部经理遇到采购管理中一个常见的问题——采购工作与验收工作产生矛盾,常常是公说公有理,婆说婆有理。于是,酒店将采购和收货完全分开,实行规范化管理。具体措施如下:

一、采购管理

食品的请购单需由使用部门专人填写,以确定数量和规格,而采购员报质量和价格,再由主管经理批准执行。

(一)统一采购标准,并且以书面形式确定下来。

采购标准的文字说明必须清楚明了,不能似是而非。这些标准将作为收货依据。该标准包括品名、规格、质量、价格、供应的方式与时间、结算的方式与时间、达不到标准的处理办法等。由于控制了规格和质量,即使经办人出差或生病,其他人顶替也可按此程序操作,不至于因人而异。

(二)合理认定价格。

物价是多变的,如蔬菜价格一天三变,早中晚都在变。酒店每周一派两位采购员去北京三个最大的农贸批发市场,把菜价摸清楚,综合三家,取出平均价,就是酒店每星期的收货定价,这样相对来说成本在一周内稳定。由于酒店需要的菜肴原材料质量要求较高,如白菜,收购时须剥掉菜帮,所以价格在原价上略微上调。这样做是因为酒店劳动力成本较高,减少加工劳力,总成本也相应降下来了。

(三)每天填写工作日记。

日记内容包括一天的市场情况、工作情况、上哪儿去了、干什么了等。工作日记每周由主管经理审阅,以此来了解员工的工作内容和成效,便于考核。有一次,定点厂罐头无货,采购员临时找了另一家去买,有人举报说他为了回扣而改选厂家。采购部根据日记上的记录,得知是5月2日的事,去定点厂里调查,了解到这一天厂里的确无货,而且进的罐头价格不一样是因为渠道不一样,外包装不同。

(四)根据行情定采购量。

采购员要经常进行市场调研,提供数据,这样工作量是大了,但有利于降低成本。比如,市场调研后,知道哪些要涨价,就应多采购一些作为储存;哪些要跌,则少购进,只要满足当前甚至应付当天即可。同时,酒店保证手上至少握有两个供应厂家,并且有意让对方知道酒店有多家供应商,这样可以有一个比较,也可以牵制对方,使生产厂家不敢马虎。

二、验收管理

酒店采购部规定,如果收货组认为不合格,采购人员不能说情。当然,收货组的人也不能建议采购员去某某地方采购。收货后必须制表,哪个厂家、什么货物、是哪个部门使用、多少钱,然后输入电脑。实行电脑管理,对每日、每月酒店所需的物资购进、验收等情况进行汇总制表、归调,这样做的好处之一就是库存多少一目了然。

收货合格后,营业部门在使用时如果发现有质量问题,那就是收货组的责任。当然,营业部门也不能简单地否定收货组的工作。有一次,厨房发现采购来的猪肉颜色不对,认定猪肉不是现杀的,而是经过了较长时间的冷冻。收货组对此进行了很细致的解释工作,他们请厨师长去肉联加工厂看猪肉生产流程。参观后厨师长才知道,宰猪后有一道恒温排酸工艺,猪肉在恒温室里停留3~4个小时,然后才能出厂,这比个体户现杀现卖更科学。有些冷冻成块的货物只有融

化后才能验收。

任务 1 采购和验收管理

【任务目标】
1. 理解采购的职能。
2. 知道餐饮原料采购的程序。
3. 能控制餐饮原料采购的方式和数量。
4. 能熟练进行餐饮原料验收。

【任务执行】

成本控制的首要环节是原料采购。原料成本在餐饮收入中所占比例较大，有时甚至会超过50%。如若采购不慎，就会使得经营陷入窘境。采购成本的下降，就会带来税前净利润的明显增加。原料成本占营业额比例越大的企业，这种效果越明显。其次，原料采购直接影响了餐饮产品质量。原料质量不合格，厨师加工的菜肴质量就会不合格，达不到顾客的要求，进而导致顾客投诉。最后，原料采购为餐饮生产提供了物质保证。采购部门要根据企业的生产和销售的要求，准确、及时地提供各种原料，确保企业正常经营。

5.1.1 餐饮部采购管理

1）采购管理的组织形式

（1）餐饮部独立采购

有的酒店由餐饮部负责所有餐饮原料的采购工作，餐饮部设专职采购员，采购员随时向餐饮部负责人汇报工作。另外，餐饮部和采购部也可以分工采购，由餐饮部负责鲜活原料或一些临时的、应急的原料采购，采购部负责可存储原料和其他物品的采购。无论如何，采购员的采购活动都要接受采购部和上级财务部的监督和检查。

这种方式有利于根据餐饮业务情况，灵活及时地采购，更加符合原料质量标准和使用要求；但不利于监管和控制，容易出现财务漏洞。

（2）采购部统一采购

对于一个大型酒店来说，一般在财务部下设专门的采购部，相当于酒店中的一个二级部门,负责酒店全部物资的采购。采购部中一般设置专人负责餐饮原料采购,并向采购部负责人汇报工作。餐饮部只是提出采购的申请和要求,由采购部统一采购。

该方式有利于酒店整体的统一管理和控制,有利于采购制度和程序的执行,采购时比较规范,采购成本、采购资金的管理比较严格;但采购周期较长,灵活性、便利性不足,不适合餐饮生产和销售灵活多变的特点,有时显得过于僵化。

(3)集团统一采购

对于酒店集团而言,为了降低成本、提高竞争力,一般倾向于采用统一采购的方式,有时还对成员企业提供统一配送服务。一般来说,在集团总部会有一个采购部,代表成员企业统一对外进行采购,包括联系供应商、谈判、签订合同、付款等,各个成员企业也会设置自己的采购部,负责统一采购以外的采购工作,也包括与总部的联系和沟通等。

这种方式有利于降低采购成本,提高采购效率,减少了中间环节,减少谈判、签订合同等交易费用,还适合于一些专用原料、特殊原料的定制;但由于成员酒店较多,可能会出现内部采购程序复杂、灵活性不足的问题。

此外,在一些大的集团中,刚开始是由集团采购部统一采购,但当集团发展壮大后,不得不下放采购权,许多成员企业开始自行采购。特别是在特许经营、合同管理的企业中,成员企业不满意统一采购而自行采购的情况很普遍。各个企业的分散采购削弱了集中采购带来的价格、质量和运输等优势,同时也对供应商的管理造成了困难。在一个集团中,可能出现在同一家供应商处采购同种产品,集团采购部及成员企业的采购价格不同的情况,反倒让供应商得利。

2) 常见的采购方式

餐饮部的采购方式并不仅仅是拿起电话订货的一个简单动作,它取决于市场供应、餐饮规模和业务特色。选择合适的采购模式,能最大可能地节约采购成本,保证采购目的的达到。一般而言,常见的采购方式有以下几种:

(1)直接市场采购

对大多数中、小餐饮企业而言,采购员往往拿着现金直接在食品市场或农贸市场进行交易。此种方法虽然未必能得到最优惠的价格,但是库存可以降至最低,原材料的新鲜程度可得到保障。

(2)供应商报价采购

对于供货次数频繁的生鲜食品原材料,往往由采购部门将其列成表单,要求供应商(至少是三个)报价,然后选择其中原材料质量适宜、价格最优的供货单位,通常还要求供货商在送货时自动清点存货,以保证存量的合理性。

(3)直接至产地采购

此方式一方面可以保证原材料的新鲜度,另外容易取得较低的价格。直接去原料产地或集散地采购,如有的海鲜餐厅直接到渔港与船主交易,更有大型餐饮企业自己在城郊建立原材料基地,如养鸡场、鱼塘等。

(4)招标采购

招标采购是大型餐饮企业、集团公司等企业对大宗货物进行采购时采用的规范化的采购方法。采购单位以投标邀请的形式将需采购的原材料名称及规格标准寄给有能力的供货单位,由后者进行报价投标。招标采购能以合理的价格购进原料,杜绝徇私舞弊和个人影响因素,使供应商的选择更加透明。但由于该方式要求企业与供应商签订采购合同,不利于企业在合同期间更换供应商,另寻采购价格更低、质量更好的原料。

(5)"一次停靠"采购

餐饮原材料的品种繁多,供货渠道各异,各个供应商对同一种原材料的报价有高有低,如果酒店仅以最低报价为依据决定向谁购买,势必花大量的人力、时间处理票据和验收进货。为减少采购、验收和财务处理的成本费用,酒店将原材料进行归类,同类原材料向一个综合报价较低的供应商购买。

(6)其他采购方式

两家以上的餐饮企业,联合采购某些同标准的原材料,以取得供应商的批发价优惠,可以把它称为联合采购;某些酒店集团或联号,建有地区性采购办公室,为旗下同属该地区的酒店集中采购,等等。

3)采购的运作程序

原材料采购过程中涉及餐饮部门内外多个岗位,因此要制定一套有效的运作程序,保证工作流程的正常运转。

(1)递交请购单

订货要求由厨房和仓库通过采购申请单向采购部门提出。厨房的订货品种是不要储存的食品,通常为鲜活原材料,而仓库订购的是需储存保管的食品。仓库保管员在某种原材料的现存量低于规定的数量时,提出采购申请,将请购单送交采购部门。

（2）处理请购单

采购部门收到订货申请后，采购部门组织人员将请购单分类、分工，然后开出正式的订购单，向供货单位订货，同时给验收部门一份副本，以备收货时核对。

（3）实施采购

选择最佳供货商进行采购，在实施采购中主要做好验收工作，在验收工作中，要求验收人员根据验收程序，按验收标准进行验收，同时做好验收记录，并要求供应商签字确认。当货物运到酒店后，由验收部门对照订购单和原材料规格标准，对货物的品种、数量、价格、质量进行验收，对厨房订购的新鲜食品应立即通知厨房通过申领手续领出，其他原材料填单后入库。

（4）处理票据，支付货款

验收完毕后，验收员还应开具验收单，在供货发票上签字，并将供货发票、原材料订购单、验收单一起交采购部，然后转财务部审核后支付货款。

4）原料采购质量、数量和价格控制

（1）原料采购质量控制

①质量标准。

要保证餐饮产品的质量标准，使用的原料质量也应符合标准。原料的质量是指原料符合餐饮生产要求的程度，越符合使用要求，质量也就越高。当然，从成本方面来考虑，质量标准最好不超过使用要求，因为质量标准越高的原料，其成本也就越高，对企业的经营不利。例如，做肉馅的时候，选择一般的部位即可，如果用里脊肉则会增加成本，但效果并不明显。

②采购规格书。

原料的采购质量主要由采购规划书来控制。采购规格书是以书面的形式对要采购的餐饮原料进行质量、规格、产地、包装等方面的详细说明，实际相当于原料的采购标准。一份实用、准确的采购规格书，可以成为订货的依据、供货和验收的标准。采购部员工应与厨房员工等密切配合，列出本企业常用的食品原料的质量要求。

采购规格书一般包括以下基本内容：

A. 原料的具体名称。可以是产品通用名称或常用商业名称，但不能简单地说需要采购猪肉，必须指明猪肉具体的部位。

B. 原料的基本用途。一般由厨房员工提出原料用途，这样采购部门就清楚某一原料的采购是否合适和必要。例如，在采购猪骨时，需要指明是用于煲汤，

还是作为骨架来销售。

C.原料的品牌与质量等级。品牌是指具体的生产加工企业或商标,等级指公认的商业等级或当地通用的等级,它们对原料的价格和质量都会有影响。

D.原料的规格、包装与产地。规格包括尺寸、形状、重量等。包装包括包装材料、容器尺寸、原料数量等,这些往往与等级相关,还会影响到运输和储存。例如,厨房使用的色拉油往往是大桶包装的单价更便宜,但等级可能较低。

(2)原料采购数量控制

①影响餐饮原料采购数量的因素。

餐饮原料的采购数量是餐饮采购控制的重要环节。由于餐饮采购数量直接影响餐饮成本的构成和餐饮成本的数额,因此,餐厅和厨房的管理人员应当根据该店的经营策略,制定合理的采购数量。通常,原料采购数量受以下诸多因素的影响:

A.产品的销售量。当菜品的销售量增加时,食品原料的采购量也要相应地增加。

B.食品原料的特点。各种食品原料都有自己的特点,它们的储存期也不相同,新鲜的水果、蔬菜,鸡蛋和奶制品的储存期都很短。粮食、香料等干货原料储存期都比较长。某些可以冷冻保存的食品原料可以储存数天至数月。

C.储存条件。要根据仓储空间以及技术水平来确定采购量。

D.市场供应。对于供应受季节等因素影响的原料的采购,要灵活调整采购的方式、采购量等。

E.酒店财务状况。企业财务状况的好坏也影响着采购数量。经营较好时,企业可以适当增加采购数量,而资金紧缺时,企业则应精打细算,适当减少采购数量,加速周转。

F.采购地点。采购地点的远近对采购数量也有影响。如果采购地点较远,可以增加批量,减少批次,这样可以节省采购费用,防止原料断档;如果采购地点较近,采购方便,则可以减少批量。

G.标准库存量。根据各类食品原料的需求量制定仓库的标准储存量。

H.其他因素。供货单位规定的最低金额,或最小重量及包装也会影响采购数量。餐饮原料消耗的稳定性等,这种消耗速度不稳定的餐饮原料,应保持较多的存货,以防断档。

②鲜活原材料采购的数量控制。

新鲜的奶制品、蔬菜、水果及活的水产品等原料应在当天使用,这样,既可以保持食品原料的新鲜度,又减少了原料的损耗。因而,鲜活原料的采购频率较大,需要每日采购。采购方法是根据实际的使用量采购,要求采购员每日检查库存的余量或根据厨房及仓库的订单采购。每日库存量的检查可采用实物清点与观察估计相结合的办法。对价值高的原材料应清点实际存量;对价值低的原料只估计大约数就可以。为了方便采购,采购员将每日应采购的鲜活原料编制成采购单。采购单上应列出鲜活原料的名称、规格、需采购量等,有时还要加上供应商的报价,交与供应商。

鲜活原材料必须遵循先消耗再进货的原则,因此,要确定某种原材料的当次采购量,必须先掌握该原材料的现有库存量(通常在厨房反映出来),并根据营业预测,决定下一营业周期所需要的原材料数量,然后计算出应采购的数量。实际操作中,可以选用以下的方法:

A. 日常采购法。

日常采购法适用于采购消耗量变化大、有效保存期较短因而必须经常采购的鲜活原材料。每次采购的数量用公式表示为:

$$应采购数量 = 需使用数量 - 现有数量$$

需使用数量是指在进货间隔期内(如3天)对某种原材料的需要量。它要根据客情进行预测,由行政总厨或餐饮部经理决定。在确定该数字时,还要综合考虑特殊餐饮活动、节假日客源变化、天气情况等加以适当调整。现有数量是指某种原材料的库存数量,它通过实地盘存加以确定。应采购数量是指需使用量与现存量之差。因为鲜活原材料采购次数频繁,有的几乎每天进行,而且往往在当地采购,所以一般不必考虑保险储备量。

日常采购原材料往往可以用酒店自行设计的"市场订货单"表示,如表5.1所示。表中的原材料名称可以事先打印好,以免每次重复填写,其余几栏则要在每次订货时根据需使用数量和现有存量的实际情况填写。

表5.1 某酒店市场订货单

年　　月　　日

原料名称	需使用量	现有存量	需采购量	市场参考报价		
				甲	乙	丙
花菜						
芹菜						
西红柿						
土豆						
青椒						
茄子						
…						

B.长期订货法。

在鲜活类食品原材料中,某些品种的原材料每日的消耗量变化不大,而且其本身的单位价值不是很高。对这些原材料没有必要每天填写采购单,因而酒店往往采用长期订货法。长期订货法一般可采用两种形式:其一是酒店与某一供应商签订合约,由供应商以固定的价格每天或每隔数天向酒店供应规定数量的某种或某几种原材料,直到酒店或供应商感到有必要改变已有供应合约时再重新协商;其二是要求供应商每天或每隔数天把酒店的某种或某几种原材料补充到一定数量,酒店对有关原材料逐一确定最高储备量,由酒店或供应商盘点进货日的现存量,以最高储备量减去现存量得出当日需购数量。

长期订货法也可用于某些消耗量较大而需要经常补充的酒店物资(如餐巾纸)的采购。因为这些物品如大量储存,会占用很大的仓库面积,不如由供应商定期送货来得更有效率。

(3)干货及可冷冻储存原材料采购的数量控制

干货原材料属于不容易变质的食品原材料,它包括粮食、香料、调味品和罐头食品等。可冷冻储存的原材料包括各种肉类、水产品原材料。许多酒店为减少采购工作的成本,求得供应商的量大折扣优惠,往往以较大批量进货,但这样也可能造成原材料积压和资金占用过多。因此,这类原材料的采购数量也必须进行控制。在保证原材料不间断供应的前提下,尽量降低实际库存量,这样对减少库房占用、防止偷盗、节约仓库劳动力都有好处。确定干货及可冷冻储存的原材料的采购数量一般有两种方法,即定期订货法和永续盘存卡订货法。

①定期订货法。

定期订货法是干货原材料采购中最常用的一种方法。因为餐饮原材料品种多,使用频繁,为减少进货次数,从而使食品管理员有更多的时间去处理鲜活类原材料的采购业务,酒店通常把同类原材料或向同一供应商采购的原材料,定期在同一天采购。也就是说,不同类的原材料和向不同供应商采购的原材料的进货尽量安排在不同的日期,使验收员和仓库保管员的工作量得到平均分布。定期订货法是订货周期固定不变,即进货间隔时间(一周、半月或一月等)不变,但每次订货数量任意的一种方法。

每到某种原材料的订货日,仓库保管员应对该原材料的库存进行盘点,然后确定本次采购的订货数量,其计算方法如下:

需订货数量 = 下期需用量 − 实际库存量 + 期末需存量

下期需用量 = 日需要量 × 定期采购间隔天数

日需要量指该原材料平均每日消耗量,一般根据以往的经验数据得出。实际库存量为订货日仓库实物盘存得到的数字。期末需存量是指每一订货期末酒店必须储存的足以维持到下一次送货日的原材料储备量。用公式表示为:

期末需存量 = 日需要量 × 订购期天数 + 保险储量

决定期末需存量,一方面要考虑发出订货单至原材料入库所需的天数(由合同或口头约定,在这里称为订购期天数)和原材料的日均消耗量;另一方面还要考虑各种意外原因可能造成的送货延误,要有一个保险储量。保险储量的多少视原材料的供应情况而定,一般酒店把保险储量定为订购期内需用量的50%。

期末需存量也称最低储量。当某些原因造成一定品种的原材料在某一阶段的实际用量大大超过以往的日均消耗量时,如不及时采购,就可能造成原材料的断档。为避免这种失误,仓库保管员如在发货时发现某种原材料虽然没有到订货日期,但它的现存量已非常接近最低储量时,就要立即采购。

【例5.1】某酒店一月一次采购菠萝罐头。菠萝罐头的消耗量为平均每天15听,正常订货周期为4天。在当月的订货日,经盘点尚存100听。酒店确定菠萝罐头的保险储量为订购期内需用量的50%,则菠萝罐头的最低储量和需订货数量为:

最低储量 = 15 听/天 × 4 天 + 15 听/天 × 4 天 × 50% = 90 听

需采购量 = 15 听/天 × 30 天 − 100 听 + 90 听 = 440 听

②永续盘存卡订货法。

永续盘存卡订货法也称订货点采购法或定量订货法,它是通过查阅永续盘存卡上原材料的结存量,对达到或接近订货点储量的原材料进行采购的方法,一般为大型酒店所采用。使用永续盘存卡订货法的前提是对每种原材料都建立一份永续盘存卡,如表5.2所示,每种原材料还必须确定最高储备量和订货点量。

原材料的最高储备量指的是某种原材料在最近一次进货后可以达到但一般不应超过的储备量。它主要根据原材料的日均消耗量以及计划采购间隔天数,再考虑仓库面积、库存金额、供应商最低送货订量规定等因素来确定。

订货点量也就是该原材料的最低储存量(即定期订货法中的期末需存量)。当原材料从库房中陆续发出,使库存减少到订货点量时,该原材料就必须采购补充。这时,订货数量为:

订货数量 = 最高储备量 − 订货点量 + 日均消耗量 × 订货期大数

表 5.2 永续盘存卡

食品原材料永续盘存卡				NO.3112
品名:牛肉罐头 规格: 单价:		最高储备量:250 听 订货点量:120 听		
日 期	订单号	进货量/听	发货量/听	结存量/听
24/6				135
25/6	NO.345678		15	120
26/6			17	103
27/6			16	87
28/6			17	70
29/6			15	55
30/6		210	16	249

【例 5.2】某酒店采购西红柿罐头,该罐头日均消耗量为 16 听,订货期为 5 天,最高储备量为 250 听,保险储量定为订购期内需用量的 50%,则:

订货点量 = 日均消耗量 × 订货期天数 + 保险储量 = 16 听 × 5 天 + 16 听 × 5 天 × 50% = 120 听

订货数量 = 最高储备量 - 订货点量 + 日均消耗量 × 订货期天数 = 250 听 - 120 听 + 16 听 × 5 天 = 210 听

永续盘存卡订货法的优点是通过建立原材料永续盘存卡制度和检查制度,原材料不足时能得到及时反映并采购。由于每项原材料都规定最高储备量,因此数量上不会多购,有效地防止了原材料的过量储存或储存不足;此外,永续盘存卡上登记了各种原材料进货和发货的详细信息,仓库保管员不必每天进行实际库存盘点,只要翻阅永续盘存卡即可,这样能节省人工;同时,以该方法采购原材料,数量比较稳定,管理上也比较方便。但是,永续盘存卡采购一般是不定期进行的,采购运输的工作量较大,而且卡片的登记工作比较费时。因此,许多酒店将定期采购法和永续盘存卡采购法结合使用。

③经济订货批量法。

经济订货批量法,又称为 EOQ 模型(Economic Ordering Quantity),是大型企

业在确定采购数量时常用的数学模型。由于我国餐饮业大多以中小型企业为主,且市场供求关系不太稳定,因此,我国的酒店或餐厅很少使用这种方法。但是,随着市场经济的完善和集中采购的推广,经济采购批量模型对企业采购还是具有较大的指导意义。

用经济订货量公式确定最适宜的订货量,以降低与采购和储存相关的成本,其计算公式为:

$$Q = \sqrt{\frac{2C_3 S}{C_1}}$$

式中,Q 为经济订货量;C_3 为每次订货费用;S 为全年需求量;C_1 为存货费用。

5)原料采购价格控制

(1)影响采购价格的因素

采购价格因受到各种因素的影响而造成高低不同。一般影响采购价格的因素有以下几方面:

①原料的规格。由于生产厂家的标准不同,因此在规格相同的情况下,功能可能不尽相同,所以,价格会有差异。

②采购数量。采购数量要考虑买方的经济批量和卖方的经济生产量。

③季节性变动。例如,农副产品,如果利用生产旺季采购则价格必然合理,而且可获得较佳质量。

④交货期限。采购交货期限的急缓会影响可供应厂商的销售意愿,因而对价格会有影响。

⑤付款条件。对部分供应商采取现金折扣方式或事先提供预付款则会降价供应,若以分期付款方式采购设备,因加上了利息,所以一般比现购价格高。

⑥供应地区。供应商的供应地的远近不同会使运费有很大的差异,因此货价不同。

⑦供需关系。供需间关系及通货膨胀、紧缩等环境的变化会影响物价高低。

⑧包装。原料用何种形式包装运输会直接影响原料的价格。

(2)最优采购价格的确定

①采用多种采购形式。

包括招标采购、供应商长期定点采购、比价采购等,通过对各种采购形式的对比,找出成本最低的采购形式组合以达到降低采购成本的目的。

②决定合适的采购价格。

通过科学的价格决定步骤,降低采购价格与采购成本。决定一个合适的价格一般要经过以下几个步骤:

A.多渠道询价。多方面收集了解市场行情,包括市场最高价、最低价、一般价格等。

B.比价。分析各供应商提供材料的规格、品质要求、性能等才能建立比价标准。

C.自行估价。成立估价小组,可由采购管理人员、技术人员、财务人员组成,估算出较为准确的底价资料。

D.议价。根据底价的资料、市场的行情、采购量的大小、付款期的长短等因素与供应商议定出合理的价格。

③控制大宗和贵重原料的采购权。

大宗原料指的是单次采购金额较大或频繁采购的原料,如蔬菜、水果、肉类等;贵重原料包括一些干货原料、海鲜、特产等原料。贵重原料和大宗原料是影响餐饮成本的主体,因而有必要强化采购的决定权,将权力更多地集中于企业高层,由总经理或高层集体讨论决定,避免权力下放造成的混乱。

④根据市场行情适时批量采购。

原料价格总会有所波动,当有些原料在市场上供应充足、价格低廉且厨房日常用量又较大时,只要质量符合要求,就可趁机大量购买并储存。一般来说,批量采购能以较低的批发价获得原料,这也是控制采购价格的一种策略。但批量采购的原料应是一些不易变质或损耗的原料,并能够有足够保质期。此外,还应将批量采购节约的成本与批量储存增加的成本进行比较,以决定取舍。

5.1.2　原料供应商的选择与管理

1)原料供应商的选择

不管是何种形式的采购都面临着供应商的选择,在选择供应商时主要从以下几个方面考虑:

(1)资质审核

企业首先要了解供应商的资质情况。主要审核的资质材料包括:供应商营业执照副本、税务登记证、一般纳税人证书、组织机构代码、卫生许可证、企业执行标准、生产许可证等。进口商品在国内未进行商标注册的,要出示承诺书,注明该类商品今后涉及的一切侵权、冒用商标等行为均由进口商承担。供应商经营范围应在资质材料中限定的有效范围内。全部资质材料应查看正本或清晰的正本复印件,同时留存企业盖章复印件。

（2）供货能力

供货能力主要包括供应商对原料供应的数量、质量、种类、规格、价格、及时性、便利性等方面,也包括运输能力、经营网点分布等。一般来说,企业更看重供应原料的丰富程度和价格标准。供货能力是选择供应商的首要条件,它直接决定了对餐饮生产和销售的支持力度。对于大型餐饮企业、连锁餐饮企业或酒店集团来说,这一点更是关键。随着企业规模的扩张,对于供应商的要求也更高了,尤其是供应原料的速度、应急采购的能力等。

（3）市场影响力

市场影响力指的是某一供应商在市场中的知名度、市场份额、货源垄断能力等。市场影响力是一把"双刃剑",对企业来说有利有弊。选择排名靠前、有影响力的供应商,可以给企业强有力的原料保障;但也可能会使企业对他们依赖性过强,在合作中容易处于弱势地位。

（4）合作意愿

合作意愿指的是供应商对于供货对象的态度和做法。合作意愿决定了供应商如何看待餐饮企业或酒店,是把他们作为一个销售对象,还是作为合作伙伴;是看重短期利益,还是长期利益。相应的,合作意愿会影响到供货条件和价格政策。因此,餐饮企业或酒店应在大宗采购方面,尽量选择有实力、愿意合作的供应商,通过建立战略伙伴关系,达到合作共赢、共同发展的目的。

（5）价格政策

价格政策指的是供应商的价格体系、付款条件、付款方式等。一般来说,较大的供应商更了解本地、国内、国际市场行情,采购人员掌握的信息更多,在谈判和采购合同签订过程中更有优势。供应商可能会调低某些原料价格,同时调高另外一些原料价格,尤其是针对一些紧缺的原料或用量较大的原料。如果供应商的价格体系对采购金额较大的原料是不利的,那就需要协商价格或更换供应商。

（6）专业化程度

专业化程度指的是供应商在员工素质、内部管理、货源组织、运输等方面的专业化情况。专业化程度较高的供应商对餐饮企业或酒店意义重大,他们能很好地了解企业需求情况,有利于双方的协调与沟通;他们有自己的货源渠道,能保证原料供应;他们还能给企业提供有益的建议和意见,提供采购清单、计划和方案,这对于很多企业来说很有帮助。

此外,供应商的安全和健康的工作环境、无强制或强迫劳动、合理的工作时间、公平的报酬等,也可能成为选择的标准。对于供应商的选择最理想的方法是直接参观,尤其是对高风险、非知名品牌及自有品牌供应商,应进行实地考察,考察项目应具体明确,以便实地看到厂商的营业规模、加工与仓储能力、运输工具的数量及种类。如果满意,即可与其建立采购与供货关系,并做定期评估,这可以从价格、品质和交货等方面进行考虑。

2) 原料供应商的管理

(1) 分级管理

餐饮企业或酒店的供应商数量较多,供应商的企业规模、供货数量、供货能力、资信条件等差异较大,不能采取统一的对策,必须分级管理。最简单的方法是以采购金额为主要依据,以采购数量、采购次数、原料重要程度等为参考依据,应用 ABC 分类法来划分供应商。A 类供应商指的是采购金额最大的几个供应商,累计采购金额占到 60% 左右;B 类供应商指的是采购金额居中的几个供应商,累计采购金额占到 30% 左右;C 类供应商多数是一些零散的个体户或小企业,也可能是较大的供应商(但采购金额较小),累计采购金额占到 10% 左右。

根据 ABC 分类法确定供应商的重要程度后,就可以确定管理的重点,对不同类别的供应商采取不同的管理办法。对于 A 类供应商,要与其达成深层次的合作关系,注重长期的合作关系和共赢。企业大规模的采购往往能获得折扣,并可以要求供应商保持一定的库存量,从而将自己的库存削减到最小。供应商通过大量的原料销售获利,他们也往往会成为首选供应商。对于 B 类供应商,至少要建立阶段性的合作关系,建立相应的激励和约束机制。对于 C 类供应商,着重进行交易管理,重点从质量、价格、服务等方面来进行比较,及时进行更换。

(2) 分类选择供应商

餐饮原料包括禽肉类、畜肉类、鲜活水产品类、冷冻食品类、粮油类、水果蔬菜类、豆制品类、奶制品类、调味品类等。选择供应商时,可以按照原料类别进行分别选择,每一类都可选择一家或几家供应商。这种方式有利于供应商的专业化经营,有利于保证原料的质量和及时供应。在具体采购时,需要考虑在几家供应商之间分配采购量,采购量太少,供应商可能不重视;采购量过大,对供应商的依赖性就强了。

（3）重视综合性供应商

除了分类选择供应商以外，也可以选择几家综合性供应商，即从每家大型供应商那里采购多个类别的原料。大型供应商提供的原料种类繁多，它们之间是直接的竞争关系。该方式与分类选择供应商各有利弊，它能够减少供应商的数量，使供应商的管理针对性更强。

（4）及时评估与更换

供应商的评估，一般包括几个阶段：第一，初选阶段：选择三家以上有代表性的供应商，进行综合评估，着重进行供应商的资格认定；第二，试用阶段：对于同类原料，由几家供应商同时供货，进行比较和分析；第三，确定供应商：在试用的基础上，确定一家或几家供应商；第四，签订供货合同：确定供应商后，与其签订供货合同，合同的期限一般不超过一年，考察供应商的具体表现，建立供应商的激励和淘汰机制。合同期满后，评估哪些供应商对本企业采购环节贡献最大，并随着企业的阶段性成长，要考虑供应商的更换与续用。

验收工作是十分重要的任务。原料采购之后，必须经过验收才可入库，验收工作必须迅速，必须注意所付出的代价与进货品质是否匹配，原料规格是否合乎当时采购的要求。验收工作完成后，需将验收结果填入事先印制好的报告表上，整个验收工作才算完成。餐饮原料的验收控制指餐饮原料验收员根据餐饮企业制定的原料验收程序与质量标准检验供应商发送的或采购员购来的原料质量、数量、规格、单价和总额，将检验合格的各种原料送到仓库或厨房，并记录检验结果的过程。

5.1.3　餐饮原料验收程序

1）根据订货单检查进货

验收员要核实到货的品种、数量是否与订货单相符。凡未办订货手续的原材料不予受理，这样可避免不需要的食品原材料进入仓库。

2）根据发货票检查进货

凡发货票与实物名称、型号规格、数量、质量不相符的不予验收；发货票上的数量与实物数量不符，但名称、型号、规格、质量相符的可按实际数量验收；如果实物数量超过订货数量较多时，超额部分做退货处理。有时需要检查供应商提供的质量证明书或合格证等证明材料。

3)验收并受理货品

(1)数量验收

验收员要检查实物与订货单和发货票上的数量是否一致,确保数量正确。在清点数量时要注意:

①有包装的要将包装拆掉,再称重量以核实原材料的净重。

②带包装及商标的货物,在包装上已注明重量,要仔细点数,必要时抽样称重,对用箱包装的货物要开箱抽查,检查箱子是否装满。

③无包装的货物要视单位价值的高低用不同精度的称重工具称量。

④对单件货物(如瓜果)有重量、大小要求的,除称总重量外,还要检查单件货物是否符合验收标准。

(2)质量验收

质量验收往往是最关键的,同时也是最可能引起争议的一项工作。验收员要不断丰富自己的原材料知识和验收技能,在验收时,要综合考虑采购员、餐饮经理、厨师长的意见。如果验收员对食品原材料的质量有怀疑,就应请有关人员帮助检验,以免发生差错。对原料的质量、规格、产地、包装等方面的详细说明,尤其对原料的商标、生产日期、保质期应严格查验,质量的标准过低或过高都是不合适的。包装物如有水渍、污渍、破损、变形等情况时,应仔细检查内部原料的数量和质量,并做好记录,单独处理。验收的基本要求是:一般性原料抽检,贵重原料全面检查;包装完好的抽检,破损的全面检查;不易变质的抽检,易变质的全面检查。在验收中,应保证冷藏或冷冻食品脱离冷冻时间不能过长。

(3)价格验收

在验收价格时,要认真检查账单上的价格与订货单上的是否一致。有些不诚实的供应商在订购时答应了较低的价格,但在开发票时又偷偷提价。验收人员若不仔细检查,往往会被蒙混过关,使企业受损。

4)在发货票上签名或盖章

接受送达的货物在验证无误的送货发票上盖上验收章,并填妥有关项目。对无发票的货物,应填写无购货发票收货单。

5)在货物包装上注明货物信息

在包装上标明收货日期,有助于判断存货流转方法是否有效;标明单价、重量等,以便存货计价时不必再查验收时的报表或发货票。在验收时,验收员还须对冷冻原材料加系存货标签。使用存货标签,有以下优点:

①要填写标签,验收员就必须对原材料的重量进行称量。

②发料时,可将标签上的数额直接填到领料单上,便于计算成本。

③对标签编号,有助于了解储存情况,防止偷盗。

④便于存货流通工作,简化存货控制程序。

6) 尽快将到货送库储存

通常将鲜活原材料通知各厨房营业点直接领走,故把这类原材料称为"直拨原材料",送到各类仓库的原材料则称为"入库原材料"。验收员应在发货票上注明各种食品原材料属于哪一类,以便填写验收日报表。

7) 填写有关报表

验收日报表是进货的重要控制依据。有的酒店还要求验收员填写验收记录单、验收单、货方通知单、无购货发票收货单等。企业不仅要建立良好的验收体系,制定并遵守科学的验收程序,还应指定专人负责验收体系的控制工作。

8) 退货、更换与索赔处理

验收员必须懂得:未经主管人员同意,其他人无权改变订货的基本信息。对于质量不合格的原料,一般做退货或更换处理,填写《退货单》或《退货通知书》,写明原料名称、数量、退货或更换原因等信息,由验收员、送货员签字确认。对于价格、规格、产地不符的原料,需要进行判断,如果确实由于供应的原因找不到订购的原料,而送来的原料可以替代使用,则需经过采购部和使用部门负责人签字后才能收货。对于超量送货的原料,视具体情况,由相关部门负责人决定。对于某些供应商的不诚信情况,要及时报告,为决策者提供对供应商的评估依据。对于影响餐饮生产、造成损失的情况,应由采购部门与供应商交涉,提出索赔的要求。此外,还会出现"有货无单据"的情况,可以暂时存放,待单据齐备后再验收入库。

5.1.4 餐饮原料验收入库方法

验收工作的基本要求是准确、及时,保证原料在规定时间内完成验收工作,进入库房或交给使用部门。因此,验收员需要掌握基本的验收方法。

1）表单验收法

根据《采购申请单》《订货单》《送货单》、发票等表格和单据，进行账面核对，做到账账相符。

2）人工清点法

对于数量不大、易碎、易变质或比较贵重的原料，可以人工清点全部数目，如燕窝、鲍鱼、龙虾、鳜鱼等。此外，对于信誉不佳的供应商，也应尽量全面清点。数量较大的原料，尤其是同一批生产的原料，质量标准比较统一，检查一部分就具有较强的代表性，可以选择抽查。对已清点过的原料必须与未清点的分开放置。

3）感官检验法

感官检验指的是用视觉、听觉、触觉、嗅觉和味觉来检验原料质量，即用嗅觉感受原料的味道，用视觉观察原料的色泽，用触觉感受原料的质感，用听觉判断原料的密度与硬度。感官检验既简便可行，效果又好，尤其适用于鲜活原料的验收。此外，感官检验还用于对包装物的检查，检查包装物是否有破损、污染、被盗的情况。

（1）蔬菜和水果的验收

蔬菜和水果的品质检查主要是新鲜度。蔬菜着重检查以下方面：叶子是否枯萎、变黄，茎是否折断、变软，是否有长芽、变色、擦伤、出水的情况。水果着重检查以下方面：果实是否腐烂、有虫、压伤，果皮是否有光泽、皱纹，是否有开裂、果汁流出现象。

（2）畜肉的验收

新鲜的猪肉、牛肉等应具备如下特征：表面有干膜，干膜的颜色呈浅粉红色或浅红色；肉皮白净、毛少或无毛；脂肪洁白有光泽，没有腐败或油污气味；肉呈鲜红色或玫红色；切断面上的肉是致密有弹性的，手指压出的小窝可迅速恢复原状；表面不黏手；有正常的肉味。

（3）淡水鱼的验收

新鲜鱼具有如下特征：眼睛完整、清澈透明，稍有凸出，无充血及发红现象；鳃颜色鲜红或粉红，鳃盖紧闭，黏液较少呈透明状，无异味；表皮上黏液较少，体表清洁；鱼鳞紧密完整而有光亮；用手指压一下松开，凹陷随即复平；肛门周围呈一圆坑形,硬实发白,肚腹不膨胀;肋骨与脊骨处的鱼肉组织很结实。应特别注意的是:受工业废水、生活污水污染严重的鱼会出现变异,如头大尾小,脊柱弯曲畸形,体表颜色异常,眼睛混浊无光或向外鼓出,鳃较粗糙等,有时还可闻到石油等不正常的气味,这样的鱼不可接收。

4)工具测量法

工具测量主要是通过磅秤、杆秤、电子秤、直尺、卷尺等工具测量重量和尺寸,往往与人工清点配合使用。例如,对于有些海鲜产品,既要称量总重量,又要称量单个重量;对于袋装产品,应通过称重,检查袋上印刷的重量是否属实。

工具测量时要注意下列问题:①要经常检查验收工具的准确性。例如,验收用的秤往往会出现生锈或秤砣掉铅等现象,引起称量工具本身的不准确。②严防送货人员人为造成称量精确度不足,如用脚踩秤或用磁铁吸秤底。③要去除原料中的水等附带物,验收时倒入筐中沥水,称重时除去筐的重量。例如,螃蟹的吸水性很强,在送货途中往往用水盛装,因而到验收地点必须倒入筐中沥水过秤。

5)解冻检验法

该方法适用于冷冻原料验收,包括无冰冷冻原料和带冰冷冻原料两大类。这类原料在验收时,除了计件外,对于无冰原料要抽查其重量是否与外包装标明的一致。对于带冰原料更要关注,有带冰多的,有带冰少的,验收时要抽查。对于冷冻原料,应该采用冷水解冻(最好用流水)、空气自然解冻、盐水解冻、微波解冻、加温解冻等方法,检查解冻后的原料质量和重量。该方法尤其适用于冷冻海水鱼,常见的有带鱼、晶鱼、黄花鱼等。冷冻鱼外层有冰,又很硬实,用硬物敲击能发出清晰的响声。质量好的冷冻鱼,眼球饱满凸起,新鲜明亮,外表色泽鲜亮,鱼鳞无缺,肌体完整。冷冻鱼解冻后,肌肉弹性差,肌纤维不清晰,闻之有臭味的为变质冷冻鱼;储存过久的冷冻鱼,若鱼头部有褐色斑点,腹部变黄,说明脂肪已变质,这种鱼不可食用。

6)仪器检验法

仪器检验指利用各种试剂、仪器和设备,对原料的成分、技术标准等进行化学和生物的性能分析,大多由专业检验机构负责。大型企业应配备专职的化验人员和设备,对于原料的质量情况进行检验,避免农药残留、重金属超标等食品安全和卫生问题。

5.1.5 餐饮原料验收控制

1）明确验收体系的负责人

验收体系的控制一般归于财务部和总会计师。验收员与成本控制员是验收体系中的两个主要岗位。他们之间既要互相监督，又要分工负责，共同向总会计师汇报工作。

2）全方位、多角度地对验收工作进行检查和协助

在管理严格、岗位职责明确的餐饮企业里，与验收工作有关的人员应依据自己所承担的岗位职责，定期或不定期地检查采购原材料的数量、质量，了解原材料价格及变动趋势，并对验收工作予以帮助和指导。指定专人负责验收工作，不能谁有空，谁负责。

①采购员与验收员既是一种上下道工序的协作关系，同时又是一种互相监督的关系。采购与验收之间的信息沟通非常重要。验收工作和采购工作必须分开，由不同的人担任。验收要在指定的验收场所进行。

②厨师长也应经常检查食品原材料的质量，了解食品成本，掌握原材料价格变化趋势，以便在原材料订购时有的放矢。

③总会计师作为验收体系的总负责人，在每天的工作时间内应抽空到验收处检查工作。

④酒店总经理、餐饮部经理和餐厅经理也应每天或不定期检查验收部的工作。

⑤在大型企业里，除上述人员外，还经常请企业外部人员，如会计师事务所，不定期检查验收部的工作。

许多企业的验收部办公室使用一本来访登记簿。总经理希望会计师、厨师长、采购员、仓库主任、餐饮经理和宴会经理经常到验收处走一走，一方面表示他们对验收工作的重视；另一方面，也使验收员知道自己的工作每时每刻都受到有关人员的检查。验收员必须要求每一个来检查工作的人在来访登记簿上签名，写明来访日期和时间。总经理通过查阅来访登记簿，可了解上述人员是否经常到验收处检查工作。

3）做好验收环节的防盗控制

由于验收环节工作紧凑，原材料品种复杂、数量多、去向不一，因此容易发生偷盗现象。防盗工作的基本原则是：

①指定专人负责验收工作,而不是谁有空,谁验收。

②验收员与采购员不得兼任。

③如果验收员还兼任其他工作,应尽可能将交货时间安排在验收员比较空的时候。

④原材料应运到指定的验收场地。

⑤不允许推销员、送货员进入储存室或食品生产区域,验收处应靠近原材料入口。

⑥验收后,应尽快将原材料送入储存室。

⑦入口处大门应加锁,大门外安装门铃,送货人到达后,先按门铃。

⑧原材料在验收过程中,验收员应始终在场。

任务2 储存和发放管理

【任务目标】

1. 知道不同餐饮原料的储存环境要求及储存方法。

2. 能够进行库存控制。

3. 能正确地进行发料管理。

【任务执行】

5.2.1 餐饮原料储存要求

由于各类餐饮原料的自然属性不同,因此餐饮企业原料的要求也不一样,一般分为干货储存、冷藏储存和冷冻储存三大类。干货储存指用来存放各种罐头食品、干果、粮食、香料及一些干性食品原料,它们往往有较长的食品保质期。冷藏储存是指0 ℃以上,7 ℃以下的储存环境,主要存放蔬菜、水果、鸡蛋、黄油、牛奶和需要保鲜和当天使用的肉类、禽类、海鲜类食品原料。冷冻储存是指低于−18 ℃的储存环境,主要用来储存近期使用的肉类、禽类、水产类和其他需要冷冻储存的食品原料。

1)餐饮原料储存的目的

(1)保证供应,为卖而存

任何餐厅要保证菜单上所提供的所有菜品的正常供应,就必须有一定的存

货,菜单上有的菜品和酒水,餐厅必须无条件地保证供应。所以,在真正豪华的餐厅或者经营管理完善的餐厅里,宾客听不到"对不起,先生(小姐),这道菜已经卖完了!"的声音。

(2)防止细菌的传播

采用正确的储存方法可以防止细菌从一种食品原料传播到另一种食品原料上。

(3)防止原料内部细菌的繁殖生长

细菌的繁殖生长需要食物、水分、温暖的环境、适当的酸碱度、空气以及时间6个条件。仓库的温湿度控制和通风要求都是针对如何防止细菌的生长而进行的。

2)储存室的设计要求

储存室不仅包括干货储存室,而且也包括用于存放易腐败变质食品原料的仓库。酒店或餐厅的设计者大都比较重视前厅、酒吧、厨房的设计,而往往忽略了储存室的研究和设计。

(1)库房面积或容积

库房面积的大小可以根据以下几个方法确定:

①仓库面积应根据酒店营业量的大小,即每天供应的餐数来确定,并认为每位用餐者每供应一餐约需要面积0.1平方米。如果餐厅中午可供80人就餐,晚上可供150人就餐,每天供餐数为230人,其中仓库面积则需:

$$230 \times 0.1 \text{ 平方米} = 23 \text{ 平方米}$$

②不考虑客流量,在设计上只考虑与前厅面积的比例。前厅与后堂的合理比例是:

$$前厅:后堂 = 2:1$$

假设前厅面积为200平方米,后堂面积则为100平方米,具体分配如下:

冷库库房	不少于20平方米
干货储存室	不少于15平方米
厨房(灶头间)	25~30平方米
拣洗间	15平方米
更衣间	15平方米
盥洗室(设淋浴室)	10平方米

在冷库中,又分为冷冻库和冷藏库,其中,冷藏库面积不少于冷库总面积的

30%。另外,主厨办公室要临近厨房,而不应设在其他楼层。

③可以根据菜单及预测的菜品销量,推算出各种原材料在 10～15 天的需求量,并以此为依据计算出所需空间或面积。

（2）仓库的温度、湿度、通风及照明

了解温度、湿度、通风和照明与食品原料储存的关系,并在仓库设计中考虑这些因素,是做好食品原料储存的前提条件。

①温度控制是原料储存的关键,也是区别于干货储存和低温储存的标志之一。

A. 干藏库。干藏库房一般不需要供热和制冷设备,其最佳温度为 15～20 ℃。一般而言,温度低些,食品的保存期可以长些,如果库房不设空调设备的话,应选择远离发热装置的位置,且有较好的防晒措施。

B. 冷藏库。细菌一般在 4 ℃ 以下活动能力有限,15～49 ℃ 最宜繁殖,在高温（90 ℃ 以上）下易被杀死。冷藏是利用低温抑制细菌繁殖的原理来延长食品的保存期和提高保存质量的。酒店常用冰箱、冷藏室对食品进行低温保存。

②湿度过高会使食物发生霉变。温度和湿度直接影响食物的储存期。

A. 干藏库。相对湿度控制在 50%～60% 为宜。要防止库房的墙、地面返潮,管道滴水等引起湿度的增加。干藏库应挂有湿度计和温度计以供保管员随时观察。

B. 冷藏库。相对湿度应保持在 75%～85%,蔬菜、水果的储存湿度可略高些。

③良好的通风有利于保持适宜的温湿度,同时,也可将异味排出。不管何种仓库,原料的存放都不能贴墙,也不能直接堆放在地上或堆放过密。

④阳光直接照射食品会使食品原料质量下降,因为阳光的直接照射可以使食品表面温度上升,所以照明一般用灯而不用窗。即使有窗,也应用毛玻璃。在选用人工照明时,应尽可能选用冷光灯,亮度以每平方米 2～3 瓦为宜。

3）干货储存

所谓干货,从狭义上讲,是指那些不含水分或含水分很少的餐饮原料。干燥食品原料的主要类别有:米、面粉、豆类食品、粉条、果仁等;食用油、酱油、醋等液体作料以及盐、糖、花椒等固体调料;罐头、瓶装食品,包括罐头和瓶装的鱼、肉、禽类;食品、水果和蔬菜;糖果、饼干、糕点等;干果、蜜饯、脱水蔬菜（如木耳、香菇、黄花菜、香料）等。而广义上的干货,也就是储存管理所涉及的干货原料,泛指那些不易腐败变质,不需低温储存的食品原料。

干货储存应注意以下问题：

①干货储存室的温度应控制在 10 ~ 20 ℃,若能使室温保持在 10 ℃,则更能保持食品质量。温度越高,保存期越短。库房尽量不设置在地下室,远离自来水管道、热水管道、蒸汽管道、污水管道。湿度应保持在 50% ~ 60%,湿度过高容易导致粮食等出现霉变,湿度过低会使某些原料过于干燥。库房应有窗户,保证足够的通风和换气,但要避免阳光的直射。

②货架在摆放时,货架与墙壁、货架与货架之间应保持一定的距离以便空气流通。原料在储存时,应与地面、墙面、天花板等保持一定距离,一般认为离地面至少 25 厘米,离墙面至少 10 厘米,以达到防潮、防菌、防虫的目的,也便于空气流通和清扫。

③入库的原料必须在包装上注明进货日期,以便于先进先出(FIFO)。

④保证储存室的干净整齐。室内的桌子、货架、地面至少应每周彻底清洁一次,并定期消毒,预防和杜绝鼠害、虫害。

⑤对入库的原料应认真检查。已经变质的食品原料不得入库。

⑥食品原料一经验收,立即入库。

⑦合理分类,合理摆放。其目的是便于发放和存货控制。一种方法是将干货原料按属性分类,指定摆放地点,然后将属于同一类的各种食品原料按一定的规律(如拼音字母顺序)摆放在固定的位置,以便盘存。对于那些发货频率较高的食品原料,可放在门口附近或放在其他易于拿取的地方,而不太常用的原料可放在储存室的深处,或货架的底层、顶层。将较重的原料放在货架的下部,将经常出库的原料放在靠近出入口处。

⑧经常进行盘点检查。既查数量,也查质量。发现有变质原料、破碎瓶罐或有滴漏的罐装食品原料应立即进行处理。

⑨尽量减少入库人员的数量,禁止在库内存放私人物品。

4)餐饮原料的冷藏储存

餐厅经营所需要的大部分原料都是易腐败变质的,因此餐厅应具有足够的空间对这些原料进行冷藏。易腐败变质的食品原料包括以下几种:肉类、鱼类、家禽类、蔬菜、水果、鸡蛋、乳制品以及加工过的食品原料等。一般来说,大多数食品原料都在冷库内保管。有些食品,尤其是加工过的食品则存放在厨房内的冰箱里,以方便使用。食品原料的冷藏管理涉及以下 6 个方面的内容:冷藏空间、卫生、空气循环、冷库或冰箱位置、温湿度控制、冷藏原则与程序。

（1）冷藏空间

小型的餐厅只需要一个冰箱和一个冷柜就足够了。但是，如果餐厅的营业规模达到每天供餐数为三四百个客人时，则要考虑设置冷库了。根据相关研究，正规餐厅中用于食品冷藏的最低空间跟餐位数成正比，如当每日供餐人数为75～100人时，最小储存空间为0.6立方米。供餐数每增加100个客人，冷藏空间需要增加大约0.54立方米。当然，餐厅应结合自己经营上的特点适当修正这一数字，保证有足够的空间，以使营业顺利进行。

（2）卫生

如果不进行正确的冷藏，许多食品原料会很快腐败、变质或交叉传染。干净的冷藏设施也有助于减少食物的损耗，良好的储存卫生习惯应包括：①对污渍，尤其是肉、鱼、禽类食品原料滴落或溅出的污渍，应立即擦洗干净；②冷库内存放食物的货架、滴盘、肉钩以及其他容器应定期移出清洗，并消毒擦净；③保持冷藏区域内的卫生，并用温水和清洗剂对内壁进行清洁；④冰箱门上的橡胶垫片应经常用温水和清洗剂擦洗，以延长其使用寿命；⑤保持冰箱表面的卫生；⑥用温水和碱冲洗排水管；⑦定期对冰箱或冷库的机械性能进行检查；⑧鱼虾类要与其他食品分开放置，对于易腐类果蔬要每天检查，发现腐烂及时予以处理。

（3）空气循环

只有使冷藏室内的冷空气循环，方能保证所有冷藏食品原料处在相同的低温状态。冰箱或冷库内的食品原料不应过分拥挤，每一个食品包装之间都应留有一定的空隙。在冷库中，食品原料不应紧靠墙壁，不能直接置于地面或顶到冷藏设备顶部，要使表面有冷空气自由流动。

（4）冷库或冰箱位置

冷藏室的位置十分重要。如果既接近交货验收场所，又接近食品准备间，则可以节省不少时间和劳动力，这是最佳的选择。但事实条件并不都令人称心如意。有些餐厅的厨房和仓库均在一楼，比较方便；更多的大餐厅或大酒店的厨房和冷藏室不在同一楼层，这就需要在厨房多设几个大冰箱，以便对切配好的食品或剩余食品进行冷藏，没有必要再运到冷藏室。

（5）温度、湿度控制

湿度也是冷藏中的一个重要因素，它影响着食品储存的时间和质量，肉类、乳制品、禽类、鱼类的相对湿度应保持在75%～80%，水果和蔬菜应略高些，可以保持在85%～95%，以防止其水分过分蒸发而干枯。在冷藏温度下，不同的食品原料冷藏期也不尽一样,所以在储存中,管理员或厨师应注意到这种区别。

(6)冷藏的原则

为做好冷藏工作,确保食品的安全,应遵守以下原则:

①对入库的食品原料在入库前要进行仔细检查,避免将已经变质、变脏或被鼠害、虫害污染过的食品放入冷藏间。

②验收后应立即入库,不可在室温下停放过长的时间。

③冷藏间靠近制冷设备和货架底层之处是温度最低的地方,这些地方应用来存放乳制品、肉类、鱼类、禽类及加工过的熟食。

④冷藏间只用来存放易腐败变质的食品原料。有些原料如香蕉、菠萝、土豆、洋葱以及其他根茎类蔬菜则不必冷藏。

⑤冷藏时应去掉食品原料的外包装,因为它们携带脏物和致病的细菌。但是,像黄油、奶酪等应在容器内放好,以防发干和褪色。

⑥加工过的食品和剩余食品应盖好,以防发干和串味,同时也可防止因生食汁液滴落而造成的细菌污染。

⑦不要把热食放入冷藏间。热食会导致冷藏间的温度迅速上升,从而引起食物中细菌的生长,造成变质。所以,热食放入冷藏间之前一定要迅速降温。最好的办法是将盛热食的容器盖好后放入冷水中,待温度下降后再进行冷藏。

⑧带有强烈气味的食品如鱼类、奶酪以及极易吸收外面味道的食品如黄油、牛奶等在冷藏时应密封好,防止食品串味。

5)餐饮原料的冷冻储存

随着市场经济的发展,冷冻食品大量出现,餐厅也越来越多地使用冷冻的食品原料。冷冻储存已成为餐饮经营中必不可少的一个环节,而且也越来越显示出重要性。为保证冷冻食品原料的质量,尽量延长其储存期,食品在冷冻储存过程中,冷冻库用于储存需要在零度以下保存的原料,包括畜肉、禽肉、水产品等需要冷冻储存的原料。常用的冷冻设备包括各种冰箱、冰柜、冷冻库。应注意以下几方面的内容:

①冷冻食品在验收入库时必须处在冷冻状态,已经解冻或部分解冻的食品应立即用掉,不得重新冷冻。采购进来的冷冻原料应立即置于-18 ℃以下的冷库中储藏,储藏时要连同包装箱一起放入,这些包装材料通常是防水气的。

②冷冻食品的温度应控制在-18 ℃或-18 ℃以下。冷冻室应悬挂温度计,工作人员每天都应查看。发现温度上升要及时汇报主管,并通报有关人员进行维修检查。

③冷冻食品,特别是肉类、鱼类、禽类,应该用抗挥发材料(如塑料袋或塑料薄膜)进行包装,以防止干耗。新鲜原料需冷冻时应先用专门的速冻设备进行速冻,然后涂上冰层或妥善包裹后再储存。

④所有食品原料必须注明入库日期及价格,贯彻先进先出的原则,防止某些食品储存过久,造成损失。任何食品原料都不可能无限期地储存,其营养成分、香味、色泽都将随着时间逐渐变差。研究表明,如果猪肉在 –18 ℃状态下储存半年的时间,其有效成分下降 30% 。所以即使冷冻设备完善,也不可过久地储存食品原料。因而应注意各类原料的最长储藏期。即使在冷冻环境中,原料内部的化学变化依然继续发生,尽量用抗挥发性的材料包装或密封保存。例如,肉类的色泽会发黄,质感变硬,会产生异味,与鲜肉存在明显差异。

⑤使用正确的解冻方法,绝对不可在室温下解冻。常用的符合卫生要求的解冻方法有以下几种:

A.冷藏解冻。即将冷冻食品放在冰箱或冷库的冷藏室内,逐渐解冻。

B.用冷水冲浸解冻。即将冷冻的食品放在水槽内,将自来水打开冲浸。

C.微波或红外线烤箱解冻。这种方法适用于体积较小且直接进行烹制加工的冷冻食品。

⑥冷冻食物一经解冻,尤其是鱼、肉、禽类原料,应尽快烹制,否则,随着温度上升,细菌会快速繁殖生长。冷冻的蔬菜可以直接烹制,不必经解冻后再做,这样可以更好地保持形状和色泽。

5.2.2 库房管理的基本方法

1)四号定位法

四号定位法适用于干藏库,指的是用 4 个号码来表示原料在库房中的位置,这 4 个号码分别代表库号、架号、层号、位号。任何原料都有固定位置,按照位置进行编号,原料入库后要对号存放,并在该原料的货牌上注明与明细账一致的编号。例如,鱼翅在明细账上的编号是 3—5—2—4,就可知鱼翅是存放在 3 号库房、5 号货架、第 2 层、第 4 号货位上。四号定位法易学易操作,便于保管、发放、盘点等工作。

2)五五摆放法

五五摆放法是根据分类摆放的原则,对原料进行分类后,以"五"为计算单位进行摆放。该方法适用于包装规范的箱、盒、罐、瓶、袋装原料,基本要求是做到"五五成堆,五五成排,五五成行,五五成串,五五成捆,五五成层"等。该方法能使码放的原料整齐美观,便于清点、发放,充分利用库房空间。

3) ABC 分类法

ABC 分类法是由意大利经济学家维尔弗雷多·帕累托首创的,又称帕累托分析法、主次因分析法、分类管理法、重点管理法。它是根据事物在技术或经济方面的主要特征,进行分类排队,分清重点和一般,识别出少数的关键因素和多数的次要因素,从而有区别地确定管理方式的一种分析方法。

根据原料的重要程度、价值大小、资金占用情况等指标,可以分为 A 类原料、B 类原料、C 类原料。A 类原料占整个存货项目的 15% ~20%,但其价值成本却占整个库存成本价值的 75% ~80%,对这类项目控制的好坏,直接影响着总成本的高低。所以餐饮企业对属于 A 类的食品原料应该给予最好的储存位置和条件,经常查点,预测需求,并决定好订货点。酒类、高级中餐原料如燕窝、鱼翅、参类等都应视为 A 类存货。控制住了 A 类原料就完成了库存管理的大部分任务。B 类存货项目包括成本价格略低的食品原料。这类存货占整个存货项目的 20% ~25%,其价值占总的存货成本价值的 15% ~20%。C 类存货是指那些占存货项目的 60% ~65%,而价值只占整个库存成本价值的 5% ~10%。对于这些餐饮原料,由于种类多、价格低,企业没有必要花费过多的精力和时间。面粉、蔬菜、调料等则可视为 C 类存货,C 类原料重视程度最差。

4) 库存卡片法

在库房管理过程中,需要对每种原料的入库和出库正确地记录,并提出采购计划。库存卡片的内容,主要包括 5 部分:

①原料名称和代码信息。原料名称使用正式名称或通用名称,采用四号定位法设计的编码。

②原料入库信息。包括进货的日期、数量、单价和金额等。

③原料出库信息。包括出库的日期、数量、出库单号码等。

④库存信息。包括库存原料的数量、单价和金额等。

⑤采购信息。包括原料的标准库存量、订货点库存量、订货量和订货日。

5.2.3 餐饮原料的库存控制

1)库存盘点

餐饮企业原材料的流动性大,为了及时掌握原材料库存流动变化的情况,避免物品的短缺丢失和超储积压给企业带来损失,就必须对物品流动变化的情况进行控制和检查。通过库存盘点,可以使管理人员掌握原材料的使用情况,分析原材料管理过程中各环节的现状。对盘点时间应以制度的形式确定下来。

一般而言,酒店可选择以下时间进行盘点:①财务核算周期末(每年、季、月末)。②新开酒店营业前。③关、停、并、转企业的结算时期。④仓库管理人员更换交接之际。⑤定期检查。⑥不定期检查。

2)盘点的内容与程序

盘点工作主要由仓库管理人员和财务部人员联合进行。通过实地清点库房内的物品,检查原材料的实物数与账面结存数是否相符,不相符的找出原因;计算和核实每月末的库存额和餐饮原料成本消耗,为编制每月的资金平衡表和经营情况表提供依据。盘点程序如下:

①盘点清单制作。即分不同类别的仓库,按照原材料的编号大小,在清单上填好货号、品名、单位、单价等基本数据。

②库存卡结算。在库存卡上的结存栏内,根据历次进货和发货数量,计算出应有的结存量和库存金额。

③库存实物盘点。即实地点数,并将实物数量填入盘点清单。

④核对。将库存卡结算结果与库存实物盘点结果进行核对。

⑤计算盘点清单上的库存品价值。该价值为实际库存金额,它如果与账面库存额有出入,要复查并查明原因。实际库存金额在月末作为月末库存额记入成本账,并自然结转为下月的月初库存额。

3)库存原材料的计价方法

(1)库存原材料的价值确定

在盘点结束后,要计算出原材料的价值。理论上讲,某种原材料的库存总值应该等于实物数量乘以原材料的单价。但是,由于原材料在不同时间购入的价格存在差异,因此,原材料的单价确定就不是那么简单了。

（2）厨房储存物品的价值计算

餐饮企业的厨房内,仍有相当多的原材料、半成品和成品的储存。如果对这些物品不加清点,会使它们处于失控状态,同时会使财务报表上的数据失真。由于厨房一般没有库存记录统计制度,没有库存卡,原材料的单价难以掌握,而且这些原材料品种多,数量少,耗用频繁,客观上盘点计算比较困难,因此,对这些原材料价值的计算方法有别于库房原材料。厨房盘点计算原材料价值的原则是:对主要原材料进行盘点核算;对辅料、调味品等单位价值较低的原材料做出估算。

具体方法是:首先根据原材料单位价值的高低把原材料分为主要原材料和价值较小的原材料两大类,逐步积累需精确盘点的主要原材料占总储存额百分比数据,再在每个月的月末盘点出主要原材料的价值,最后通过主要原材料的价值推算出全部原材料库存的大约金额。这里的关键是找出主要原材料占总储存额的百分比,这往往需要经过较长时间的观察统计。

厨房总储存金额 = 主要原材料价值 ÷ 主要原材料占总储存额百分比

（3）库存短缺率的控制

按照原料实际盘点的数量和一定的计价法计算出月末原料的实际库存额。为知道实际库存额有无短缺,需要将实际库存额与账面库存额加以比较。

库房账面库存额的核算方法:

月末账面库存额 = 月初库房库存额 + 本月库房采购额 - 本月库房发料总额

库存短缺额 = 账面库存额 - 实际库存额

库存短缺率 = 库存短缺额/发料总额 × 100%

月初库房库存额从上月末库存额转结而来,本月库房采购额数据从本月验收日报表的库房采购原料的总金额汇总而来,本月库房发料总额数据从本月领料单上的领料总额汇总而来。

库存账面额和实际库存额多数情况下都会有差异,这种差异有多种原因。如月末实物盘点的库存额不是完全按照实际进价计价,从而带来误差;原料重量的自然损耗等。根据国际惯例,库存短缺率不应超过1%,如果超过1%为不正常短缺,管理人员要查明原因,采取改进措施,以防产生更大的损失。

【例5.3】某酒楼经过月末库房库存实物盘点,实际库存额为53 000元。账面库存额的计算数据:月末库房库存额85 000元,本月库房采购额235 000元,本月库房发料总额260 000元。

分析:月末账面库存额 = 85 000元 + 235 000元 - 260 000元 = 60 000元

库房库存短缺额 = 60 000元 - 53 000元 = 7 000元

库房库存短缺率 = 7 000 元/260 000 元 × 100% = 2.7%

在理想的条件下,库存的账面额和实际库存额应该相同,然而在大多数情况下两者之间会有差异,这种差异产生于多种原因,有的是合理原因,有的是不合理原因。

①合理原因:

A.领料单统计的发料额和月末实物盘点的库存额不是完全按实际进价计价,从而带来金额之差。

B.原料发放时,重量的衡量有允许范围内的误差。

C.有些原料自然干燥失重。

②不合理原因:

A.对某些部门或个人发料,不凭或不记入领料单或者发放的原料量与领料单记录不一致。

B.因管理不善,食品变质腐败或饮料瓶打碎而流失等。

C.因管理不善,食品饮料丢失、被盗或私自使用等。

如果库存短缺率超过1%,管理者有责任调查原因或被追查责任,采取改进措施。这些改进措施会涉及采购、验收、储存和发料管理等。月末库存盘点、统计库存额是非常重要的餐饮成本控制活动。

5.2.4 餐饮原料发放管理

发放管理就是对原料的发放与领用的管理。餐饮生产过程中要使用大量原料,因而原料的发放与领用是餐饮生产管理的重要工作。原料入库后,一般实行集中保管、分次出库的管理方式。加强原料发放管理,旨在实现三个目的:一是保证厨房用料得到及时、充分的供应;二是有效控制厨房用料数量;三是正确记录厨房用料成本。

1)出库管理的基本规定

(1)使用出库单或领料单

为了记录每次领用的原料数量和成本,原料发放必须以《领料单》为依据。《领料单》应由厨房领料人员填写,由厨师长或行政总厨签字同意,然后到库房领料。库房管理员凭单发料,领料人员、库房管理员在《领料单》上签字确认。库房管理员要坚持做到没有《领料单》就不发料,没有审批人签字或涂改、字迹不清楚的也不予发料。《领料单》一般一式三联,一联领料部门留存,一联转交财务部,一联由库房留存。特殊情况下的紧急出库,由相关负责人口头或书面授权库房管理员后方可发料,但领料部门必须在规定的时间内补办手续。

(2)定时出库

库房管理员每日的工作内容很多,包括原料入库、出库、库房卫生清洁、储存原料检查、账目管理、物资盘点等。为了保证其他工作的时间,也为了促使厨房加强用料的计划性,企业一般都实行定时出库制度。例如,有些餐饮企业规定每天上午 8 时至 10 时和下午 14 时至 16 时两个时间段为库房发料时间,其他时间除紧急情况外一般不予领料。提前送交领料单要求厨房管理人员对次日的顾客流量做出预测,以计划好次日的生产。如果规模较大的餐饮企业,领料部门有时要跟加工厨房申领半成品,这时尤其要注意做好营业量的预测。

(3)专人领用

各使用部门最好安排熟悉业务的专人负责领料,由于熟悉出库的要求和手续,既能保证领料工作的顺畅,又便于管理,该人还可以负责《领料单》的保管与整理。领料人必须把好领料的质量关,要确保领用的原料质量合格,符合烹饪加工的要求。使用部门的管理人员要对领回的原料进行复核,对贵重、小包装原料尤其如此。

(4)先进先出

先进先出是指按照进货的先后顺序进行原料的发放,即先购进、易变质、包装简易的原料先发放,后购进、保质期长、包装较好的原料后发放。尤其是餐饮原料中食品较多,保质期较短,更应坚持先进先出的做法,这样既有利于杜绝浪费,又有利于成本核算。

(5)正确核算成本

库房管理员发放原料后,需要根据《领料单》及时在账簿上记录,在存货卡片上登记,并将《领料单》等及时转交成本控制人员,以保证原料的账实相符,协助做好餐饮成本控制工作。

2)原料发放的类型

(1)进料的直接发放

进料的直接发放有时简称"直拨",适用于厨房每日所需的鲜活原料以及紧急采购的原料。这些原料不需要进入库房再出库,一般是在供应商送货时,通知使用部门派领料人到验收处,验收合格后,凭《领料单》直接领料。食品成本核算员在计算当日直接采购的原料成本时,只需抄录验收日报表中的直接采购原料总金额即可。遇到一批直接采购原料当天未用完,剩余部分在第二天、第三天接着用,但作为发放和成本按当天厨房的进料额计算。

（2）库存原料的发放

库存原料包括干货食品、冷冻食品等。这些原料经采购验收后送入库房,其价值计入流动资产的原材料库存项目内,而不是直接算作成本。在原料从库房发出后,发出原料价值计入餐饮成本中。每日库房向厨房和酒吧发出的原料都要登记在"餐饮原料发料日报表"上。报表上汇总每日库房发料的品名、数量和金额,并且注明这笔金额分摊到哪个餐饮部门的餐饮成本上,并注明领料单据的号码,以便日后查对。月末,将每日"餐饮原料发料日报表"上的发料总额汇总,便得到本月库房发料总额。为搞好库存管理和餐饮成本的核算,库房原料的发放定时发放,同时要凭领料单发放,其具体程序如下:

①领料人根据厨房生产的需要,在领料单上填写品名、规格、单位及申请数量。领料数量一般按消耗量估计,并参考宴会预订单情况加以修正。

②领料人填完以上栏目后,签上自己的姓名,持单请行政总厨或餐饮经理审批签字。没有审批人员签字,任何食品原料都不可从库房发出。审批人员应在领料单的最后一项原料名称下画条斜线,防止领料者在审批人员签字后再填写并领取其他原料。

③库管人员拿到领料单之后,按单上的数量进行组配。由于包装原因,实际发料数量和申请数量可能会有差异,所以发放数量应填写在"实发数量"栏中,并且填写金额栏,汇总全部金额。

④库管员将所有原料准备好后签上自己的姓名,以证实领料单上的原料确已发出,并将原料交领料人。

⑤领料单应一式三联,一联随原料交回领料部门,一联由库管人员交成本控制员,一联由仓库留存作为进货的依据。

（3）原料的内部调拨

当一个使用部门将原料领用后,可能出现没有及时使用或使用不完的情况。其他的使用部门可能需要同样的原料,但库房已经没有存货了。因此,这些原料可以在使用部门之间进行调配,填写《内部调拨单》,以便进行成本核算,这就是"内部调拨"。但内部调拨不宜过多,使用部门每日领料应有计划性,避免领料过多,在保管和使用中出现浪费,对贵重原料的领用更要按计划执行。

【项目评价】

【知识评价】

1. 完整的餐饮原料采购管理体系应包括哪些方面？
2. 酒店餐饮原料采购管理中较为实用的价格控制方法有哪些？
3. 食品原料的库存管理应做好哪些工作？
4. 不同类型的食品原料仓库对保管温度、湿度和光线各有哪些要求？

【技能评价】

项目1：如何选择和管理餐饮原料的供应商？

项目2：餐饮原料的质量直接影响餐饮产品的质量，其价格高低将直接影响餐饮企业的经济效益，你认为该如何从采购、验收方面来控制原料的质量和价格？

项目3：根据采购运作程序，设计一份实用的食品原料采购管理、验收管理的相关表格。

项目4：参观餐饮企业库房。

活动目的：了解餐饮企业储存原料的方法。

活动程序：

(1)由老师带领全班同学参观本地知名餐饮企业或酒店的库房。

(2)针对不同的原料不同的储存方法，学生分组进行汇报。

活动提示：

参观餐饮库房不仅要观察每种原料的储存方法，同时也要了解餐饮企业库房内部的布局以及餐饮企业库房和厨房、大堂的空间关系。你认为该餐饮企业或酒店在储存原料方面存在不合理的地方吗？

项目5：认识发料单据。

活动目的：熟悉使用发料单据。

活动材料：领料单、库房原料发料日报表、原料内部调拨单。

活动内容：

(1)认识领料单。

为记录每一次领用原材料的数量及其价值，以正确计算食品成本，仓库原材料发放必须坚持凭领料单(表5.3)发料的原则。领料单由领料部门主管人员核准签字，然后送仓库领料。领料单必须一式三联，一联随发出的原材料交回领料部门，一联库房留底，一联由仓库转财务部。原材料从库房发出后，仓库保管员应在领料单上列出各种原材料的单价，小计每种原材料的金额并汇总每份单据上的总金额。

表 5.3　食品原料领料单

领料部门：　　　　　　　　　　　　　　　　　　　日期：

仓库：□干藏库		□冷藏库		□冻藏库			
品名	货　号	领料数量	实发数量	单价/元	食品金额	饮料金额	
领料人：　　　　　部门主管：				小计			
发料人：				本单领料金额			

（2）认识库房原料发料日报表。

每日库房发出的原材料都要登记在"库房原料发料日报表"（表 5.4）上，日报表上汇总每日库房发料的品名、数量和金额，并明确原材料价值分摊的部门，注明领料单号码。每月末，将"库房原料发料日报表"上的发料总额汇总，便得到本月库房发料总额。

表 5.4　库房原料发料日报表

日期：

货　号	品　名	数量/听	单价/元	金额/元	成本分摊部门	领料单号	备　注

本日发料汇总：＿＿＿＿＿＿＿＿＿＿　　发料项目：＿＿＿＿＿＿＿＿＿＿＿

总金额数：＿＿＿＿＿＿＿＿＿＿

制表人：＿＿＿＿＿＿＿＿＿＿

（3）认识原料内部调拨单。

大型酒店往往设有多个厨房、酒吧。厨房之间、酒吧之间经常会发生食品和酒水的相互调拨。为了明确成本与收入的对应关系，使各部门的成本核算尽可能准确，酒店有必要使用"原料内部调拨单"（表 5.5）以记录所有的调拨往来。在统计这个部门的成本时，要减去该部门调出原材料的金额，加上调入原材料的金额。原料内部调拨单应一式三联或四联，调入与调出部门各一联，另一联交财务部,有的酒店要求另一联给仓库记账。

表5.5   原料内部调拨单

编　号:		日　　期:	
调出部门:		调入部门:	
品名	数量	单价/元	金额/元
金额总计			
发货人:		发货部门主管	
收货人:		收货部门主管:	

活动提示:

　　各厨房、酒吧等营业点要使用的原材料均须经过领料(发料)这一环节。对这一环节的管理要达到三个目的,即保证各营业点用料得到及时充分的供应;控制各营业点用料数量;正确记录各营业点的用料成本。

　　当发料发生错误时,你认为应如何处理?

项目6
餐饮生产管理

【项目目标】

　　了解厨房环境设计要素及标准、厨房机构设置及各岗位人员配置标准、厨房安全生产内容及标准;通过厨房设备认知、厨房组织机构及安全检查表的设计训练,具备辨认厨房各类设备、设计厨房岗位机构及安全检查、监督等综合能力,达到餐饮服务高级技师及基层管理人员水平。

【项目任务】

　　任务1:厨房环境设计及设备配置

　　任务2:厨房生产管理

　　任务3:厨房卫生与安全管理

【引导案例】

　　每周一晚上定时,头砧都要组织厨房砧板进行一次技术考核,考核内容主要包括切菜速度、腌菜的质量、配菜的速度等。每一次考核时,总厨(厨师长)都要亲自把关,并把考核结果和以前考核成绩相比较,以了解员工是否进步,然后据此制定考核档案。酒店的某员工刚来的时候,技术不到家,腌制的牛柳过油后太硬,影响成菜质量,且配菜时间也把握不好,时快时慢,经过几次考核,一段时间下来他的技术有了很大提高。为了避免考核走形式,总厨(厨师长)在推行考核时基本上采取抽查式,考核前不透露当天考核内容。比如说考核晚上 8:00 开始,员工只有在时钟到了 8:00 才知道自己的考核内容。在考核之前,员工都处于一种紧张气氛中,对待考核也十分认真。

厨房是酒店餐饮部生产有形产品的唯一部门,其环境设计、机构设置、生产管理是有效保障酒店餐饮部服务质量的重要内容之一,也是提升酒店经济效益及声誉的基本载体。全面了解厨房的相关知识能促进餐饮管理者及服务者的综合能力,是实现餐饮优质服务的重要保障。

任务 1　厨房环境设计及设备配置

【任务目标】

1. 了解厨房环境设计要素。

2. 了解厨房环境设计内容及标准。

3. 能区分厨房各功能区间。

4. 能辨认厨房内各设备。

【任务执行】

餐厅厨房的功能由准备和清洗中心、烹调中心、储藏中心 3 个区域间共同构成。因厨房空间集中了大量的设备,空间相对狭小,因此工作三角的设备设计及通行连线是厨房室内设计的基本要求。

6.1.1　厨房环境设计要素

1)关注设备的协调性

厨房众多的设备、电器构成了厨房的空间主体,因此如何协调这些具有专业性的技术设备的造型、色彩、材质、图案就成为室内设计的关键。一方面要合理设置各类管线,选择符号人体尺度的开关插口位置;另一方面又需要根据平面功能安排好各类设备占据空间的位置,同时协调与界面装修的关系。

2)体现操作的方便性

厨房内的操作要有一个合理的流程,在厨房设备的设计上,能按正确的流程设计各部位的排列,对日后使用方便十分重要。再就是灶台的高度、吊柜的位置等,都直接影响到使用的方便程度,要选择符合人体工程原理和厨房操作程序的厨房设备。

3）保持设计与建筑的同步性

厨房整体配套产品的开发一般可分为3种类型：第一类是以设备与电器配套为主的产品，包括炉灶设备、烹饪设备、通风设备以及各类厨房电器。第二类是以厨房家具为主的配套。这种类型的配套能够对空间的艺术风格与视觉效果产生重大影响。第三类实际上是前两类的综合，也是严格意义上的厨房配套产品，这类产品与建筑平面关系联系紧密，标准与模式的制定比较复杂，理想的设计模式是与建筑设计同步进行的。

4）符合环保绿色设计标准性

从面向21世纪可持续发展战略的概念出发，厨房的发展应以具有环保意识的绿色设计为主要趋势。中国传统烹饪的操作技术中煎、炒、烹、炸所占的比例相当大，由此产生的油烟远高于西餐的烹饪操作。同时厨房使用液化石油气、煤气造成污染也很严重。因此此类问题只能从设备的技术更新与燃烧结构的改变来着手。

6.1.2 厨房环境设计内容及标准

厨房内部环境的设计应体现整体作业协调性，其设计需符合明亮、通风、干燥、安全、卫生的特点。

1）面积设计

厨房面积在餐厅整体面积中有一个基本的比例划分，其大小影响到厨房出品、工作效率及工作质量。确定厨房面积要考虑原材料的加工工作量、经营的菜式风味、厨房生产量的多少、设备的先进程度与空间的利用率等因素。厨房与餐厅所占整体比例基本上都在0.3~0.8，其面积设计可参考以下几种标准：

（1）按餐厅座位数来确定

表6.1 按餐厅座位数确定

餐厅类型	厨房面积/（平方米·餐位$^{-1}$）
自助餐厅	0.4~0.6
咖啡厅	0.4~0.6
正餐厅	0.5~0.8

（2）按餐厅面积来确定

国外厨房占餐厅的比例一般在40%～60%，国内一般在30%左右。

（3）按餐厅和厨房所占比例

厨房与餐厅的面积比例通常按照4:6的比例来划分。餐饮部在其包含的功能空间部门含餐厅、厨房、餐具洗涤、传菜间及仓库，在设计各区域所占大体比例如表6.2所示。

表6.2　餐厅各功能空间的比例

操作区域	所占面积比例/%
厨房总面积	100
加工区	25
切配、烹调区	35
冷菜区域	10
西点面点面包区域	10
办公区域	2
仓库	10
其他	8

随着餐饮业的快速发展，餐饮业的微利时代迫使餐饮企业必须不断拓展经营空间，扩大餐厅面积，尽量缩小厨房面积，才能达到降低成本，获取更多利润的目的。随着食品加工业和配送业的兴旺，原材料的配送更加及时，各厨房的分工合作日趋紧密，各餐厅厨房的设施日益小型化、多功能化，特别是明档的兴起，餐厅和厨房根据实际情况因地制宜，为充分利用餐厅面积和服务的多样化提供了选择，也为业主的餐饮经营创造了更大更多的盈利空间。

2）空间设计

厨房空间的设计就如同把一个人由内而外重新塑造一番，提升整体外观的同时，也要兼顾内在的气质修养。就餐厅厨房而言，如何达到既能将厨房的空间充分利用、美观实用，又能实现其满足厨房人员操作方便的功能，是目前餐厅设计的重中之重。

（1）厨房的高度

厨房的高度一般在4米左右，太矮会给人压抑的感觉，特别是大面积的加工和热菜厨房。根据经验和人体工程学原理,厨房吊顶之后的高度一般为3.8~4.2米为宜,这样的高度,便于厨房内清理卫生,能够保持空气流通,对厨房安装各种管道、排油烟机也较合适。

(2)厨房的顶部

厨房顶部应尽量避免使用涂料,宜采用耐火、防潮、防水、吸音的石棉纤维材料,吊顶时要预留出安装排风设备、抽油烟机和煤气管道的位置,既符合国家关于煤气管道的相关规定,又可避免材料浪费和重复劳动。

(3)厨房的地面

地面要求防滑,同时因为厨房里有上下水道缘故,还需做好防水处理。厨房的地面既要平整还要有一定的坡度,以防止厨房地面积水,这个坡度一般不超过15%。厨房地面要采用单一色调的地砖,以保持厨房员工稳定情绪及积极的工作状态。

(4)厨房的通道

厨房的通道是保障厨房安全正常运营和物流人流畅通的重要条件,厨房内通常不设台阶,以方便推车进出。表6.3为厨房通道的宽度划分。

表6.3 厨房的通道设计

类 别	功 能	标 准
工作通道	一人操作	60 厘米,恰好是一扇冰箱门的宽度
	二人背向操作	120 厘米
通行通道	二人平行通过	80 厘米,如果端送食物,则还要加宽
	一人和一辆车平行通过	60 厘米加上推车的宽度
多用通道	一人操作,背后过一人	80 厘米
	二人操作,中间过一人	150 厘米
	二人操作,中间过一辆推车	150 厘米加上推车的宽度

3)照明设计

照明设计即是灯光设计,灯光是一个较灵活及富有趣味的设计元素,可以成为气氛的催化剂,是居室的焦点及主题所在,也能加强现有装潢的层次感。

现代厨房照明通常使用白炽灯或节能灯。但不管使用哪种灯，都需要有充足的照明，这样厨房员工才可以顺利地进行工作。特别是炉灶烹调，光线不够亮，容易使员工产生劳累感，造成安全隐患，降低生产效率和产品质量。厨师从料理餐台看到食物的颜色应该和餐厅客人取食看到的食物的颜色保持一致。因此，厨房的灯光应重实用。理论上厨房的照明灯光每平方米要达到 10 瓦以上，在主要的操作台、烹调区域照明更应该加强。

4）排水设计

为了保证厨房生产和卫生的需要，厨房具有冷热水和排水设施，厨房排水要能够满足厨房在工作时最大排水量的需要，做到及时排放，不滞留。因此厨房烹调区内应设有排水沟及每个加工间各设一个地漏。厨房污水的特点是油污较重，必须经隔油池过滤处理后才可以排入下水道。排水沟的设计应有一定的深度，避免污水外流，通常宽度为不低于 20 厘米，高度不少于 15 厘米，沟盖要坚固，易于清洁，并且要有防鼠网，这也是防疫部门的统一硬性要求。

5）温湿度及通风设计

厨房内温度低于 10 ℃时，人的手脚都会感到发僵，高于 29 ℃时，人的心跳就会加快，为保证厨房人员良好的工作状态，大多数厨房内都安装有空调及换气设备，以保证新鲜空气的流动。通常厨房内的温度需控制在 25 ℃左右为宜，冷菜厨房和西点厨房的温度则更低一些，以确保菜品制作的需要。

厨房湿度是指空气中的含水量的多少，相对湿度是指空气中的含水量和在特定温度下饱和水汽中含水量之比。湿度过高，易造成人体不适，人体较适宜的湿度是 30%～40%。因此，厨房内的温度在 25 ℃左右，相对湿度不超过 50% 为宜。

厨房通风不是简单地把厨房内的污浊空气排走，它包括通风、送风和排风。通风就是自然通风，利用窗户等自然通风；送风就是利用中央空调系统把经过处理的新风送进厨房；排风就是利用抽油烟机把室内的油烟等排到室外。不管厨房选配什么样的烟罩或简捷的排风扇，其目的是使厨房，特别是配菜、烹调区形成负压。所谓负压，即排出去的空气量要大于补充进入厨房的新风量。这样厨房才能保持空气清新。但在抽排厨房主要油烟的同时，也不可忽视烤箱、焗炉、蒸箱、蒸汽锅以及蒸汽消毒柜、洗碗机等产生的浊气、废气，要保证所有烟气都不在厨房区域弥漫和滞留。

6）辅助设施设备设计

辅助设计，主要指的是在餐饮功能的划分上，既不属于直接服务于客人用餐、消费的餐厅，也不属于菜点生产制作的厨房。辅助设计是强化完善餐饮功能的必要补充，辅助设计主要包括备餐间和洗碗间等空间的设计。

（1）备餐间

备餐间是配备开餐用品，创造顺利开餐条件的场所。传统的餐饮管理大多对此设计和设备配备没有引起足够的重视，因此，也出现了许多餐厅弥漫污烟浊气，出菜服务丢三落四的现象。备餐间设计要注意以下几个方面：

①备餐间应处于餐厅、厨房过渡地带，以便于夹、放传菜夹，便于通知划单员，要方便起菜、停菜等信息沟通。

②备餐间要有足够空间和设备。厨房与餐厅之间真正起隔油烟、隔噪声、隔温度作用的是两道门的设置。同向两道门的重叠设置不仅起到"三隔"的作用，还遮挡了客人直接透视厨房的视线，有效解决了若干酒店陈设屏风的问题。因此，厨房与餐厅之间采用双门双道。

（2）洗碗间

洗碗间的设计与配备，在餐饮经营中，可有效减少餐具破损，保证餐具洗涤及卫生质量。在设计时应处理好以下几方面的问题：

①洗碗间应靠近餐厅、厨房，并力求与餐厅在同一平面。洗碗间的位置，以紧靠餐厅和厨房，方便传递脏的餐具和厨房用具为佳。洗碗间与餐厅保持在同一平面，主要是为了减轻传送餐具员工的劳动强度。

②洗碗间应有完善的消毒设施。洗碗间不仅仅承担清洗餐具、厨房用具的责任，同时负责所有洗涤餐具的消毒工作。而靠手工洗涤餐具的洗碗间，则必须在洗涤之后，根据本酒店的能源及场地条件等具体情况，配置专门的消毒设施。消毒以后，再将餐具用洁布擦干，以供餐厅、厨房使用。

③洗碗间应有良好的通、排风效果。无论是设置、安装先进的集清洗、消毒于一体洗碗机的洗碗间，还是手工洗涤，采用蒸汽消毒的洗碗间，洗涤操作间，均会产生水汽、热气、蒸汽。这些气体，如不及时抽排，不仅会影响洗碗工的操作，而且会使洗净的甚至已经干燥的餐具重新出现水汽，还会向餐厅、厨房倒流，污染附近区域环境。因此，必须采取有效设计，切实解决洗碗间通、排风问题，创造良好环境。

6.1.3　厨房设备配置

厨房设备的选购与配置是厨房设计中非常重要的组成部分,精良适宜的设备既可保证厨房现代化生产的需要,又可保障厨房产品的质量。

1)厨房设备的选购原则

(1)卫生原则

厨房设备要有抗御污染的能力,特别是要有防止蟑螂、老鼠、蚂蚁等污染食品的功能,才能保证整个厨房设备的内在质量。

(2)防火原则

厨房设备表层应具有防火能力,正规厨房设备生产厂家生产的厨房设备面层材料全部使用不燃、阻燃的材料制成。

(3)方便原则

厨房内的操作要有一个合理的流程,在厨房设备的设计上,能按正确的流程设计各部位的排列,对日后使用方便十分重要。再就是灶台的高度、吊柜的位置等,都直接影响到使用的方便程度,要选择符合人体工程原理和厨房操作程序的厨房设备。

(4)美观原则

厨房设备不仅要求造型、色彩赏心悦目,而且要有持久性,因此要求有较易的防污染、好清洁的性能。

2)厨房设备的类型

(1)储藏设备

储藏设备分为食品储藏和器物用品储藏两大部分。食品储藏又分为冷藏和非冷储藏。冷藏是通过厨房内的电冰箱、冷藏柜等设备实现的。储藏设备是指各种底柜、吊柜、角柜、多功能装饰柜等。

(2)洗涤设备

洗涤设备包括冷热水的供应系统、排水设备、洗物盆、洗物柜等,洗涤后在厨房操作中产生的垃圾,应设置垃圾箱或卫生桶等。现代餐饮厨房还应配备消毒柜、食品垃圾粉碎器等设备。

（3）调理设备

调理设备包括调理的台面，整理、切菜、配料、调制的工具和器皿。

（4）烹调设备

烹调设备包括炉具、灶具、烤箱和烹调时的相关工具和器皿。

任务2 厨房生产管理

【任务目标】

1. 了解厨房机构设置及人员配置。
2. 掌握厨房生产质量控制内容、方法和规范操作流程。
3. 熟悉厨房各岗位工作标准。

【任务执行】

6.2.1 厨房机构设置及人员配置

酒店通常根据餐饮生产规模及产品特色来设置餐饮生产机构。厨房作为餐饮生产的重要部门，其机构设置需遵循以生产为中心、以编定岗、分工协作、责权分明、高效运作的特点。

1）厨房机构设置

（1）大型酒店厨房机构设置

现代大型酒店餐饮部的厨房一般根据餐厅类别划分厨房类型，且各厨房采用主厨负责制，且每一个厨房的生产机构保持相对独立。各厨房自行负责原料的初加工、精加工、配份、烹制等全面的生产活动，承担生产计划、产品质量控制、人员调配、产品成本控制等生产、管理职能，如图6.1所示。

（2）中小型酒店厨房机构设置

中小型酒店厨房因餐厅类别单一且生产规模较小，故一般以厨房生产环节为依据划分不同工作岗位，实行岗位负责制，不单独设立功能部门，以实现有效控制产品质量、成本及人员配置的目的，如图6.2所示。

2）厨房人员配置

厨房人员配置因酒店规模、星级档次、出品规格要求、数量的不同，在确定人员数量时,应综合考虑厨房生产规模的大小、相应餐厅经营服务餐位的多少、厨房的布局和设备情况、菜单经营品种的多少及制作难易程度、员工技术水准状况、餐厅营业时间的长短等各方面因素。

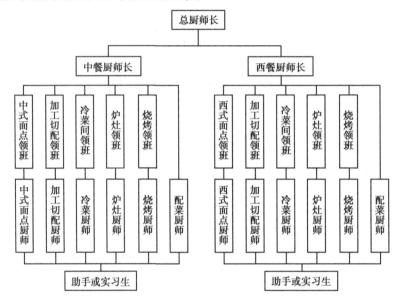

图 6.1　大型酒店厨房组织机构图

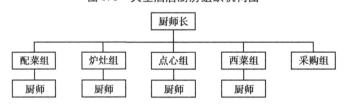

图 6.2　中小型酒店厨房组织机构图

（1）按比例确定

在确定厨房人员数量配置时,通常按比例确定的方法进行,即按照餐位数和厨房各工种员工之间的比例确定。大型或档次较高的酒店,按 13~15 个餐位配 1 名烹饪生产人员;中小型酒店餐饮部门,按 7~8 个餐位配 1 名生产人员。

（2）按工作量确定

将规模、生产品种既定的厨房,全面分析测算每天所有加工生产制作菜品所需要的时间,并累计计算完成当天餐饮所有生产任务总时数,乘以员工休息系数,除以每个员工规定工作日时间,所得结果为厨房生产人员数量。

6.2.2　厨房生产质量的控制及管理

厨房的生产流程主要包括原料加工、菜品配份、合理烹调3个程序。厨房生产质量控制是对菜肴质量、菜肴成本、制作规范3个流程中的操作加以检查督导,随时消除在制作中出现的一切差错,保证菜肴达到质量标准。

1)生产质量的控制内容

(1)制定控制菜品标准

由于厨房制作系手工操作,其经验性较强,且厨师个人烹饪技术有差异,同时厨房是以分工合作方式制作,因此制定标准,既可统一菜品的规格,使其标准化和规格化,又可消除厨师各行其是的问题。制定标准是对厨师在生产制作菜品时的要求,也是管理者检查控制菜品质量的依据。没有标准就无法进行质量控制,会使菜品的数量、形状、口味等没有稳定性,导致同一菜品差异很大。甚至因厨师各行其是,难以树立酒店的良好餐饮形象。

①标准菜谱。

标准菜谱是统一各类菜品的标准,它是菜品加工数量、质量的依据。可节省制作时间和精力,避免食品浪费,并有利于成本核算和控制。标准菜谱基本上是以条目的形式列出主辅料配方,规定制作程序,明确装盘形式和盛器规格,指明菜肴的质量标准、成本、毛利率和售价。

制定标准菜谱的要求包括:菜谱的形式和叙述应确切、清晰,原料名称应确切并按使用顺序排列;尽量使用本地厨师比较熟悉的术语,不熟悉或不普遍使用的术语应详细说明;由于烹调的温度和时间对菜点质量有直接影响,应列出操作时加热温度和时间范围,以及制作中菜点达到的程度;列出所用炊具的品种和规格。标准菜谱的制定形式可以变通,但一定要有实际指导意义,它既是菜肴质量控制手段,也是厨师的工作手册。

②菜点投料单。

菜点投料单是厨房为餐厅就餐客人所设的,它是根据菜肴的基本特点以简单易懂的方式列出主、配料及各种调味料的名称和数量。投料单以文字表格的方式放在配菜间明显的位置。

③标量菜单。

标量菜单是在菜单的菜品下面,分别列出每个菜肴的用料配方,以此来作为厨房备料、配份和烹调的依据。由于菜单同时也送给客人,使客人清楚地知道菜肴的成分及规格,作为厨房选料的依据,起到了使就餐客人知晓并监督的作用。

(2)规范控制操作流程

有了全面的控制标准,还需要制定规范的控制流程,并按标准严格执行,才能保证制作的菜肴符合质量标准。因此,厨房管理者应关注制作过程的控制,将制作控制纳入常规性的监督和管理的内容之内,以实现有效的现场管理。

①加工过程的控制。

加工过程包括原料的初加工和细加工,初加工是指对原料的初步整理和洗涤,而细加工是指对原料的切制成形。在这个过程中应对加工的出成率、质量和数量加以严格控制。

原料的出成率即原料的利用率,它是影响成本的关键。该项的控制应规定各种出成率指标,把它作为厨师工作职责的一部分,尤其要把贵重原料的加工作为检查和控制的重点。

加工质量是直接关系菜肴色、香、味、形的关键,因此要严格控制原料的成形规格。凡不符合要求的不能进入下道工序。加工的分工要细,一则利于分清责任;二则可以提高厨师的专业技术的熟练程度,有效地保证加工质量。

②配菜过程的控制。

配菜过程的控制是控制食品成本的核心,也是保证成品质量的重要环节。如果客人两次光顾你的餐厅,或两个客人同时光顾,出现配给的同一份菜肴是不同的规格,客人必然会产生疑惑或意见,因此配菜控制是保证质量的重要环节。配菜控制要经常进行核实,检查配菜中是否执行了规格标准,是否使用了称量、计数和计量等控制工具。

配菜控制的另一个关键措施是凭单配菜。配菜厨师只有接到餐厅客人的订单,或者规定的有关正式通知单才可配制,保证配制的每份菜肴都有凭据。严格避免配制中的失误,如重算、遗漏、错配等,尽量使失误率降到最低限度。

因此,查核凭单,这是控制配菜失误的一种有效方法。

③烹调过程的控制。

烹调过程是确定菜肴色泽、质地、口味、形态的关键,因此应从烹调厨师的操作规范、制作数量、出菜速度、成菜温度、剩余食品5个方面加强监控。必须督导炉灶厨师严格遵守操作规范,任何只图方便违反规定做法和影响菜肴质量的做法一经发现都应立即加以制止。其次应严格控制每次烹调的出产量,这是保证菜肴质量的基本条件。在开餐时要对出菜的速度、出品菜肴的温度、装盘规格保持经常性的督导,阻止一切不合格的菜肴出品。

2)控制方法

为了保证控制菜点质量、标准的有效性,除了制定标准,重视流程控制和现

场管理外,还必须采取有效的控制方法。常见的控制方法有以下几种:

(1)厨房制作过程的控制

从加工、配菜到烹调的3个程序中,每个流程的生产者,都要对前一个流程的食品质量实行严格的检查,不合标准的要及时提出,帮助前道工序及时纠正。如配菜厨师对一道菜配置不合理,烹调厨师有责任提出更换,使整个产品在每个流程都受到监控。

(2)责任控制法

按厨房的工作分工,每个部门都担任着一个方面的工作。首先,每位员工必须对自己的工作质量负责。其次,各部门负责人必须对本部门的工作质量实行检查控制,并对本部门的工作问题承担责任。厨师长要把好出菜质量关,并对菜肴的质量和整个厨房工作负责。

(3)重点控制法

把那些经常和容易出现问题的环节或部门作为控制的重点。这些重点是不固定的,如:配菜部门出现问题,则重点控制配菜间,灶间出现问题则重点控制灶间。

6.2.3 制定厨房岗位标准作业书

为实现厨房各工作岗位的标准化与规范化,餐厅及厨房管理者应针对厨房各生产加工岗位设计并制定标准作业书,以规范各岗位工作,保障厨房产品质量。

1)原料加工岗位作业书

(1)准备工作

①粗加工厨师准备好要加工的食品原料,加工时要用到的盛器、小刀、刮皮器和刮鳞器等用具。

②切配厨师准备好刀具、菜墩、餐盘等用具。

(2)进行粗加工

①粗加工厨师将蔬菜、瓜果等新鲜原材料进行拣洗、择除、去皮、去籽、去茎叶,加工成一定形状,取得净料。

②对于肉类原料,应去皮、剔骨,分档取肉。

③对于禽类原料,应取出胸肉、腿肉、翅爪等部位,根据细加工的要求,加工成一定的形状。

④对于水产类原料,鱼、虾应去鳞、去内脏等,然后洗净沥干。

⑤对于冷冻食品,应先放入水池、放水浸泡,待解冻后,将原料洗干净,再进行相应的粗加工处理。

(3)进行细加工

①切配厨师根据当天的点菜单,精心选料(不同风味的菜品要配以不同品种、不同规格、不同部位的原料)。

②选好料后,利用熟练高超的刀工,运用切、片、拍、剁等不同的刀法,将原料制作成规范的且符合要求的丝、片、块、段等不同形状。

③将切配好的原料分别装入料盒,送热菜厨房备用。

④清理工作场地,清洗刀具和厨具,将剩余的原料用保鲜膜包好放入冷藏柜。

2)上浆工作岗位作业书

(1)准备工作

①粗加工厨师对白色菜肴需上浆原料进行漂洗,去除其表面的碎屑、血污,使菜肴色泽洁白,但某些菜肴色泽要求不是白色,则可不用漂洗。

②漂洗完后,沥干或吸干原料上的水分。

③领取上浆用的调味品,并准备好上浆用具。

(2)上浆

①根据上浆用料规格,粗加工厨师对不同原料分别进行浆制。

②上浆时,一般会用到以下几种浆液:

A.干粉浆:直接用干淀粉与原料拌和,适宜含水量较多的原料,要充分拌匀。

B.水粉浆:用湿淀粉与原料拌和。

C.蛋清浆:原料先用蛋清拌匀,再用淀粉(干湿都可)拌匀,适用于色白的菜肴。

D.全蛋浆:用全蛋、蛋粉与原料拌和,适用色深的菜肴。

(3)上浆后处理

①粗加工厨师将已浆制好的原料盛入相应盛器,用保鲜膜封好放入冰箱或冷库暂存,待领用。

②整理上浆用调味品等用料,清洁上浆用具并归还。

③清洁工作区域,清除垃圾。

3)打荷工作岗位作业书

(1)准备工作

①打荷厨师准备好充足的调味料、酱料、油料及其他用品。

②提前做好菜品装饰准备,备好围边、伴边、装饰花草及各种盆、盘器皿。

(2)协调烹饪工作

①开餐后,打荷厨师接到主配厨师传递过来的菜料,首先确认菜肴的名称、种类、烹调方法及桌号标识,看是否清楚无误。

②确认工作结束后,根据各位炉灶厨师的特长,合理安排各类菜品的烹饪,以确保口味的纯正、统一。

③按菜谱的工艺要求,对菜料进行腌制、上浆、挂糊等,对原料进行预制处理。

④按切配厨师的传递顺序,将配好的或经过上浆、挂糊、腌制等处理的菜料传递给炉灶厨师烹调加工。

⑤若接到催菜的信息,经核实该菜品尚未开始烹调时,要立即协调炉灶厨师优先进行烹调。

(3)装饰菜品

①炉灶厨师装盘完毕后,打荷厨师对菜品进行质量检查,主要检查是否有明显的异物等。

②根据审美需求及菜式格调,对装盘的菜品进行必要的点缀装饰,要求美观大方、恰到好处,以不破坏菜品整体美感为宜,并要确保菜肴的卫生安全。

(4)送至出菜位置

①打荷厨师将烹制、装饰完毕的菜品快速传递给传菜员,同时报上菜品名称和桌号,并在菜单上画掉该菜品。

②若是属于催要与更换的菜品,应特别告知传菜员。

③整理工作台,将用剩的装饰花卉、调味汁、糊浆等冷藏,餐具放回原位。

4)冷菜制作岗位作业书

(1)准备工作

①在制作前,冷菜厨师洗手消毒,穿戴好工作衣帽,头发梳理整齐置于帽内(工作服须完好、洁净、无破损,纽扣须完好、无脱落现象)。

②准备好炊具和餐具,炊具和餐具都要彻底消毒。

(2)制作冷菜

①冷菜厨师根据订单,先选料做好粗加工,将原材料加工成要求的形状。

②选好配料和调味料,且配料和调味料须新鲜、无异味,符合卫生标准。

③按照冷菜食品不同的烹制方法,加工制作各种冷菜食品。

④烹制好后,对食品进行刀工处理,装入盘内(肉类冷荤食品烹制后,须在冷却到5~8℃时再进行刀工处理)。

(3)收尾工作

①加工制作工作结束后,冷菜厨师将所有的炊具和用具进行清洗消毒,放到指定处备用。

②将剩余的冷荤食品用保鲜纸包好后放入冰柜中,同时注意生熟食品分开,成品、半成品分开,肉、海产品分开等。

5)热菜烹调岗位作业书

(1)准备工作

①打荷厨师将准备好的食品原材料整齐地排列在配菜板上。

②根据点菜单,准备好适量的盘、碗、碟。

③炉灶厨师准备好炊具用品,清扫炉灶,然后打开油烟机,开启炉灶,调好火候。

(2)烹调热菜

①炉灶厨师须根据宴会菜单,按先后顺序烹调;若是餐厅零点菜单则按点菜顺序烹调。

②烹调热菜时,严格按照标准制作方法(如炖、焖、涮、汆、炸、熘、蒸、煮、熏等)进行操作。

③烹制好后,将热菜盛入合适的盘中,由打荷厨师检查、装饰。

(3)收尾工作

①炒完菜时,炉灶厨师关闭炉灶和抽油烟机。

②将炊具、炉灶和台面等用洗涤剂清洗干净。

6)沙拉制作岗位作业书

(1)准备原料

①沙拉厨师根据点菜单,准备好各种生菜、鲜果、肉类、海鲜等,要严格清洗并分别收藏。

②对于开罐食品,取出后应用非金属的盛器盛放,有特殊气味的应分档保存。

③调制所需的沙司要尽量做到用多少调制多少,并应加盖存放于5~10℃的室温下或0℃的冰箱中。

（2）制作沙拉

①冷菜厨师按标准配方的要求对水果进行加工,如去皮、切块等。

②对于一些蔬菜、肉类、海鲜等原料,要经过焯水处理,去掉蔬菜的苦涩味、荤菜类的腥味和血污。

③按照标准配方将原料装盘,然后淋入沙司,搅拌均匀。

（3）收尾工作

①工作结束后,冷菜厨师清洁整理冰箱,将剩余的食品及沙司分类放进冰箱,要求容器码放整齐,食品不堆放、无异味。

②清洁整理工作区域及所有使用过的用具,做到整齐干净,无污迹、杂物。

7）西饼制作岗位作业书

（1）和面

①面点厨师领取和选用各种面粉、杂粮粉。

②准备好配料,如黄油、鸡蛋、奶油、糖等。

③准备好制作工具,如烤箱、电子称量杯、量勺、打蛋器、分蛋器、面粉筛、蛋塔模、中空模、蛋糕铲、油纸等。

（2）混合材料

①面点厨师按照标准配方,用电子称量杯精确地称量粉状材料及固体类的油脂。

②选用新鲜的鸡蛋,用分蛋器将蛋清、蛋黄分离,然后用打蛋器对蛋清进行搅打;用同样的方法打发奶油,但之前应先将奶油放在室温下,使其软化到用手指轻压奶油即凹陷的程度。

③各种原料经初步加工后,分次将原料放入盆中进行混合、搅拌。

（3）装烤模

①若是烤蛋糕,面点厨师先在烤模内涂抹一层薄薄的奶油,再撒上一层高筋粉,然后将制作好的原料装入烤模。

②若是制作饼干,应先在烤模内撒上面粉。

③若是制作点心,应先在烤盘上涂上一层薄薄的油。

（4）烘烤

①面点厨师打开烤箱开关,使其预热到所需温度。

②到达一定温度后,将装有原料的烤模或烤盘放入烤箱中,若是担心外表烤得太焦,可在其表皮烤至金黄色后在表面覆盖一层铝箔纸来隔开上火。

任务3 厨房卫生与安全管理

【任务目标】

1. 了解厨房卫生、安全管理标准及各岗位卫生、安全制度。

2. 熟悉厨房各岗位卫生、安全检查流程。

3. 掌握厨房卫生、安全监督检查要点。

4. 能进行厨房卫生、安全检查表设计。

【任务执行】

厨房生产到产品销售的每个环节必须自始至终重视和强调卫生与安全。卫生是厨房生产需要遵守的第一准则。厨房卫生就是菜点原料选择、加工生产和销售服务的全过程,都确保食品处于洁净没有污染的状态。酒店厨房员工,应自觉以《食品安全法》为准绳,制定各项管理制度,督导烹饪生产活动,切实维护酒店形象和消费者利益。安全生产不仅是保证食品卫生和出品质量的需要,同时也是维持正常工作秩序和节省额外费用的重要措施。因此,厨房管理人员和各岗位生产员工都必须意识到安全的重要性,并在工作中时刻注意正确防范。

6.3.1 厨房卫生管理

1)厨房的常规卫生环境要求

厨房的常规卫生环境是餐饮经营的第一条必须遵守的准则。其内容包括:保持地面及墙瓷砖无油腻、无水迹、无卫生死角、无杂物;厨房内必须杜绝"四害";厨房内的各种用电设备必须定期检修保养,不能发出噪声;厨房的设备必须保持干净整洁及定期清洗;厨房的用具、餐具必须保持符合卫生标准;厨房工作人员在厨房工作必须遵守"厨房个人卫生标准"以及必须持有政府规定的卫生合格证及培训合格证等。

2)厨房的食品卫生管理标准

(1)原料阶段的卫生管理

原料的卫生程度决定了食品安全的卫生质量。因此,为了预防食品原料被污染,原料的卫生管理必须做到对每天验收的原料保持新鲜。监督各班组验货人员严格执行对原料验收的统一标准。避免误验遭受污染的原料,督促和监督采购人员和各班组组长不得采购或验收不合格的或是没有食品卫生安全检验标志的原料。库房不得收存"三无"产品的原辅调料及食品加工用具。保持好厨房环境、餐具、用具的卫生。严格按照规定的正确方法监督砧板与各类食品原料的储存,防止变质腐烂。

（2）生产加工阶段的管理

由于大量的人工操作,生产加工阶段是食品卫生安全管理的重点和难点,依靠 QSC 完善厨房食品卫生的操作程序,让相关的加工人员熟悉了解食品原料的保质期及保鲜期。不符合标准的不得进行深加工。对食品的解冻方法要正确,尽量缩短解冻时间,避免在解冻中受到污染。给每位厨房人员强调食品卫生安全的重要性,强制每位厨房人员在工作中一定要树立高度的卫生安全意识和责任感,严格按卫生程序操作进行加工、烹调,并落实到岗、责任到人。

（3）设备、厨具的卫生管理

加强员工对设备及餐具的消毒使用意识,如刀、砧板、毛巾、烹调设备和工具、用具、冰箱、抽油烟机等都必须做到卫生、安全地使用。

（4）厨房环境卫生管理

加强对厨房内所有产品的加工间、储藏间、洗碗间、员工更衣室和卫生间、垃圾房的卫生管理,包括员工的随手清洁,这些都是卫生质量主要体现的地方,更是现在厨房生产形式与管理的重点之一。

（5）厨房人员个人卫生管理

成立以各班组组长组成的卫生互检小组,以 QSC 检查标准为基础,对每天打烊收尾工作进行检查,加强对厨房人员的个人卫生管理。厨房人员的个人卫生也是保证食品卫生安全的重要组成部分,强调员工的健康卫生意识,养成良好的个人卫生习惯。严格要求厨房人员按卫生要求加工食品,预防食物中毒现象的发生。

3）厨房各作业区的卫生管理制度

（1）热厨区域

①炉头必须保持清洁,各炉火必须燃烧火焰正常。

②炉灶瓷砖清洁、无油腻,炉灶排风及运水烟罩要定期清洗,不得有油垢。

③各种调料罐、缸必须清洁卫生并加盖,各种料头必须定时冲水及更换。

④所有汁水及加工成品酱料必须定期检查及清理。

⑤定时定期清洗雪柜及清理各种干货,杜绝使用过期或变质餐料。

⑥地板及下水沟必须保持清洁、无油腻、无水迹、无卫生死角及无杂物堆放。

(2)切配区域

①各种刀具及砧板必须保持清洁状态。

②雪柜必须定期清洗及检修保养。

③生熟食品必须严格分开储存。

④必须定时定期清理存放蔬菜及肉类的区域。

⑤地板及下水沟必须保持清洁、无油腻、无水迹、无卫生死角及无杂物堆放。

(3)冷菜区域

①所有汁水必须定期清理及制作。

②生熟食品必须严格分开储存。

③雪柜必须定期清洗及检修保养。

④操作人员在制作食品前后必须清洁双手及带上一次性手套。

⑤所有凉菜必须当日用完,不能过夜再用,以防滋生细菌。

⑥地板及下水沟必须保持清洁、无油腻、无水迹、无卫生死角及无杂物堆放。

(4)饼房区域

①烘焙炉及雪柜必须定期检修及保养。

②所有面包出炉后必须完全常温后才方可用保鲜膜包起储存。

③必须定时定期检查各种罐头、各干货的生产日期及质量。

④制作包点及糕点时必须严格遵守制作守则执行。

⑤地板及下水沟必须保持清洁、无油腻、无水迹、无卫生死角及无杂物堆放。

4)厨房设备餐具卫生管理规定

①定期清洗、检修及保养雪柜及所有电用设备。

②所有餐具洗刷后必须进行消毒,存放在指定的地方。

③所有的设备及餐具必须严格按照标准说明使用。

④各种电用设备不使用时或使用后必须切断电源。

⑤不能超负荷使用电气设备。

⑥下班后必须关闭所有的照明和相关的能源开关。

5)食品卫生管理制度

①食品生产、加工、储存、运输、销售的场所及周围环境必须干净、卫生,并有良好的防蝇、防老鼠及防尘和其他防污染措施。

②食品从业人员必须持健康证上岗。凡患有疾病者一律需休息痊愈后才可上班。

③食品从业人员应讲个人卫生,保持个人清洁做到"四勤",工作前后及便后必须洗手消毒。

④预防细菌性食物中毒,食物原料必须新鲜,质量必须过关;食品储存及加工生熟食品使用的厨用工具必须严格分开,防止食品交叉污染。

⑤餐具杯具等器皿洗刷后必须进行消毒措施。消毒必须严格执行"一洗,二刷,三冲,四消毒,五保洁"的制度;使用消毒液时必须严格按照1:200的比例稀释及至少浸泡5~10分钟的原则;消毒清洗后必须进行高温消毒(温度不低于90 ℃),时间不少于15分钟。

⑥预防毒性动植物食物中毒。即禁止食用河豚;严禁使用猪甲状腺、毒蘑菇、发芽马铃薯等有毒的原料。

⑦预防化学及农药中毒。果瓜蔬菜加工食用前必须反复用水洗净,可去皮原料尽量去皮;严禁将亚酸硝酸盐当作食盐使用。

6.3.2 厨房安全管理

餐厅厨房是其核心部门之一,也是餐饮行业中最危险的地方,厨房的安全关系到整个餐厅乃至酒店的安全,其重要性不言而喻。因厨房里人员较多、东西类别多、易燃易爆物品较多的独特生产特点,使其安全隐患的存在多于酒店其他部门,因此,厨房的安全管理是酒店经营者应重点关注的内容。

1)厨房安全管理环节

厨房里的不安全因素环节众多,从菜品的加工到销售过程中都隐藏着不安全因素。厨房管理者应重视、警示、培养员工提高安全防范意识,主要在以下环节采取预防措施:烫伤、扭伤、跌伤、刀割伤、电器设备造成的事故、防火与灭火。

2)厨房安全管理规定

①所有在岗厨师在上岗前对厨房的所有机械设备性能熟练掌握后,方可使用。对各种机械设备使用时严格按照操作规程进行操作,不得随意更改操作规

程,严禁违章操作。设备一旦开始运转,操作人员不准随便离开现场。对电器设备高温作业的岗位,作业中随时注意机器运转和油温的变化情况,发现意外及时停止作业,及时上报厨师长或经理,遇到故障不准随意拆卸设备,应及时保修,由专业人员进行维修。

②厨师使用的各种刀具严格加强管理,严格按要求使用和放置刀具。不用时应将刀具放在固定位置,不准随意拿刀吓唬他人,或用刀具指对他人,收档后应将刀具放在固定位置存放,厨师不准随意把刀具带出厨房。

③个人的专用刀具,不用时应放在固定位置保管好,不准随意借给他人使用,严禁随处乱放,否则由此造成的不良后果,由刀具持有人负责。

④各种设备均由专人负责管理,他人不得随意乱动,定期检查厨房的各种设施设备,及时消除安全隐患。

⑤每天收档后逐一检查油路、阀门、气路、燃气开关、电源插座与开关的安全情况,如果发现问题应及时报修,严禁私自进行处理。

⑥平时禁用湿抹布擦拭电源插头,严禁私自接电源,不准带故障使用设备,班后要做好电源和门窗的关闭检查工作。

⑦厨房如发现被盗现象,值班人员或发现人员应保护好现场,及时报上级处理,并及时协助领导了解情况。

⑧掌握厨房和餐厅内消防设备和灭火器材的安放位置以及使用方法,每天对电源线路要仔细检查,发现超负荷用电及电线老化现象要及时报修,并向上级汇报。

⑨一旦发生火灾,应迅速拨打火警电话说明起火位置、部门,设法灭火,根据火情组织引导客人安全疏散。

3) 厨房安全管理责任制

①厨房每一个员工必须认清安全生产与自身利益的重要性。严禁在工作场所内打闹、奔跑;使用机械设备时必须按照标准的操作进行,严禁违章的操作行为;厨房的刀具必须小心使用,保管做到定点存放和用后放回原处的原则;厨房范围严禁堆放杂物;过热液体严禁存放于高处;严禁往高温的油中溅入水珠;严禁身份不明的人员进入厨房,以免发生意外事故;在定期杀虫时要注意食品的安全保护,以免发生意外事故;使用天然气时必须先检查气阀开关,然后开始点火以确保安全,必须做到火不离人、人离关火的习惯;下班时必须关闭火炉的开关,并每天进行签名确认关闭气阀的制度。

②要严格执行厨房的消防安全制度。所有的消防通道不能摆放任何障碍

物;严禁厨房抽烟或厨房在运作时进行电焊工作;要定期清理运水烟罩上的油污和积垢;严禁用火时人员离岗;严禁违反厨房的使用工具的安全操作手册进行生产工作;严禁强行使用未修复好的炉具或工具;对所有的用电设备要定期进行检修和保养;定期检查和保养消防所用的工具,对使用过的灭火设备必须报告保安部并对其进行更换或补充;积极参加安全消防知识培训及加强消防意识安全教育。

4)厨房安全管理的检查制度

①组织厨房安全管理小组,部门经理指派各部门主管为小组成员并协助督导厨房员工。

②定期检查所有的用电设备、线路及插座等和用电工具是否老化或不能运作,要工程部定期进行检修及保养。

③下班时各班员工必须严格执行酒店规定的下班检查制度。天然气阀门必须要确保全部关闭;所有的用电设备不用时确保处于断电的状态。

④定期检查厨房的运水烟罩并定期及时清理里面的油污和积垢。

⑤定期检查所有的炉具,发现有损坏的要及时下单维修以免发生不必要的事故。

⑥严格执行"食品卫生法",以此为标准定期严格检查食物的加工、储存、制作程序及卫生操作。

⑦厨房人员在使用各种厨房机械用具时必须注意安全操作,严格按该机械安全标准操作手册进行操作使用。

⑧所有员工必须定期到当地防疫站体检并持有"两证"方可上班。

⑨定时定期清理下水沟及注意是否有损坏现象。

【项目评价】
【知识评价】

1.简述厨房环境设计要素。

2.简述厨房环境设计内容及标准。

3.厨房分为哪几个功能区间?

4.厨房内包含哪几类设备?

5.简述厨房机构设置及人员配置原则及标准。

6.厨房分为哪几个工作岗位,其职责是什么?

7.厨房卫生管理包括哪些内容?

8.厨房卫生、安全监督检查要点是什么?

【技能评价】

项目1:组织学生到酒店厨房参观厨房功能设计及认知厨房设备。

项目2:学生分组考察厨房设备市场,并完成厨房设备功能分析报告。

项目3:组织学生调研酒店厨房机构设置及岗位职责,个人完成厨房机构设置及人员配置图。

项目4:分小组完成厨房卫生、安全检查表设计,并将设计结果制作成PPT,由小组代表在班级陈述后进行小组互评。

项目7

餐饮成本管理

【项目目标】

了解餐饮成本的要素和分类,掌握餐饮成本中食品原料成本的计算方法和核算方法,能够进行成本差异分析,在差异分析的基础之上制定相应的策略进行修正,能够制定合理的产品价格,并进行餐饮成本的控制,培养学生对食品原料进行成本核算和成本控制的能力。

【项目任务】

任务1:餐饮成本核算

任务2:餐饮成本控制

【引导案例】

餐厅里的"小事件"

在餐厅里,尤其是一些小规模餐厅,总有下列现象发生:

①采购人员和原料供应商串通一气,以高价向餐厅出售原料。

②供应商送货时,把符合质量的食品放在包装箱的上面,质量较次的放在下面或不易被发觉的位置。

③员工从仓库可以很方便将食品原料拿走。

④厨房的加工人员将讶可利用的边角料随意扔进垃圾箱。

⑤客人订菜不记订单,从厨房领取菜品或饮料,将收到的款项私吞。

⑥菜单上的很多菜品销售量上不去,原料却必须准备好。

⑦电灯和一些其他电器,总是有人使用,却无人随手关闭。

⑧有些采购或业务人员随意报销一些说不清楚的发票。

⑨有的员工随意旷工或迟到。

⑩餐厅里的服务员人员很多,不但没有提高服务质量,反而出现扎堆聊天、工作推诿等负面影响的事件。

这些现象的发生似乎是餐厅里的家常便饭,屡见不鲜,一些餐厅的管理人员对此也抱着听之任之的态度。但是,这些现象都会导致餐厅的成本从不同的方面不正常地增加,尽管有些时候不会导致餐厅陷入严重的困境,却最终会使餐厅的利润受损。那么,作为管理人员,应该如何有效地进行餐饮企业的成本控制管理从而取得更大的经济效益呢?

任务 1　餐饮成本核算

【任务目标】

1. 熟知餐饮产品原料成本的要素。

2. 能够进行主料、辅料、调味品的成本核算。

3. 学会编制成本日报表和成本月报表。

4. 提高原料使用效率,为餐饮经营提供决策支持。

【任务执行】

任务名称:编制成本核算月报表。

参与人数:5 人一组。

活动目的:掌握成本核算及编制成本报表的方法。

活动背景:

某餐厅 2012 年 12 月份有以下营业记录:当月营业收入 82 500 元;原料期初(11 月末)余额 12 000 元,本期内进货额 36 000 元,原料期末余额即账面库存额 16 500 元;经盘点实际结存 16 100 元,库外存货月初额 1 570 元,月终额 1 425 元;本期转入烹调用酒 850 元,转出酒吧用原料 400 元,下脚料销售收入 125 元,为酒吧准备食品用料 540 元,职工购原料收入 480 元,宴请餐用原料 870 元;2012 年 11 月营业收入 69 500 元,食品成本 29 750 元,2011 年 12 月营业收入 83 450元,食品成本 31 290 元。根据上述记录编制餐厅当月报表(也可采用某餐饮企业近期账簿记录)。

活动程序:

1. 计算领用原料成本

该餐厅当月从仓库领用的原料及直接进料的食品成本

= 本期原料总额 − 原料期末余额(每月最后一天仓库存货额)

= 原料期初余额 + 本期内原料进货额(期内仓库进料、直接进料) − 原料期末余额

= 12 000 元 + 36 000 元 − 16 500 元

= 31 500 元

2. 物账差额月终调整

根据仓库盘存结果,该酒店当月原料实际库存额小于账面库存额,差额400元,应加入食品成本;库外存货月终额小于月初额,差额145元,同样应加入食品成本。经过此二次调查,食品成本为:

食品成本 = 31 500 元 + 400 元 + 145 元 = 32 045 元

3. 专项调整

经过专项调整后所得的原料成本为当月的月终食品成本。

餐厅月终食品成本

= 物账差额月终调整成本 + 从酒吧转入原料成本 − 转出由酒吧或其他部门消耗的原料成本 − 为酒吧准备食物的成本 − 职工购买原料收入 − 余料出售收入 − 宴请餐成本 − 其他杂项扣除额

= 32 045 元 + 850 元 − 400 元 − 125 元 − 540 元 − 480 元 − 870 元

= 30 480元

4. 计算食品原料成本率

食品原料成本率 = 30 480 ÷ 82 500 × 100% = 36.95%

5. 编制食品成本月报表

根据上述计算,就可编制简易原料成本月报表(表7.1),提供给餐厅管理者。为了使本期数据更具指导意义,应该把它们与去年同期或上期的数据进行比较,以便检查本期经营效果。

表7.1 原料成本月报表

时 间	2012 年 12 月	2012 年 11 月	2011 年 12 月
营业收入/元	82 500	69 500	83 450
食品成本/元	30 480	29 750	31 290
食品成本率/%	36.95	42.81	37.50

6.食品成本月报表分析

这份月报表比较简单,但通过最简单的月结报表,可用来检查本期的经营效果。如果餐厅认为去年同期的食品原料成本率37.5%尚符合要求,那么,在其他条件,如菜单内容、操作规程、营业量等大致相同的情况下,本期的食品原料成本率36.95%也应视作正常。由于上期(即11月份)餐厅营业效果不佳,餐厅采取了一系列措施,如控制成本、加强推销、提高营业量等以图改进。要检查这些措施是否已达到了预期的效果,经过审阅本月报表则能比较出来。从表上简单的数字可以得出这样的结论:由于12月份的营业收入比11月份增加18.7%,达82 500元,而成本只增加了730元,仅增加2.5%,因此,餐厅在12月份所采取的各项改进措施是有效的,达到了预期的目的,因而,应该成为餐厅今后经营管理中永久性的措施。

活动提示:

为了能正确如实地反映经营结果,在一般情况下,应考虑各种影响原料成本的因素,因此有必要对原料成本进行专项调整,最后才能得出月终食品成本额。但也必须看到,并不是所有消耗的原料都能增加收入,如职工餐的成本,就不该记入食品成本。

根据编制食品成本月报表的方法,你能编制食品成本日报表吗?

7.1.1 餐饮成本构成要素

餐饮成本是凝结在产品中的物化劳动价值和活劳动消耗中为体现自身劳动价值的货币表现。从理论上讲,物化劳动价值包括餐饮原料价值和生产过程中的厨房、餐厅设备、水电燃料消耗等的价值。这些价值有的以直接消耗的形式计入成本,有的以渐进消耗的方式计入成本,成为餐饮成本的基本组成部分。活劳动消耗中为自身劳动的价值主要指为维持餐饮经营者劳动力的生产和再生产所需要的价值,它们以劳动工资和奖金、福利的形式计入成本,成为餐饮成本的必要组成部分。具体地说,餐饮成本主要由表7.2所列项目构成。

表7.2 餐饮成本的构成

项　目	占总成本的比例/%
餐饮原料成本	45
燃料和物料成本	3
低值易耗品	5

续表

项　　目	占总成本的比例/%
商品进价和流通费用	3
人工成本,包括基本工资、奖金津贴、福利费等	25
水电费	3
企业管理费	2
其他支出费用,如赞助支出	5

7.1.2　餐饮成本的分类

餐饮成本与其他成本一样,可以按多种标准进行分类,分类的目的在于根据不同成本采取不同的控制策略,以下是 5 种常用的分类方法。

1)按照成本性质

(1)固定成本

固定成本是指在一定的业务范围内,其总量不随产量或销售量的增减而做相应变动的成本。也就是说,固定成本对销售量的变化保持相对不变,故当销售量增加时单位产品所负担的固定成本会相对减少。在餐饮企业中,固定员工的工资,设施、设备的折旧费用等,均属于固定成本。只有当生产量超出现有生产能力,需要购置新的设施设备时,某些固定成本才会随产量的增加而变化。

(2)变动成本

变动成本是指总量随产量或销售量的变化而按照一定比例增减的成本,如食品饮料原料、洗涤费、餐巾纸等费用。这类产品在随产量增加、变动成本总额增加时,其单位产品的变动成本保持相对不变。

(3)半变动成本

半变动成本指随着产品销量的变动而部分相应变动的成本,同时它与销量又不完全成比例发生变动。半变动成本由固定的和变动的两部分成本组成,如人工总成本、水电费等。以人工总成本为例,餐饮企业的员工可分为两类,一类员工属固定员工;另一类员工属于人数不确定的临时用工,随着业务量的变动而变动,如清洁工、传菜员等。由于第一类员工工资总额不随业务量的变动而变动,而第二类员工的工资总额随着业务量的变动而变动,因此,人工成本便是半

变动成本。

2）按照成本的可控程度

（1）可控成本

可控成本是指在短期内管理人员能够改变或控制数额的成本。对餐饮管理人员来说，变动成本如食品饮料的原料成本等，一般为可控成本。管理人员若变换每份菜的份额，或在原料的采购、验收、储存、生产等环节加强控制，则食品饮料的原料成本数额会发生变化。某些固定成本也属可控成本，例如办公费、差旅费、广告费等。

（2）不可控成本

不可控成本是管理人员在短期内无法改变的成本，例如设备折旧修理费、贷款利息以及在大多数企业中员工的固定工资费用等。划分可控和不可控成本对于计划成本控制的方法和环节，对于考核管理人员的经营业绩有很大作用。

3）按照成本和决策的关系

（1）边际成本

边际成本是增加一定产销量所追求的成本。在餐饮管理中，经营者一方面要增加餐饮产品的产销量，以增加营业收入；但同时其成本也会相对增加。当固定成本得到全部补偿时，成本的增加又会相对减少，从而增加利润。但产销量的增加不是没有限制的，当超过一定限度时，市场供求关系发生变化，成本份额也会发生变化，从而使利润减少。从经营决策的角度来看，当边际成本和边际收入相等时，利润最大。所以，边际成本是确定餐饮产品产销量的重要决策依据。

（2）机会成本

机会成本是从多种方案中选择一个最佳方案时，被放弃的次优方案所丧失的潜在利益。如餐饮经营中要买某种设备，现有两种设备可以选择。购买 A 种设备，预计增收为 1 万元，成本 0.8 万元，利润 0.2 万元；购买 B 种设备，预计增收 1.15 万元，利润 0.21 万元。当然选择 B 种设备为好，但选择 B 种设备时要考虑放弃 A 种设备所失去的 0.2 万元利润，这 0.2 万元就是机会成本。所以，机会成本并不是实际发生的成本，它仅仅是选择决策方案时所放弃的方案的潜在利益。如果所放弃的方案的机会成本低于决策方案时，决策方案就应重新选择。因此，机会成本虽然并没有实际发生，但它仍然可以为企业决策提供参考。

4）按照成本与产品的形成关系

（1）直接成本

直接成本是指在产品生产中直接耗用的、不需分摊即可加入到产品成本中去的那部分成本，如直接原料、直接人工、生产耗费等。

（2）间接成本

间接成本是指需要通过分摊才能加入到产品成本中去的各种耗费，如销售费用、维修费用、管理费用消耗等。

直接成本和间接成本的划分从一个方面为餐饮产品的成本核算提供了理论根据，成本核算可以直接以成本为主，如主料、辅料和调料成本等。间接成本因其不易直接分摊到各个产品中去，可以以全店核算为主，形成流通费用，再分摊到各有关部门中去。这就为餐饮产品的成本核算提供了方便，有利于提高成本核算的准确性。

5）根据成本管理的要求

（1）实际成本

实际成本是餐饮经营过程中实际消耗的成本。

（2）标准成本

标准成本是指在正常和高效率经营情况下，餐饮生产和服务应占用的成本指标。为有效控制成本，餐饮企业通常要确定单位标准成本，例如每份菜的标准成本，分摊到每位顾客的平均成本、标准成本率以及标准成本总额等。标准成本和实际成本之间的差额称为成本差异。实际成本超过标准成本的差额为逆差，反之为顺差。

标准成本具有以下作用：

①用于控制实际成本。标准成本可用于控制实际成本。标准成本可用于控制实际成本消耗，将实际消耗的成本与标准成本相比较，能评估管理人员控制成本的好坏，顺差表示经营成绩优于计划，逆差表示成本控制有问题。这种差额的计算对分析和控制成本是很重要的。

②用于决策。标准成本是制订餐饮成本计划和经营预算的基础，每份菜的标准成本是其定价的依据。同时，标准成本的计算也有助于选择企业经营的菜品和开发新服务项目的决策等。

标准成本的实用价值取决于所制定的标准符合实际的程度。建立成本标准最常用的方法是从企业以往的实际成本中抽取平均值或者平均百分比率作为标准成本额或标准成本率。标准成本制度还应显示其先进性,应在经营效率高的前提下总结出实际成本数据,它要比一般实际成本低,包含有节约的成分。

7.1.3 餐饮成本构成特点

根据餐饮企业生产运作规律,结合以上成本构成和成本类型,餐饮成本及其控制具有以下特点:

1)变动成本比重大

餐饮企业的成本费用结构中,除食品饮料的成本外,在营业费用中还有物料消耗等一部分变动成本。这些成本和费用随销售数量的增加而呈正比增加。这一特点意味着餐饮价格折扣的幅度不能像综合型酒店销售客房价格的折扣幅度那么大。

2)可控制成本比重大

除营业费用中的折旧、维修费等是餐饮管理人员不可控制的费用外,其余大部分费用以及食品饮料原料成本都是餐饮管理人员能控制的费用。这些成本和费用的多少直接与管理人员对成本控制的好坏相关,并且这些成本和费用占营业收入的比例很大。这一特点也说明了餐饮成本和费用的控制十分重要。

3)成本泄露点多

餐饮成本和费用的大小受经营管理的影响很大。成本泄露点是指餐饮经营活动中可能造成成本流失的环节。在菜单的计划、食品原料及饮料的成本控制、餐饮营销和销售控制以及成本核算的过程中涉及许多环节:菜单计划—原料采购—验收—储存—发货—加工—配份—烹调—餐饮服务—餐饮营销—销售控制—成本核算,这些环节都有成本泄露的可能,即都可能成为泄露点。

①菜单计划和菜品定价决定着菜肴原料的综合利用率,影响顾客对菜品的选择,决定菜品的成本率。

②对厨房生产原料、酒水饮料的采购、验收控制不严,或采购的价格过高,数量过多会造成浪费,数量不足又影响销售。

③采购进来的原料如不能如数及时入库,采购的原料质量不达标,涨发率或出净率严重偏低,都会导致成本提高。

④储存和发货控制不力,会引起原料变质或被偷盗进而造成损失。

⑤加工、配份和烹调阶段控制不好会影响菜点的质量和分量,菜点质量不合格重新返工,直接成本加大,分量不足等会引发客人不满,连带导致其他损失。

⑥餐饮服务不仅关系顾客的满意程度,也会影响顾客对高价菜的挑选从而影响成本率。餐饮营销既影响产品销售情况,同时也要注意投入产出比。销售控制不严,售出的产品饮料得不到收入也会使成本比例增大。

由此可见,餐饮企业若不加强成本的核算和分析,不进行严格的控制管理,餐饮成本会随处增大,成本的无限膨胀是在所难免的。

4)餐饮设备的运行管理成本对总成本影响大

餐饮生产服务活动对设备存在着很强的依赖性。这种依赖性广泛存在于餐饮经营活动的各个环节上。在正常经营活动中,这些设备的运行管理成本直接或间接地影响着餐饮成本的大小。

5)受技术部门协调监控因素影响大

在生产过程中,加工人员的技术水平,原材料的综合运用能力,会直接影响餐饮成本的大小。在日常工作中,企业就应提高员工的技术操作水平,不断提升原料加工的净料率水平,把生产加工过程中原料的消耗落实到每一个岗位、每一个人。总之,餐饮生产人员技术的娴熟稳定将大大有利于餐饮成本的控制。

加强餐饮成本核算,可正确反映餐饮企业的营业收入情况,监督、检查企业经营预算的执行。加强餐饮成本核算,可正确反映餐饮原料采购、库存和领用情况,监督餐饮原料的合理使用和综合利用。加强餐饮成本核算,可准确地测算出企业的餐饮成本和各项费用,利于企业执行国家的物价政策,合理确定餐饮产品的销售价格。加强餐饮成本核算,可帮助餐饮管理者发现管理过程中存在的问题,从而采取相应的对策,加强管理,达到增收节支、提高效益的目的。

7.1.4 餐饮成本核算的特点

餐饮成本的核算有其自身的特点,主要表现为以下几个方面:

1)餐饮成本核算难度大

餐饮企业的经营管理不同于普通的商业企业或工业企业。餐饮生产的特点是先有顾客,再安排生产,并且现生产现销售,因此给餐饮管理和成本核算带来一定的难度,具体表现为:

①销售量难以预测。餐饮企业很难预测某一天到底会有多少顾客光临,光

临的顾客又会有多少消费额等,这一切可以说都是未知数,因此,最终会消耗多少原料也难以准确地计算出来,只能是凭客人的预订和管理人员的经验来预测,所以难免会有一定的误差。

②原料的准备难以精确估计。正因为销售量难以预测,餐饮企业所需的原料数量也难以精确估计,因此需要有较多的原料库存作为物质保证,但原料的库存过多会导致其损耗或变质,并增加库存费用;而原料的库存过少又会造成供不应求,并增加采购费用。这就要求餐饮企业具有较为灵活的原料采购机制,应根据客人的消耗量随时组织采购,既满足客人的需要,又为企业增加效益。

③单一产品的成本核算难度大。餐饮产品品种繁多,每次生产的数量零星,并且边生产边销售。另外,餐饮产品的原料成本随着市场、季节、消费者的要求等经常变化,因此,按产品逐次进行成本核算几乎没有可能。这就要求企业建立相应的成本核算和控制制度,以确保企业的既得利益。

2)餐饮成本构成相对简单

生产加工企业的产品成本包括各种原材料成本、燃料和能源费用、劳动力成本、企业管理费等,而餐饮产品的主要成本仅包括所耗用的原料成本,即主料、辅料和调料成本,其构成要比其他企业的产品成本相对简单一些。

3)餐饮成本核算与成本控制直接影响利润

餐饮企业的每日就餐人数及其人均消费额都不固定,即说明其每日总销售额各不相同,具有较大的伸缩性。通过加强管理,创造餐饮经营特色等方法可增加营业收入,但其利润的多少却取决于成本核算与成本控制。通过精打细算,可减少原料消耗并避免浪费,即会降低餐饮成本,保证企业的应有利润。

餐饮产品成本核算以原料成本核算为主。原料成本核算是进行餐饮成本控制的基础性工作,餐饮成本计算的核心是计算耗用的原料成本,即实际生产菜点时用掉的食品原料。有了实际消耗的数据,再通过与标准消耗的比较来判断生产状态的正常与否,从而进行有针对性的控制。

7.1.5 餐饮产品原料成本计算

1)主、辅料成本计算

其中主料是餐饮产品中的主要原料,一般成本份额较大;辅料是餐饮产品中的辅助原料,其成本份额相对较小,但在不同花色品种中,辅料种类也各不相同,有的种类较少,有的种类可多达10种以上,使产品成本构成变得比较复杂;调料是餐饮产品中的调味原料,主要起色、香、味、形的调节作用,但调料品种较多,而在产品中每种调料的用量则更少。主料、辅料和调料的价值共同构成菜肴成本。

餐饮产品的主、辅料一般要经过加工处理之后,才能用来制作成品。没有经过加工处理的原料称为毛料(也称毛品);经过加工,可用来生产成品的原料称为净料(也称待烹制品或待烹原料)。净料成本直接构成餐饮产品的成本。因而在计算餐饮产品成本之前,应测知所用的净料的重量,并算出其成本。

(1)净料率

①净料率的定义和计算方法。

初加工过程中,在净料处理技术水平和原料规格质量相同的情况下,原料的净料重量和毛料重量之间构成一定的比例关系。所谓净料率,亦称原料利用率,就是净料重量与毛料重量的比率。净料率以百分数表示,餐饮业也有用"折"或"成"来表示的。计算公式如下:

净料率 = 净料重量÷毛料重量×100%

【例7.1】购入一只野鸭,重2千克,经宰杀、去毛、除肠肚、洗涤等处理后,得净鸭1.36千克。求这只野鸭的净料率。

解:净料率 = 1.36千克÷2千克×100% = 68%

答:该鸭的净料率为68%,即每千克毛鸭料可得净鸭肉0.68千克。

与净料率相对应的是损耗率,也就是毛料在加工处理中所损耗的重量与毛料重量的比率。其计算公式如下:

损耗率 = 损耗重量÷毛料重量×100%

从上两式得知:

损耗重量 + 净料重量 = 毛料重量

损耗率 + 净料率 = 100%

②净料率的应用。

利用净料率可直接根据毛料的重量,计算出净料的重量,公式如下:

净料重量 = 毛料重量×净料率

毛料重量 = 净料重量÷净料率

【例7.2】已知带骨腿猪肉经拆卸分档得净猪肉5千克,其净料率为51%。求带骨腿猪肉重多少千克?

解:5千克÷51% = 9.8千克

答:带骨腿猪肉为9.8千克。

（2）净料成本计算

净料可根据其拆卸加工的方法和处理程度的不同，分为生料、半成品和成品三类。其单位成本各有不同的计算方法。

①生料成本的计算。

生料就是只经过拣洗、宰杀、拆卸等加工处理，而没有经过烹调，更没有达到成熟程度的各种原料的净料。生料成本计算程序为：

A.拆卸毛料，分清净料、下脚料和废弃物品。

B.称量生料总重量。

C.分别确定下脚料、废弃物品的重量与价格，并计算其总值。

D.计算生料成本。

单位重量生料成本 =（毛料总值 – 下脚料总值 – 废弃物品总值）÷生料重量

【例7.3】某餐饮企业购进去骨猪腿肉7.5千克，每千克18元，经过拆卸处理后，得肉皮0.8千克，每千克16元，计算净肉的单位成本。

解：毛料总价值 = 7.5千克 × 18.00元/千克 = 135.00元

肉皮总价值 = 0.8千克 × 16.00元/千克 = 12.80元

生料的重量为 = 7.5千克 – 0.8千克 = 6.7千克

净肉每千克成本 =（135.00元 – 12.80元）÷6.7千克 = 18.2元/千克

当多种渠道采购同一种原料时，其购进单价是不尽相同的，这就要运用加权平均法计算该种原料的平均成本。凡在外地采购的原料，还应将其所支付的运输费计入成本支出。

【例7.4】供货商给企业提供75千克里脊肉，每千克的价格为16.40元。厨房发现数量不够后，采购人员又从市场上购进50千克，每千克17.20元，计算里脊肉每千克平均成本。

解：里脊肉平均成本 =（50千克 × 17.20元/千克 + 75千克 × 16.40元/千克）÷（50 + 75）千克 = 16.70元/千克

②半成品成本的计算。

半成品是经过初步熟处理，但还没有完全加工成成品的净料。根据其加工方法的不同，又可分为无味半成品和调味半成品两种。许多原料在正式烹调前都需要经过初步熟处理。所以，半成品成本的计算，是主、配料计算的一个重要方面。

A.无味半成品成本计算。

无味半成品又称水煮半制品。它包括的范围很广，如经出水的蔬菜和经过

初步熟处理的肉类等,都属于无味半成品。其计算公式是:

单位重量无味半成品成本 = (毛料总值 - 下脚料总值 - 废料总值) ÷ 无味半成品重量

【例7.5】用作东坡肉的猪肉4千克,每千克价13元,煮熟损耗率20%,计算熟肉单位成本。

解:毛料总值 = 13元/千克 × 4千克 = 52元(无下脚废料)

无味半制品重量 = 4千克 × (1 - 20%) = 3.2千克

熟肉每千克的成本 = 52元 ÷ 3.2千克 = 16.25元/千克

答:熟肉每千克的成本为16.25元。

B. 调味半成品成本计算。

调味半成品即加放调味品的半成品,如鱼丸、肉丸、油发肉皮等。其成本计算公式是:

单位重量调味半成品成本 = (毛料总值 - 下脚料 - 废料总值 + 调味品成本) ÷ 调味半成品重量

③成品成本的计算。

熟品也称成品或卤制品,是用熏、卤、拌、煮等方法加工而成,可以用作冷盘菜肴的制成品。其成本计算与调味半成品成本类似。

单位重量成品成本 = (毛料总值 - 下脚料 - 废料总值 + 调味品成本) ÷ 成品重量

由于习惯上对熟品和调味品成本都采用估算法,因此熟品单位成本的计算也可以采用下式:

单位重量成品成本 = 单位重量无味成品成本 + 单位重量调味品成本

2) 调味品成本的计算

调味品是制作菜点不可缺少的组成要素之一,其成本也是餐饮产品原料成本的一部分。在一些特殊菜肴里,调味品用量相当多,在菜点成本中接近甚至超过主配料的价值。因此,要精确地计算菜点产品原料的成本,就必须精确地计算调味品的成本。菜点的加工和生产,一般可分为两种类型,即单件生产和成批生产。单件生产的以各类热菜为主,成批生产的一般以冷菜和各种主食、点心为主。产品类型的不同,调味品的计算方法也不同。

(1) 单件成本计算法

单件成本指单件制作的产品的调味品成本,也叫个别成本,各种单件生产的热菜的调味品成本都属这一类。计算这一类调味品的成本,先要把各种不同的调味品的用量估算出来,然后根据其进价,分别计算出其价格,并逐一相加。

单件产品调味品成本 = 单件产品耗用的调料成本(1) + 调料成本(2) + … + 调理成本(n)

(2)平均成本计算法

平均成本也叫综合成本,指批量生产(成批制作)的产品的单位调味品成本。冷菜卤制品、点心类制品以及部分批量制作的热菜等都属于这一类。计算这类产品的调味品成本,应分两步进行。

第一步,首先用容器估量法和体积估量法算出整个产品中各种调味品的总用量及其成本。如是用整听、整瓶装调味品,可根据单位数量计数。由于在这种成批制作的情况下,调味品的总用量一般较多,统计应尽可能全面,以求调味品成本计算准确,同时也能保证产品质量的稳定。

第二步,用调味品的总成本除以产品的总重量,即可求出每一单位产品的调味品成本。批量产品平均调味品成本的计算公式是:

批量产品平均调味品成本 = 批量生产耗用调味品总值 ÷ 产品的总重量

【例7.6】某厨房用鸡爪 5 千克制成凤爪 4 千克,经称量和瓶装调料统计,共用去各种调味品的数量和价款为:辣酱 2 瓶 8.80 元,生抽 50 克 0.75 元,白糖 100 克 0.60 元,料酒 250 克 0.80 元,葱 150 克 0.30 元,姜 50 克 0.35 元,蒜头 100 克 0.65 元。请计算每例盘(100 克)凤爪的调味品成本。

解:制作这批凤爪的调味品总成本 = 8.80 元 + 0.75 元 + 0.60 元 + 0.80 元 + 0.30 元 + 0.35 元 + 0.65 元 = 12.25 元

则每例盘凤爪的调味品成本 = 12.25 元 ÷ (4 × 10) = 0.31 元

7.1.6 餐饮原料成本的日核算与月核算

成本核算是进行成本控制的前提,不同核算周期对指导餐饮成本控制管理工作具有不同作用。

1)餐饮原料成本日核算与成本日报表

餐饮企业每日进行成本核算的意义在于能及时发现问题,餐饮经营业务繁杂,头绪众多,时间一久管理人员就无法清晰地回忆起经营业务的每个细节,从而也就无法发现问题存在的原因。餐饮每日原料成本由直接进料和库房领料成本两部分组成,直接进料成本记入进料当天的原料成本,其数据可从餐饮企业每天的进料日报表上得到;库房领料的成本记入领料日的原料成本,其数据可从领

料单上得到。除了这两种成本以外,还应考虑各项调整。计算公式如下:

当日原料成本 = 直接进料成本(进货日报表直接进料总额) + 库存领料成本(领料单成本总额) + 调入成本 - 调出成本 - 员工用餐成本 - 余料出售收入 - 招待用餐成本

计算出原料当日成本后,再从财务记录中取得当日销售额数据,可计算出日餐饮原料成本率。日原料成本率 = 日原料成本 ÷ 日营业收入 × 100%。原料成本日核算能使管理者了解当天的成本状况。但若孤立地看待每日原料成本率,意义不大。因为餐饮企业的直接进料有些是日进、日用、日清,而有些则是一日进,数日用;另一种情况,库房领料,也未必当天领进当天用完。因此,原料成本日报表所反映的成本情况,仅供管理者参考。将每日成本进行累计,连续观察分析,成本日报表反映的数据(尤其是累计成本率等数据)用于成本控制决策的指导意义就大多了。

每天定时将当日或昨日餐饮原料成本发生情况以表格的形式汇总反映出来,餐饮原料成本日状态报表即告完成,如表 7.3 所示。

表 7.3　某酒店日食品成本分析表

日期	直接进料	库房发料	内部调拨		员工用餐	招待用餐	其他扣除	食品成本/元		营业收入/元		食品成本率/%	
			调入	调出				当日	累计	当日	累计	当日	累计
1	18 560	22 130	625	435	350	1 280	0	39 250	39 250	83 511	83 511	47.00	47.00
2	4 600	23 650	1 250	450	350	0	0	28 700	67 950	59 792	143 302	48.00	47.42
3	3 800	21 400	0	1 550	350	0	0	23 300	91 250	45 686	188 989	51.00	48.28
4	24 600	20 470	1 105	225	300	0	0	45 686	136 900	111 341	300 330	41.00	45.58
5	19 820	19 820	290	1 415	300	0	0	21 755	158 655	41 047	341 377	53.00	46.47
6	22 180	22 180	0	925	350	2 660	0	23 805	182 460	48 582	389 959	49.00	46.79
7	4 840	20 880	1 560	440	350	0	0	26 490	208 950	59 395	449 353	44.60	46.50
…													
29	33 100	22 150	1 400	340	350	0	400	55 970	928 155	126 420	1 958 177	44.27	47.40
30	2 800	18 100	0	1 365	350	0	0	19 185	947 340	101 258	2 059 435	18.95	46.00

2) 食品原料成本月核算与成本月报表

食品原料成本月核算就是计算一个月内餐饮原料成本。通常需要为餐饮部门设一个专职核算员,每天营业结束后或第二天早晨对当天或前一天营业收入和各种原料进货、领料的原始记录,及时进行盘存清点,做到日清月结,便可计算出月原料成本。

(1)领用原料成本计算

其计算公式为:

领用原料成本＝月初原料库存额(本月第一天原料存货)＋本月进货额(月内入库、直接进料)－月末账面库存额(本月最后一天账面存货)

(2)账面差额调整

根据库存(如仓库、厨房周转库房、冷库)盘点结果,若本月原料实际库存额小于账面库存额,应将多出的账面库存额加入原料成本;若实际库存额大于账面库存额,应从食品成本中减去实际库存额多出的部分。账物差额的计算公式为:

账物差额＝账面库存额(本月最后一天账面库存额)－月末盘点存货额(实际清点存货额)

月终调整后的实际领用原料成本为:

实际领用原料成本＝未调整前领用原料成本＋账物差额

(3)专项调整

前两项计算结果之和所得的原料成本,其中可能包括已转给非食品部门的原料成本,也可能未包括从非食品部门转入的原料成本。为了能如实反映月原料成本,还应对上述原料成本进行专项调整:

①减去酒吧从食品库房和厨房领取的原料成本。

②减去下脚料销售收入。

③减去招待用餐费用(餐饮企业因业务需要招待客人,招待费用增加了食品成本,但不增加营业收入,必须把这笔费用减去)。

④减去员工用餐成本(员工用餐如果从餐饮部门调拨原料、调料,应将这笔费用计入各部门的营业费用或企业管理费用中去)。经过专项调整后所得的原料成本为当月的月终原料成本。

月终原料成本＝实际领用原料成本＋从酒吧转入原料成本－转出由酒吧或其他部门消耗的原料成本－下脚料销售收入－招待用餐原料成本－员工购买原料收入－员工用餐成本－其他杂项扣除额

将当月或上月各项原料成本支出情况加以汇编,即为原料成本月报表。为了便于比较分析,原料成本月报表上,除列出本月成本数据,大多还列出上期或标准成本率,如表7.4所示。

表7.4 某酒店餐饮部食品成本月报表

单位:元

月初食品库存额	21 000
＋本月进货额	150 000
－月末账面库存额	6 000
＋月末盘点存货差额	600
－本月领用食品成本	165 600
－转出由酒吧或其他部门消耗的原料成本	1 800
－下脚料销售收入	3 200
－招待用餐成本	3 100
－员工购买原料收入	600
－员工用餐成本	1 500
－其他杂项扣除额	0
月食品成本	155 400
月食品营业收入	322 400
标准成本率	47%
实际成本率	48.2%

表7.4显示,实际成本率比标准成本率高出1.2%,说明成本控制得较好,但仍有需要改进的地方。

7.1.7 餐饮原料成本差异分析

原料成本核算是原料成本控制的基础,为了更好地查找原料成本控制中的漏洞,制订原料成本控制的有力措施,有必要进行原料成本分析,餐饮原料成本分析报表主要反映以下内容:

1)原料标准成本率

餐饮经营中,原料成本差异分析通常是将原料实际成本与原料标准成本和去年同期的数据进行对比分析。分析表上要列出原料标准成本率和去年同期成本率。去年同期成本率采用去年的实际发生的成本率。原料标准成本率的确定方法有如下3种:

（1）综合标准成本率分解法

以餐厅的目标经营利润为前提，订出原料综合标准成本率指标。

原料综合标准成本率 = 1 – 经营利润率 – 经营费用率 – 营业税率 – 分摊的管理费用率

于是给餐厅下达毛利率指标，则

原料综合标准成本率 = 1 – 毛利率指标

确定原料综合标准成本率指标后，再根据从实践中获得的标准销售比例分解到各餐厅，要求各餐厅的标准成本率和标准销售比例相乘之和达到综合标准成本率。该方法的优点是所确定的标准成本率能保证餐厅和企业达到的利润指标。

（2）实际销售比例汇总法

先是要统计每份菜的销售量，根据每份菜的标准成本率和实际销售比例，汇总出综合标准成本率。

综合标准成本率 = $\sum$ 各菜品标准成本率 × 实际销售比例

该法的优点是能科学地根据每份菜的标准成本率确定综合标准成本率。缺点是统计量大，同时不能反映由于销售结构差异所引起的成本差异。

（3）标准销售比例汇总法

经过一段试验期掌握各种菜的销售比例后，将此比例作为标准比例，再根据每份菜的标准成本率一次性算出各餐厅的标准成本率。同样，再根据试验期内各餐厅在营业收入中的百分比和各餐厅的标准成本率相乘之和，确定企业的综合成本率。通过此法确定的标准成本率不仅能考核各餐厅成本控制的效果，还能考核餐厅销售高价菜和饮料的效果，考核毛利率高的餐厅的销售比例。

2）原料成本差异的计算与分析

（1）原料成本差异的计算

原料成本差异 = 餐饮实际原料成本 – 实际营业收入 × 标准成本率

该指标表明了餐饮实际成本是否按规定的标准来实现。当餐饮实际成本高于餐饮标准成本时，将使预算利润下降，这种差异称为逆差。反之，当餐饮实际成本低于餐饮标准成本时，将使目标利润上升，这时的差异称为顺差。

（2）原料成本差异的分析

为了寻求餐饮成本差异形成的原因，必须能够确认餐饮成本差异到底发生

在哪里? 为此,可采用下列方法来进行分析:

①横向分析方法。

在成本差异总额中各原料类别(库房领料和直拨厨房;肉类、河海鲜、家禽、奶制品、素菜等鲜货和米、面、罐头、南北货等干货)的成本差异分别为多少,从各原料成本差异在成本差异总额中所占的比例,可发现主要是什么原料造成成本差异的。

②纵向分析方法。

A. 将餐饮成本差异落实到餐饮成本形成的各个环节。这些环节具体是:采购、库存、发料、加工、配份、烹调、装盘、销售。

B. 分析各具体环节成本差异的价格差异和数量差异:

价格差异 =(标准价格 - 实际价格)×实际数量

数量差异 =(标准数量 - 实际数量)×标准价格

【**例 7.7**】某项原料标准价格 10 元/克,标准用量 100 克,实际价格 8 元/克,实际用量 150 克。试分析成本差异、价格差异、数量差异。

解:

成本差异 = 100 克 ×10 元/克 - 150 克 ×8 元/克 = - 200 元

价格差异 = (10 - 8)元/克 ×150 克 = 300 元

数量差异 = (100 - 150)克 ×10 元/克 = - 500 元

分析:

◇采购失控,原料质量下降,出料下降,耗用上升。结论:不利的价格顺差,责任在进存环节。

◇原料质量不变,生产过程出料下降,耗用上升。结论:有利的价格顺差被掩盖,责任在生产环节。

纵向分析餐饮成本差异的目的,发现成本差异主要是哪个(或哪些)环节造成的。由于餐饮成本泄露点多的原因,垂直方向分解餐饮成本差异更为重要。

餐饮业造成原料成本差异的环节很多,通过对原料成本差异额的计算,可以找出产生这些差异的原因和部门,将原料成本差异的责任追查到各部门和负责人,以便找出原因和采取有力措施来加强对泄露点的控制。

(3)产生原料成本差异的原因

①原料市场价格的变化。

近期原料市场的价格水平,将决定整个餐厅的原料品成本高低。如果原料市场的价格持续上扬,将导致企业的原料成本节节上升,可能会给经营带来困难。同样,原料市场价格的下跌,也使企业原料成本随之下降,企业的利润空间将会增加。餐饮管理人员必须及时把握原料市场的价格走势,采取积极的应对措施。

②采购、储存环节产生的原料成本差异。

A.进存价格差异。在保证原料质量的前提下,实际进价低于标准存价是有利的价格顺差,反之为不利的价格逆差,如原料质量不变,则价格逆差是不利的。

B.进存数量差异。进存数量逆差(库房短缺);验收的原料未能入库而被偷盗使损耗量增加;原料质量下降使损耗量增加;库存条件不佳使损耗量增加;发料控制不严使损耗量增加。

③菜肴定价策略产生的成本差异。

如果食品菜肴的成本不变,而售价提高,原料成本率就会下降。为什么同样的东西,在有的餐馆价格可以卖得很高,而在有的餐厅价格硬是"卖不动"呢?原因可能是多方面的,但其中有一条很重要,那就是餐饮经营的命脉——特色经营。俗话说:"酒香不怕巷子深。"每个餐厅只有做到了与众不同的特色,价格才会"卖得动"。但是,价格策略是个重大问题,不能随意变化,它决定了餐厅的市场定位,即你想让什么样的客人来就餐。价格也决定了餐厅出售什么样的产品,在这里"物有所值"是一条必须遵循的基本原则。价格的变化,还会对销量产生影响,提价会抑制销量,而降价会刺激销量。如果单纯为了追求更低的食品原料成本率而轻易改变价格,可能会对餐厅经营带来严重后果。所以,对价格策略,餐饮管理人员必须十分慎重,不得草率从事。

④厨房生产过程中产生的原料成本差异。

A.对直拨厨房或从库房领料的控制。直拨厨房或从库房领来的原料,如果在数量或质量上控制不严,比如拨入厨房50千克原料,实际只有45千克,则每千克原料的实际成本会增加。如果对领入厨房的原料在质量或档次上控制不严,会使加工生产过程中折损率增加,这样无形中会增加成本。

B.厨房库存管理。厨房库存最难管理,往往因无专人管理和不上锁,原料被人"顺手牵羊",生产成本显然会增加。另外,直拨原料一般易坏性强,如原料管理不善,使用不及时,损坏率增加,会使原料损耗量人为地提高,也会增加生产成本。

C.厨房生产管理。由于预测和计划不准确,造成生产数量过剩,是引起原料浪费的一个重要环节;在生产加工过程中,对加工切配折损率控制不严,原料综合利用不好,会使耗用的原料数量增加;烹调过程中没按标准菜谱制作,菜品质量不合格,顾客退菜率增加等。这些情况都会使厨房原料成本增加。

⑤销售管理方面的差异。

A. 销售结构差异。如果餐厅对高档菜、对酒水饮料推销不利,毛利低的菜比例过高,会使餐厅的成本率提高。同样,在总销售额相同的情况下,成本率低的餐厅或宴会的销售比例减少,会使整个企业的综合成本率提高。

B. 客源差异。一般来说,营业成本是随着销售额的扩大而不断增加,但不完全是有规则地成正比例变化,一般餐厅营业收入减少会使成本率提高。

7.1.8　餐饮产品定价

1) 餐饮产品定价方法

(1) 成本导向定价法

①计划利润法。以酒店所预测的目标利润率为出发点,以食品成本占营业收入的比例为依据,对各菜肴进行定价。

其公式为:售价 = 食品标准成本 ÷ 目标成本率

②贡献毛利法。该法的指导思想是宾客除须支付所购食品的成本以外,应该平均地分摊餐厅的其他费用,如餐桌椅、餐具磨损和空调、照明等的能耗等费用。这种方法,须对餐厅的经营效果进行预测,计算出每道菜对毛利的贡献,那么菜肴售价 = 每份菜肴的标准成本 + 贡献毛利。

③分类加价法。该法根据各类菜式的成本高低和销售量,对不同菜式分类制定加价率的定价方法。据经验,高成本或销量大的菜式应适当降低其加价率,而低成本或销量小的菜式应适当提高。对某一具体菜肴,先选择合适加价率,然后确定其食品成本率。

其公式为:菜肴食品成本率 = 100% − (营业费用率 + 该菜肴的加价率)

④成本毛利率法。即外加毛利率法,该法以产品成本为基数按确定的成本毛利率加成计算出售价的方法。

其公式为:售价 = 产品成本 × (1 + 成本毛利率)

⑤销售毛利率法。即内扣毛利率法,该法以产品销售价格为基础按照毛利与销售价格的比值计算价格的方法。

其公式为:售价 = 产品成本 ÷ (1 − 销售毛利率)

⑥餐饮产品毛利率的换算。

成本毛利率 = 销售毛利率 ÷ (1 − 销售毛利率) × 100%

销售毛利率 = 成本毛利率 ÷ (1 + 成本毛利率) × 100%

(2) 竞争导向定价法

以竞争为中心的定价方法由于不以成本为出发点,也不考虑消费者意见,这种策略往往是临时性的特殊场合下使用的。定价人员必须深入研究市场,充分分析竞争对手,否则,很可能定出不合理的菜单价格。

竞争导向定价法是企业根据市场竞争状况确定商品价格的一种定价方式。其特点是:价格与成本和需求不发生直接关系。竞争导向定价法的具体做法是:企业在制定餐饮产品的价格时,主要以竞争对手的价格为基础,与竞争产品价格保持一定的比例。即竞争产品价格未变,即使本企业餐饮产品成本或市场需求变动了,也应维持原价;竞争产品价格变动,即使自身产品成本和市场需求未变,也要相应调整价格。这种以竞争为中心的定价方法体现按同行价格决定自己的价格,以得到合理的收益且避免风险的定价方法。

(3)需求导向定价法

需求导向定价法又称顾客导向定价法,是指餐饮企业根据市场需求状况和餐饮消费者的不同反映分别确定产品价格的一种定价方式。其特点是:平均成本相同的同一餐饮产品价格随需求变化而变化。

需求导向定价法一般是以产品的历史价格为基础,根据市场需求变化情况,在一定的幅度内变动价格,以致同一餐饮产品可以按两种以上价格销售。这种差价可以因顾客的购买能力、对餐饮产品的需求情况、餐饮产品的种类以及消费的时间、地点等因素而采用不同的形式。例如,以菜品为基础的差别定价,同一菜品因装盘或其他改良情况不同而售价不同,但与改良所花费的成本并不成比例;以场所为基础的差别定价,虽然成本相同,但具体销售地点不同,价格也有差别。需求导向定价法是根据消费者对商品价值的认识程度和需求程度来决定价格的一种方法,亦有两种不同方法。

①理解价值定价法。根据餐厅所提供的食品饮料的质量以及服务、广告推销等"非价格因素",客人会对该餐厅的产品形成一种观念或态度,依据这种观念制定相应的、符合消费者价值观的价格。

②区分需求定价法。餐厅在定价时,按照不同的客人,不同的地点、时间,不同的消费水准、消费方式区分定价。这种定价策略容易取得客人的信任,但不容易掌握。

以需求为中心的定价方法是根据市场需求来制定的价格。如果说,以成本为中心的定价方法决定了餐厅产品的最低价格,则以需求为中心的定价方法决定了餐厅产品的最高价格。在实务中,根据市场情况,可分别采取以高质量高价格取胜的高价策略,也可采取以薄利多销来扩大市场,增加市场占有率为目标的低价策略,以及采用灵活的优惠价格策略,给客人以一定的优惠,来争取较高的销售额和宣传推销本餐厅的产品的效果。例如,在餐饮的旺季可以稍微提高销售产品的售价,而在餐饮的淡季,可以稍微降低销售产品的售价,以争取更多的顾客,提高餐饮产品的销售额,达到企业的盈利目标,这种菜单定价称为优惠价格策略。

2)餐饮产品定价策略

菜单定价时一定要考虑市场因素,即顾客的价格承受能力。不同餐饮企业在不同情况下会有不一样的定价策略。

(1)一般的定价策略

①合理的价位策略。所谓合理,是指顾客愿意承担的,并且在餐饮企业有盈利的状况下,以餐饮成本为基础,再加上特定的加成所定出的售价。

②高价位策略。同竞争对手相比有差异的餐饮企业,可采取高价位的策略,如餐饮产品独特、畅销,且餐饮企业知名度高,则可定位走精致路线。

③低价位策略。低价位策略是"薄利多销"的定价策略,可以发生在新产品促销、存货变现、加速周转等情况下。

④固定价格策略。因餐饮的食物材料成本高,人工费用较多,改变配料或临时调度有经验的服务人员都会带来麻烦。为了使企业营运正常,必须使用固定的菜单操作和管理。把目录价格印在菜单或贴在招牌价目表上,代表在一段时间之内,不会随意更改价格。但是仍可用促销及折扣来增加营业额,如季节性的时令菜,可不列入固定菜单中,由服务人员推销或设计成特殊的套餐。

(2)价格歧视策略

价格歧视策略的优点是可以根据市场进行灵活调度,或依据客人的需求,量身制定价格。但是,做生意是"一分钱,一分货",如果餐饮产品要维持一定的水准,价格的弹性不可能太大。这种策略的缺点是容易得罪客人。当客人发现价格有差异时,会怀疑企业的信誉,产生不良的反感情绪,也会造成价格的混乱,破坏市场的行情。

①团体优惠策略。采用"以量定价"的方法。销售的数量多将会降低单位餐饮成本,故有降低价格的空间。

②常客优惠策略。餐厅应该把经常光顾的客人好好地把握住,可利用累积数量的方法,吸引顾客继续上门。折扣的幅度可视常客光顾的次数和消费的数额而定。

③时间价格歧视策略。不同时段采用不同的价格。例如下午两点至五点用餐,或是提早使用晚餐(下午五点至七点)可适当便宜,七点后恢复原来定价再

接待另外的客人,增加翻台率。

(3)修正定价策略

除了成本考虑外,餐厅必须考虑顾客愿意支付的价位在哪里。一般的做法是在成本分析、初步定价后,再按需求考虑修正部分。

①声誉定价策略。有声誉的餐饮企业为确保出菜的品质、服务的水准,会付出较高的原材料和人工成本,以吸引高层次的固定客源,故菜单价格不会低。如果削价贱售,顾客反而会怀疑而不再光顾。

②低价诱饵策略。某些受欢迎的菜,用降低售价来吸引消费者并刺激人气,是一般餐厅常用的手法,选择诱饵菜须是顾客熟悉且成本不至过高者。这里的低价一般在成本之上。

③需求导向策略。调查顾客的需求,以需求来设计菜单和售价。例如针对下午茶、谢师宴等商机专门设计菜单菜式,吸引餐饮客源。

④系列产品定价策略。可以针对一系列不同目标顾客设计可接受的菜单价位。另外也可针对一系列不同价位的菜价来设计菜式,而不是以单一菜品的成本为考虑。例如,很多餐厅将菜点分为大份、中份、小份,从而制定出不同的价格。

(4)以竞争为中心的定价策略

此法需要密切注意并追随竞争者的价格,而不是单纯考虑成本及需求与定价之间的关联。使用时可先考虑需求与成本后,再与竞争者的价格比较,在此基础上制定出自己的价格。

①随行就市策略。一般小型独立餐厅选用此法较多。因无足够的资金及技术力量,而采取以市场上同类产品的价格为定价的依据,跟随竞争者定价。其优点是过程简单、顾客已经接受、不需较多的人力、与同行关系协调。缺点则是缺少新意、竞争者较多。

②差异化定价策略。在竞争过程中,餐饮企业形成并具有竞争优势,与竞争对手相比,在产品品牌或服务方面等优于竞争对手,而采用的高价策略,就是差异化定价策略。

③同质低价策略。同质低价策略下的餐饮产品仍需维持一定的品质,否则将缺少竞争力,慢慢会被市场淘汰。实际是采取薄利多销的策略。

(5)以顾客为中心的定价策略

针对消费者的不同消费心理,制定相应的产品价格,以满足不同类型消费者需求的策略。一般包括尾数定价、整数定价等具体形式。

①尾数定价策略。尾数定价又称零头定价,指餐饮企业针对顾客的求廉心理,在商品定价时有意定一个与整数有一定差额的价格。这是一种具有强烈刺激作用的心理定价策略。尾数定价策略适用于经济型的餐厅。

②整数定价策略。将餐饮产品价格有意定为整数。整数定价与尾数定价相反,针对的是消费者的求名、求方便心理。由于同类型餐饮产品的生产者众多、花色品种各异,在许多交易中,顾客往往只能将价格作为判别产品质量、性能的"指示器"。同时,与尾数定价的餐饮产品相比,整数能给人一种方便、简洁的印象。对于餐厅来讲,整数定价优点是方便计价、结账和数字统计。

任务2 餐饮成本控制

【任务目标】

1. 了解餐饮成本控制的作用。

2. 明确餐饮成本控制的内容。

3. 掌握餐饮企业生产成本控制的主要指标及其计算方法。

4. 掌握餐饮原材料费用的控制。

【任务执行】

任务名称:餐饮成本分析与控制。

参与人数:6 人一组。

活动目的:掌握成本差异产生的原因,对餐饮成本进行控制。

活动背景:

某酒店餐饮部供给的菜肴中以虾仁为原料的菜肴包括三种:一份青豆炒虾仁需要用虾仁 150 克,本月共销售 250 份,共需虾仁 37.5 千克;虾仁里脊丝每客需用虾仁 50 克,本月共销售 150 份,共需虾仁 7.5 千克;虾仁炒鸡蛋每客需要虾仁 50 克,本月共销售 350 份,共需虾仁 17.5 千克。而实际消耗情况是:上月末厨房中尚存虾仁 5 千克;本月现进和从货仓领进虾仁 63 千克;本月末厨房盘点还余 4.5 千克;本月份虾仁实际消耗为:5 + 63 - 4.5 = 63.5 千克。

活动程序:

1. 根据统计的菜肴销售量,按照标准食谱卡上所列需用原料的分量,将餐厅各种菜肴所耗用的同类原材料的用量相加,就可得出本月份某一原材料的标准用量。全月虾仁耗用量则为 62.5 千克。

2.计算实际消耗量：

上月末厨房中尚存虾仁5千克

本月现进和从货仓领进虾仁63千克

本月末厨房盘点还余4.5千克

本月份虾仁实际消耗为：5千克+63千克-4.5千克=63.5千克

3.实际消耗量与标准消耗量比较，只多用1千克，这就说明在实际操作过程中基本按照标准进行，也说明成本控制是比较好的。如果实耗用量与所计算的标准用量相差较大，那就得检查原因了。

实际消耗量大于标准消耗量的原因主要有：

①在操作过程中，没有严格按照标准用量投料，用料分量超过标准。

②在操作过程中有浪费现象，如炒焦、烧坏等不能食用而倒掉。

③采购的虾仁质量不符合规定的要求，或购进的河虾挤虾仁时，没有达到既定的出净率。

④厨房、餐厅可能有漏洞存在。

如果实际耗用量小于标准用量，其原因主要有：

①在操作过程中，没有按照标准用量投料，用料分量低于标准（这是降低质量、克扣斤两的做法，是不允许的）。

②在制定菜肴标准食谱卡时，是否以估代称，所填标准用量过大，实际操作过程中认为确实不需要那么多用料，以致减少了实际用料量，这样就应立即调整标准食谱卡。

③在操作过程中有串类、串规格的现象。

在成本控制过程中，对其所消耗的主要原料，特别是一些消耗量很多、对成本率高低影响很大的原料，如牛柳、光鸭、精猪肉等原料都可采用标准控制方法。

餐饮成本控制是借助于成本记录的数据，对成本进行核算、分析，并通过各业务环节，想方设法控制成本支出的一系列完整过程。

7.2.1 餐饮成本控制的作用

餐饮成本是影响餐饮企业经济效益的一个重要因素。加强餐饮成本管理，严格餐饮成本控制，不断降低成本支出，提高经济效益是餐饮企业成本管理工作中的大事。

（1）餐饮成本控制是加强餐饮成本管理的重要手段，是企业提高竞争能力的重要途径

餐饮企业借助成本控制手段，将企业各种耗费开支控制在一定的水平内，利

用计划、预算、历史指标、同行业的平均指标和先进指标,进行科学合理的比对分析,研究成本差异形成的原因,寻求解决问题的方法和措施,为企业参与市场竞争提供机遇和条件。可以说,成本水平的高低是决定企业是否真正赢得市场的关键。

(2)有助于餐饮企业各部门改善经营管理,为餐饮企业成功实现经营奠定基础

成本控制是借助成本指标,利用归口分级管理的方式来完成的。这就要求对成本目标按成本控制中心,进行层层分解,分别落实到不同的层次,如单位、部门、班组、个人等,形成一个有机的成本控制系统,对餐饮成本形成全过程和全员的控制,把成本控制工作具体化、层次化,最终使成本控制工作落到实处,为餐饮企业的生存和发展开拓更为广泛的空间。

(3)为企业发展培养造就优秀管理人才

企业实施管理控制的过程,实质就是培养造就人才的过程。众所周知,管理和控制过程离不开大量高水平的管理人才。对任何一家餐饮企业来讲,人才的培养和造就是人力资源部门工作的核心。在管理控制过程中,管理人员不断地面临各种控制管理方面问题的考验,这就需要他们打破常规,进行创造性思维,探讨出超常的管理控制措施和方法,实现餐饮成本控制的目的。在此过程中,管理人员不仅锻炼了管理能力,积累了管理经验,提高了管理水平,而且吸取了新的知识和管理技术,全面提高了自身素质。此过程最终为企业培养造就了大量的管理人才。

7.2.2　餐饮成本控制的基本方法

餐饮成本构成复杂,且影响因素多,故控制成本的方法也综合多样,其最基本的方法有:

1)预算控制法

预算控制就是在事前的调查研究和分析的基础上,对未来的成本费用发展趋势做出一种符合客观发展的定期预算,以分项目、分阶段的预算指标作为经营支出的限额目标,通过每个报告期实际发生的各项成本费用总额与预算指标对比分析,找出差异,并采取相应的改进措施,实施酒店成本控制。

2)制度控制法

制度控制法是指酒店通过建立和健全餐饮成本控制制度来控制成本费用开

支的一种方法。首先要制定全面可行的制度,如各项开支的审批制度、日常考勤查核制度、设施设备维修保养制度、各种材料物资的流转制度及相应的奖惩制度等。其次要维护制度的严肃性,加强监督检查,保证制度的贯彻执行。

3)标准成本控制法

标准成本控制就是单位成本消耗定额,是以各经营项目的标准成本为参照,对标准成本率与实际成本率进行比较分析,揭示餐饮成本差异。实际成本率低于标准成本率的称为顺差,表示成本控制较好;实际成本率高于标准成本率的称为逆差,表示成本控制不良。

7.2.3　餐饮成本控制的内容

1)餐饮生产前各项标准的制定

生产前成本控制主要是做好成本控制的基础工作,即制定与成本控制相关的各项标准。管理人员需首先确定衡量经营效果的各种标准,规定今后一段时间内应获得的营业收入数额与食品、饮料和人工成本降低数额标准。其制定方法有:

(1)餐饮业平均数法

例如:类似同档餐饮企业毛利率平均数为40%～45%,那么本企业就可以将毛利率标准定在40%～45%。

(2)分析测定法

以历期财务报表中的成本和销售额数据为基础,通过分析测定。如,某餐厅2012年7—9月份总成本率分别为85%,82%,84%。那么,2013年同期成本率可定在83%左右。确定成本率标准,不能简单地依据财务报表,还应综合考虑销售额与座位周转率等因素,应制定一个更合理的成本率。如该餐厅2012年7—9月份销售额分别为130万元、138万元、127万元,餐位利用率平均分别为100%,120%,92%。由此可见,座位利用率较低,提高座位利用率的空间较大。如果通过促销等手段,使餐位利用率再上升50%,相对而言,利润率会提高,总成本会下降。因此,该餐厅2013年的同期总成本率的标准应适当降低,可以定为80%左右。

(3)与营业预算同期预测法

任何企业在开业前或每年初都要进行营业预测,对每年、每月和每日的营业情况都要进行或细或粗的预测,预测某个时期的销售额和各项成本指标。近期没有制定各项标准时可用营业预算的数值作为成本控制体系的标准,待经营一段时间后根据实际经营结果调整标准。

例如,某餐饮企业 2012 年营业预算中年销售额为 190 万元,其中第四季度销售额为 70 万元,总成本率为 83%,那么,该季度的成本指标为 70 × 83% = 58.1 万元。如果 2012 年第四季度销售额为 90 万元,实际总成本为 65 万元,则总成本率为(65 ÷ 90) × 100% = 72%,那么,2013 年第四季度销售额与总成本率应相应调整为 90 万元以上和 72% 左右。

(4)根据实际测试确定企业内部标准

例如,测试餐厅服务员可同时为多少位客人服务,由此确定服务员人数和服务成本。某餐饮企业一个值台员可同时为 12 位客人服务,餐厅共有 300 个餐位,经营午餐和晚餐,每天座位周转率为 180%,每餐可接待 270 位客人,那么,每餐需要餐厅服务员为 270 ÷ 12 = 23 人;如果餐桌服务员月工资为 600 元,则每月工资为 600 × 23 = 13 800 元。由此确定餐厅服务员的月工资成本标准为 13 800 元。

制定标准时,管理人员应注意以下几点:

①标准应能精确地反映餐饮企业所期望实现的成果。

②标准应定得稍高些,但必须是员工通过克服困难,能够达到标准规定的要求。

③标准必须明确具体,是可以准确衡量的指标。

④原定标准实现之后,管理人员应制定更高的标准,促使员工进一步发挥主动性和创造性;如未达标准,应实事求是地进行分析,防止鞭打快牛、挫伤积极性。

⑤提供完整信息反馈,使员工了解管理人员对自己的评价。

2)餐饮产品原料成本控制

在餐饮成本控制活动中,食品原材料成本的控制管理是整个控制工作的重头戏。食品原料采购成本的控制是餐饮成本控制的起始环节。餐饮产品原料成本控制包括原料采购、验收、储存与发放环节上的成本控制。

①采购控制:坚持使用原料采购规格标准书;严格控制采购数量;坚持严格的市场寻价制度,采购价格须合理。

②验收控制:检查原料质量是否符合餐饮企业的采购规格标准;检查交货数量与订购数量、价格与报价是否一致;尽快妥善收藏处理各类进货原料。

③储存控制:储存工作应有专职人员负责,应尽量控制有权出入库区的人员数;根据不同的原料应有不同的储存环境,提供干货库、冷冻库、冷藏库等不同的储存环境;一般原料和贵重原料分开保管;库房设计建造必须符合安全卫生要求,以杜绝鼠害和虫害,并避免偷盗。

④发料控制,只准领用食品加工烹制所需实际数量的原料,未经批准,则不得领用。

总之,做好原料成本控制首先是把好采购进货关,同时,仓库或保管部门必须做到:准确记账、严格验收、及时发料、随时检查、定期盘点。

3)餐饮产品生产过程的成本控制

(1)生产成本控制基本内容

生产成本的控制是一个全员成本控制过程,它需要所有员工的共同努力。作为成本控制的一分子,就需全面了解生产成本控制的基本内容。

①环境因素成本控制。在生产活动中,环境因素主要包括生产场所所处的位置、建筑设计的格局、生产设备布局情况、员工工作路线设计、下水道设计等内容。环境因素成本控制就是从众多环境因素出发,把握成本控制的脉搏,让各因素成本控制在一定的范围内。譬如,在楼层位置上尽可能照顾到各楼层分厨房分营业点的原料及产品的供应;路线设计上要尽量避免交叉行走,防止人员和物品发生碰撞;在生产设备布局上,树立科学合理的布局观念,充分考虑员工的生理习惯,避免不必要的成本耗费;下水道设计方面,也充分考虑废水利用。总之,这里强调的是综合成本的控制与监督。

②组织分工成本的控制。常言道:只有明其事,才能执其责。餐饮企业组织分工的关键,在于让每一个员工首先要明确自己的岗位及职责。在实际工作中,岗位分工常常不够明确,工作责任很难确认,这样极易造成很大的成本浪费,使人浮于事,生产效率难以提高。为了解决组织成本问题,就应该从厨房生产实际出发,进一步明确厨房岗位构成,明确岗位职责和要求。对于以往分工过于单一的岗位进行适度的调整,提高与其他岗位的协作能力,甚至进行必要的合并;对于分工过于粗糙的岗位,重新进行划分,力求岗位职责明确细致;在岗位设置上,按生产流程、业务需要合理设岗,杜绝因人设岗、重复设岗的现象出现;在生产运行中,严格遵守岗位责任制,不断降低组织分工成本。鉴于餐饮企业生产的特点,对于人员岗位的管理可以实行动态管理模式,饭点高峰时间、重大活动、节假日可以适当增加人员及岗位;其他时间则可以减少相应岗位人员。这样合理地将人员科学调配开来,将为企业节省大量组织分工成本。

③标准化成本控制。所谓标准化就是借助标准食谱的方式对餐饮生产活动实行规范化管理的一种形式。其目的在于生产的规范化、产品的标准化、成本控制的目标化。利用标准食谱实施管理控制,就需要建立完整的标准食谱体系,并在控制管理过程中不断完善补充其内容,使其与市场经营活动的要求保持一致。

④工作方法成本控制。方法是解决问题的一种思路,思路正确了往往可以取得良好的工作效果。良好的工作方法的取得,来源于群众集体的智慧。在餐饮管理活动中,可以发挥广大干部员工的积极性,对控制管理活动进行不同层面的反思。借助"5W1H"方法,使大家明确谁来控制(Who)、控制什么(What)、为何控制(Why)、怎样控制(How)、何时控制(When)、何地控制(Where)等问题,发现和寻找各种节约成本的方法。反思活动中节约费用控制成本是整个活动的核心。

⑤批量化成本控制。餐饮生产活动最大的问题是难以批量化生产。由于餐饮消费者消费的差异性,使得生产难以量化,单一产品的生产成本偏高。为了解决这一问题,就需在产品加工过程寻找出路,把批量化生产思路引申到半成品的加工上来。如对半成品进行批量加工,事先调制批量调味品,事先批量加工菜肴等来达到批量化加工产品降低成本的目的。

⑥能源控制成本。在餐饮生产活动中,能源所包括的内容主要有水、电、煤气、煤、汽油、柴油等。它在营业收入所占的比例达到6%～8%,一般来讲,控制能源成本的方法就是节能。常用的节能方法有选择节能设备法、使用低成本能源法、充分利用余热法和节能控制责任法等。

(2)生产成本控制的方法

为了搞好餐饮生产成本控制,这里介绍几种成本控制方法。

①全员控制法。这是一种发动全体员工积极参与,共同实现企业成本控制目标的管理方法。在使用这种方法时,首先要求全体员工必须树立强烈的成本控制意识,充分理解成本控制在餐饮企业管理中的作用,培养成本控制过程中的主人翁精神。

②成本责任控制法。这种方法主要是利用企业管理中目标管理原理来实施成本的控制。它就是通过目标分解的方法,把成本控制的责任分解落实到每一个环节、每一个班组、每一个岗位和人,这样形成一个成本控制体系,全方位地完成成本控制目标。

③成本控制奖惩法。在成本控制过程中,使用成本控制奖惩制度是十分必要的。针对成本控制过程中出现的好经验、好做法予以奖励,并在全范围内推广使用;对于存在的问题,则要查清原因,明确责任,给予一定的处罚。通过这种方

法,便将成本控制工作变成了一场全员自发的成本控制活动。当然,成本控制的方法还很多,如定期盘点法、定期核对实物与标准法、借助现代科技手段法等。

(3)生产成本控制过程

在生产环节上,主要是餐饮原料的加工和菜肴的烹制。下边就从这两个方面谈谈生产环节上的成本控制。

①加工配料环节的成本控制。在对原料进行初加工、切割和配份时,仍然存在一个成本的控制问题。在这一过程中绝大多数企业都采取了设置中心厨房或加工配料间来解决成本的控制问题。这一机构实质上担负着成本控制中心的职能。在实施控制管理时,主要是改变过去那种传统的做法,利用预测的方法制订计划数额和标准菜谱,确定实际需要原料的数量,并在同一份领料单上填明所需原料的相关数量,向库房领料。这种生产加工中心的设置,有利于合理使用员工,减少原料的搬运时间,提高菜肴质量,降低产品成本,为加强控制、快捷准确计算成本奠定基础。

②烹制环节的成本控制。由于餐饮产品种类繁多,加工烹制技法十分复杂,员工操作水平存在差异,这就为成本的控制工作带来很大的困难。为了科学控制成本,企业就必须注意以下几个方面的问题:

A.对烹调过程进行科学的测试,合理确定食品原料的出品率。及时掌握产品烹制过程中的损耗情况,防止出现不必要的损失和浪费。

B.科学制订计划,做到集中加工,分别取用,尽量减少原料损耗和浪费。同时确定各种菜肴的生产数量和供应份数,并据此决定需要领用的原料数量。

C.借助标准食谱,按照标准食谱或装盘规格所规定的品种数量进行装盘,实现烹制生产过程投料的标准化、科学化。

D.科学控制菜肴的分量,在原料配份过程中,必须使用称量工具,按照标准食谱中规定的投料量进行配份。

E.提高技术素质,加强综合利用。厨师技术素质提高,熟练程度增加,无疑会减少事故发生率,提高产成率。努力提高技术,还有利于扩大原料、调料的综合利用,充分发挥其食用价值,降低原料成本开支。

F.加强对废弃物品的回收管理,同样可以减少或弥补厨房的成本支出,如甲鱼壳、鸭油等的收集销售,可冲减餐饮成本。

4)餐饮产品生产后成本控制

(1)销售信息的收集与分析

一段时间生产经营之后,餐饮企业应将实际经营信息加以收集、整理,对标准和实际经营成果进行比较。两者之间存在一些差异是可以的。例如,如果标准食品成本率为45%,实际食品成本率在44%~46%是允许的。在这一工作中,管理人员应做到:

①设专人收集和整理销售信息,以使管理者准确掌握各项经营成果。

②经常进行比较,以便尽早采取改进措施,解决目前存在的问题。

③必须对不同时期的经营情况进行对比。例如,可同时对每日和每月的标准成本和实际成本进行比较。

④比较工作应成为管理人员的日常工作,而不能只是在问题存在或发生的时候才进行比较。

⑤及时了解实际成本之后,及时进行比较。

(2)提高实际经营效果的措施

通过对标准和实际经营成果的比较,管理人员必须分析引起两者之间重大差异的原因,及时采取必要的改进措施。这些措施主要有以下几种:

①在经营期间内,餐饮生意不十分繁忙,成本偏高,可变一天一次购进鲜活原料为半天一次购进,以减少库存、防止死亡和损耗。

②若经研究发现,成本上升是因为少数几种菜式,且这几种菜式在整个菜单销售中只占很小比例,则可使用维持原价而适当减少菜式分量以抵消成本增长的办法。由于减少分量容易引起客人的反感,使用时必须注意减量有度,不可让客人明显感到缺量。

③若成本较高是因为菜单中大部分或占总销售中很大比重的菜肴引起的,则应先做如下考虑:

A.通过促销手段增加这些菜肴的销量,以大量生产获得的效益来抵消成本的增加。如果可行,则可维持原价。

B.通过加强成本并未上升的菜肴的推销来抵消部分菜肴成本的增加量。可行的话,也可维持原价。

C.如果采用减少分量的方法,会不会引起客人的反感? 如果客人并未感觉到分量的变化,维持原价也是可行的。

当以上三种方法都行不通时,管理人员则必须考虑调整售价了。在作价格调整时,必须从客人的角度出发,看看是否物有所值。如果客人感到自己享受到的菜点与自己付出的价格相符,他们就会承受价格的变化;反之,他们会认为物无所值,从而减少对该菜的消费。售价调整后,如果出现后种情况,餐饮管埋者就应及时增加该菜的分量,提高该菜的质量,或干脆把该菜从菜单中撤出。

调整售价的另一要点在于决定调价时机。价格调整每隔一段时间进行一次,间隔时间应大致相等或是有规律的。无规律地调整价格必然会引起客人对餐饮企业的不信任。

再有,调整售价还应考虑菜单的整体价格结构。一旦进行价格变动,就必须兼顾菜单的全面价格,以免造成菜单整体价格结构的失衡,影响到整个菜单的销售。

同样,如果一段时间菜点成本偏低,产生不少计划外毛利,这也并非多多益善,要检查分析成本降低的原因。是因为原料进价便宜了,或加工生产工艺改进了,从而使成本减少,还是因为缺斤少两而减少了成本,对此都应及时采取必要措施,以维护用餐客人利益,保证产品规格质量。

5) 餐饮用工成本控制

餐饮企业是劳动密集型企业,其用工成本在营业额中所占的比例高达25%左右。为了有效控制餐饮人工成本,就需对传统的用工控制模式进行必要的改革,挖掘餐饮用工成本控制的潜力。据测算,如果使用新的成本控制模式,劳动力成本有望降低 1/3 以上。

由于餐饮用工成本的数额比较大,控制头绪比较多,致使其控制方法也比较复杂。下边就围绕如何提高员工的劳动生产率,探讨一下用工成本控制方法。

(1) 明确用工成本的构成

用工成本是由人工成本和管理费用两大部分构成的。其中,人工成本包括固定工资和福利待遇。从一般意义上来理解,固定工资主要指工人的收入总额中扣除福利待遇的那部分差额。至于福利待遇一般应该包括带薪假期、劳动保护金、社会保障金、待业救济、医疗保险、膳食以及病休等。由于企业的经营情况、福利待遇状况各不尽相同,因此很难进行企业间的用工成本比较,即使进行了比较其结果也没有任何意义。在会计核算上虽然固定工资与福利待遇分列在不同的费用项目下,这是会计明细核算的需要,但它丝毫不影响对用工成本的控制与核算。还有管理费用,它不等同于会计上的企业管理费用,它是围绕企业人力资源部门选聘人员等事宜所发生的各种费用。它具体包括管理费、材料费、招聘费、培训费以及解聘费等。

(2) 了解用工成本影响因素

影响和制约用工成本控制与管理的因素很多,有些是可控因素,有些是不可控因素。大致有以下几种因素:

①劳动法律规定。员工与企业签订的劳动合同,属不可控因素。

②设施布局。能否科学合理地安排厨房里的各种设备、设施,将影响着雇佣员工的数量。员工数量的多少是决定用工成本大小的关键环节。

③地点。处于地理优势的企业,因其业务量相对较大,人工成本相对较低。

④营业时间。营业时间是根据顾客的消费时间来确定的。企业管理人员只能在营业时间里安排员工的工作时间。

⑤设备。设备是员工进行生产加工的手段,它的使用有助于减少员工的数量,提高劳动生产率,降低用工成本。

⑥菜单。菜单是企业在了解市场客源与竞争形势的前提下,结合本企业实际情况而制定的可供顾客进行消费选择的食品目录。它规定着食品的名称、数量、种类、特色、生产时间的长短及服务的方式与内容等,从而决定着厨房设备的选配与布局,决定着餐厅与厨房工作人员的选择,最终影响用工成本的控制。

⑦员工流动。稳定的员工队伍是节省用工成本的途径之一。减少员工的流动数量,有利于降低员工的各项招聘、培训、督导等费用,把用工成本控制在一定的范围内。

⑧人员工作安排。餐饮生产经营具有很大的季节性和时间性。饭点、节假日等旺季时间,一般生意比较火爆;而其他时间则经营比较清淡。不同时间的业务量有很大差异,业务量的这种波动性将影响着员工工作安排,最终影响员工的数量和用工成本的大小。

(3)用工成本分析的方法

①利用工作分析,制定岗位职责,完善操作步骤。所谓工作分析,就是管理人员对工作岗位的工作目的、地点、时间和人员等方面提出问题,进行分析,寻找和发现工作岗位低效率区域,并加以改进的过程。通过工作分析,对每一个工作岗位的工作进行全面的评估,确认一下该岗位对企业经营成果的贡献情况,及时发现各种问题,全面分析岗位工作状态,为制定岗位职责提供优越便利的条件。

②创建衡量员工劳动效率的体系。反映员工劳动效率最关键的指标就是劳动生产率。所谓劳动生产率,就是劳动者在生产过程中的劳动效率,是劳动者所生产的合格产品数量同生产这些产品所消耗的劳动时间的比率。对餐饮企业员工劳动效率的衡量,其目的在于控制用工成本。在控制成本时,由于用工成本率与毛利的关系并不具有代表意义,只能作为控制过程中的参考,因此借助劳动生产率,才能完成对用工成本的有效控制。不过,这里需要强调的是各岗位、各环节上员工劳动生产率指标的制定必须符合相应的质量要求,各指标之间要注意相互衔接。当然,企业种类不同、规模大小不同、经营档次不同,其质量要求、生产率标准均有所不同。所有的劳动生产率指标构成一个控制用工成本的体系。

在评估劳动生产率时,常用单位小时生产率的方法来确认。这种方法主要是用来分析每人工小时完成的工作量。具体计算公式如下:

每小时接待人数 = 接待人数 ÷ 员工工作小时

每小时销售量 = 销售额 ÷ 员工工作小时

上述两个指标,从不同角度反映了企业员工劳动生产率的状况。每小时接待人数是以接待的人数为分析对象,看一看单位员工工作时间接待人数的多少,指标分析着重于数量指标,不受工资和价格变化的影响;每小时销售量是以经营指标中最为重要又最为普遍的销售额为分析对象,研究单位员工工作时间的销售额,指标分析着重于金额指标。尽管金额指标一般可比性比较强,但不如数量指标直观。总之,这两个指标联系比较紧密,销售额的增加是以顾客人数的增加为前提的。

(4)合理选用用工成本控制方法

用工成本的控制可以从以下方面来展开:

①明确工作内容。一般来讲,企业工作内容是进行企业组织设计的前提。组织中岗位的设计、职责的确认以及任务的要求,都是围绕工作内容来完成的。所以明确工作内容是完成用工成本控制的基础。

②合理确定组织机构和人员编制。工作内容以工作任务的方式落实到工作岗位上。依照企业组织机构构成,合理设置各种工作岗位,明确岗位之间的各种关系,搞好岗位之间的衔接,防止因关系不明确,责任划分不清造成工作效率低下,用工成本失控现象的出现。

③确定用工条件。选用员工最重要的条件是员工的综合素质。员工的综合素质不仅包括个人的业务素质与能力,而且还应包括员工的知识水平、思想修养、职业道德、身体状况和个人经历等内容。在选用员工过程中,企业对复合型人才比较感兴趣,最起码也得适应两种以上的工作任务。这样便于提高企业应对各种紧急情况的能力。

④确定合理的工资标准。工资标准的大小应该根据员工提供的合格劳动产品数量来确定,即按劳分配的原则来确定。一个员工工资的多少,要看他为企业提供了多大的贡献。对于工作能力强,身兼数职,成绩出色的员工,一定要给予与其劳动相符的高工资,调动职工的积极性,为企业创造更大的利益。

⑤合理排班。餐饮企业的排班具有更大的灵活性。不同的时间、季节,对员工数量的要求都不尽相同。在人员安排上,企业要进行严格的市场调查,对销售状况进行科学的预测,结合企业以往的销售情况进行科学合理的决策,利用决策的结果合理安排不同时段、不同季节上的人员数量,为用工成本的控制服务。

⑥安全生产。企业的生产只有在安全的前提下,才有效益可言。如果缺乏这个前提,只能造成成本的浪费,甚至危及员工的生命,根本谈不上成本的控制和效益的创造。

【项目评价】

【知识评价】

1.餐饮成本构成要素有哪些?

2.餐饮成本核算有何特点? 应该注意哪些问题?

3.试联系实际谈谈如何进行餐饮原料成本核算。

4.试联系实际谈谈造成餐饮成本差异的成因。

【技能评价】

项目1:试联系实际谈谈如何控制餐饮成本?

项目2:某厨房购进青瓜23千克,每千克1.20元,加工去头、去籽和洗涤后,得净料15千克。计算:加工后青瓜的单位成本;当市场价升为每千克1.60元时,青瓜加工后的单位成本是多少?

项目3:某餐厅营业费用率为50%。该餐厅每"里脊肉丝"这道菜的原料构成为:猪里脊200克,进货单价12.00元/千克;冬笋150克,进货单价4.00元/千克;熟猪油75克,进货单价6.00元/千克;鸡蛋一个,价款0.30元;淀粉、味精、盐等调料成本为0.20元。计算:

①该菜肴耗用原材料成本;

②当该菜肴的加价率为25%时,用分类加法计算其售价;

③当该菜肴的成本毛利率为70%时,用成本毛利率法计算其售价;

④当该菜肴的销售毛利率为40%时,用销售毛利率法计算其售价。

项目4:案例分析。

餐饮成本控制的真功夫

成都一家著名四星级主题酒店实行全面成本控制,从管理中出效益,从成本中"挤"利润,取得了十分显著的业绩。如果把同类酒店作为参照对象进行成本项目比较的话,酒店餐饮部至少有1/4的效益来自管理。在此,把该酒店餐饮部的核算范围、项目和方法做一说明:

成本指原料和配料构成的两料成本。燃料列入费用。费用包括了由餐饮部开支的全部项目,它比其他酒店餐饮部只考核毛利率的方法要严格得多,可谓细致到家,连餐饮用的房屋和场地的折旧也列入费用。一言以蔽之,除税金由酒店统一缴纳外,其他一切人、财、物的消耗,均视作餐饮部的直接费用计入餐饮总成本。费用明细项目如下:工资、福利费、工会经费、工作餐、办公费、差旅费、物料消耗、电话费、低值易耗品、燃料、水电费、合同工保险、交通补贴、折旧费、修理费、运杂费、应酬费、劳动保护费、停车费、服装费(含歌舞队)、洗涤费、职工教育费、广告宣传费、奖金提成、其他费用。

各餐厅共有 500 个餐位,营业收入 1 600 万元,餐饮部上交酒店纯利润 300 万元,利润率为 19%。餐饮部有利润留成,用于发展和资金周转,若将此计入,真正的利润率超过 25%。人均创利约为 2.3 万元。

下面选择几个主要成本费用项目,对该酒店餐饮成本控制进行评述。

1. 原料成本减少中间环节

餐饮部自己进货,建立严格的采购制度和进货手续。供需直接见面,进货针对性强,能满足宾客需要。

餐饮部下又划分为两个小部门,分管相应的营业单位。两部各有一正一副四位厨师长。厨师长每周轮流带队做市场调查,其中各有一人专管成本。他们带现金到市场上把原料买回来,作为最真实的价格参考依据,既有利于内部互相监督,也有效地制约了供货商。遴选了一位素质很好的临时工当采购员。一般来说,临时工很珍惜工作机会,反倒不会捣鬼。若确实发现其有不轨行为,可以立即辞退。

对供货商是宽严并济。"宽"即从不拖欠供货商的货款。每月 26 日报账结算,现金付清,供货商愿意为这样守信用的酒店尽心尽力地服务。"严"即保质保量。凡质量有问题的原料和辅料,一切损失和风险均由供货商承担。凡以次充好或短斤缺两,少则以一罚十,重则以一罚百,最厉害的一次,罚了供货商 3 万元。若不认罚,则中止供货关系。事实上,供货商心里很明白,不会轻易放弃这样稳定的大生意。

包括厨师长在内的任何员工,均不得与供货商建立私人交情,坚决杜绝回扣。如果领导和管理人员拿手中的权力去换私利,那么手下员工虽然没权,但他们会以糟蹋、浪费、偷盗来出气,这种无形的损失日积月累将是不可估量的天文数字。所以餐饮部与供货商的一切利益关系都放在明处。

对原辅料全面综合利用,做到不浪费边角料。如生姜,中间的切片,四周的切丝,一点不丢弃。一大块牛肉,嫩的部分做炒菜,稍差的可以煨炖品,边角料放到食堂去做工作餐。用他们自己创造的说法,叫作"刀下留钱"。

2. 人工费用

用人权力下放,下属各部实行工资总额包干,充分调动每个员工的积极性。在传统体制下,各部门、各条块都缺乏减员的主动性,甚至找出推诿理由。餐饮部借鉴邯钢的"市场成本否决法",强制但又科学地确定人员配备,并与个人利益挂钩,减员的阻力就小多了。领导跟员工讲清这样一个道理:只有提高效率才有出路。"壮士断腕"并非酒店"心狠",而是市场竞争的"无情"。

在收入结构上,采取低工资、高奖金的办法。最基层的服务员工资水平大致也就定在两三百元。在正常经营下,奖金可拿到 600 多元,好的时候能超千元。2013 年上半年的一次奖金,人均有 3 000 多元,高的达七八千元,皆大欢喜。

3. 水电费用

做到滴水不漏,分电不跑。从办公室到操作和服务现场都一一分设了水表和电表。谁的水龙头开了长流水就罚款;办公室下班不关灯也照样罚款。罚金就像家庭计费一样,几个小时内电表走了多少千瓦,就按标准白付。对水电的消耗,有专人专职检查。如今酒店人人养成了随手关灯、关水龙头的好习惯。从更长远的眼光看,对我们这样一个资源匮乏的国家来说,最大限度地节约资源和最有效地利用资源尤为重要,这也是酒店业为人类发展应该担当起的历史使命。

4. 物料器皿费用

按营业收入的 3‰ 为损耗率,这是按数理统计常态分布规律而制定的标准。开始做不到,但餐饮部相信科学,坚持了下来,花了两年工夫终于达标。检验和考核都十分严格,杯碟稍有缺口就算损坏,属于个人损失。有一次厨师长打烂了一堆盘子照赔。如果是客人当场损坏的,则在查清原委后,由餐饮总监签认,不计入员工损失。低于 3‰ 的节约金额全部作为奖励,由保管餐具的负责人具体发放。

其他物料也建立了相应的考核制度,并开展竞赛,如台布、口布,每月每人都有精确的统计数字,比一比谁的损耗少。

简述本案例餐饮成本控制的重点及亮点。

项目8
餐饮服务质量管理

【项目目标】

正确认识餐饮服务质量的内涵,掌握餐饮服务质量的特征,掌握餐饮服务质量现场控制。

【项目任务】

任务1:餐饮服务质量内涵

任务2:餐饮服务质量管理

【引导案例】

一天,餐厅里来了三位衣着讲究的客人,服务员引至餐厅坐定,其中一位客人便开了口:"我要点××菜,你们一定要将味调得浓些,样子摆得漂亮一些。"同时转身对同伴说:"这道菜很好吃,今天你们一定要尝尝。"菜点完后,服务员拿菜单去了厨房。再次上来时,便礼貌对客人说:"先生,对不起,今天没有这道菜,给您换一道菜可以吗?"客人一听勃然大怒:"你为什么不事先告诉我? 让我们无故等了这么久,早说就去另一家餐厅了。"发了脾气,客人仍觉得在朋友面前丢了面子,于是拂袖而去。

任务 1　餐饮服务质量内涵

【任务目标】

1. 正确认识餐饮服务质量的内涵。
2. 掌握餐饮服务质量的特征。

【任务执行】

8.1.1　餐饮服务质量内涵

1)服务的定义

1960 年,美国营销学会(AMA)的定义为:服务为销售商品或在商品销售中所提供的活动、利益和满足。

质量管理和质量保证标准 ISO 8402:1992 中的定义:服务为满足顾客的需要,供方和顾客之间接触的活动以及供方内部活动所产生的结果。

西方酒店认为服务就是 Service(本意亦是服务),而每个字母都有着丰富的含义:

S-Smile(微笑)　　E-Excellent(出色)　　R-Ready(准备好)

V-Viewing(看待)　I-Inviting(邀请)　　C-Creating(创造)

E-Eye(眼光)

以上几种定义都有一定的片面性,这是因为服务难以为人们所感知,无法精确认定,还因为第三产业——服务业在国民经济发展中的地位越来越重要,服务的范围也越来越广,所以服务的定义难以界定。本书认为服务是包含有形产品和无形产品两方面,从见到客人开始,到客人离开,所有环节的感知和体验。

2)服务质量的定义

优质服务质量的定义主要有两种:一种是生产导向的定义,另一种是市场导向的定义。一般来讲,服务质量要求将这两部分合二为一:服务质量是服务的客观现实和客人的主观感觉融为一体的产物。

3）餐饮服务质量的内涵

服务质量狭义上仅指服务人员提供的劳动所带来的效果；广义上是一个完整的质量体系，包括有形产品质量和无形服务两个方面，即设备设施、服务产品、实物产品、环境氛围和安全卫生的质量。这是一个全方位、全过程含义，即餐饮以其拥有的设备设施为依托，为顾客所提供的优质服务的实用价值的大小，就是餐饮服务质量。

8.1.2 餐饮服务质量的特点

1）质量构成的综合性

餐饮服务质量构成复杂，除从提供给客人的角度可以分为设施设备质量、环境质量、用品质量、实物产品质量和劳务活动质量外，也可以从质量的形成过程来看服务质量，这时服务质量包括设计阶段的设计质量、建设阶段的建设质量、开业准备阶段的准备质量和营业阶段的服务质量。因此，要提高服务质量，必须实行全员控制、全过程控制和全方位控制。

2）质量呈现的一次性

虽然餐饮服务质量构成是综合性的，但就提供过程而言，是由一次一次的具体服务来完成的。每一次劳动所提供的使用价值，如微笑问好、介绍菜点等，就是一次具体的服务质量。

3）质量评价的主观性

服务质量的最终检验者是餐饮的客人，因此尽管餐饮服务质量有一定的客观标准，但客人对餐饮的评价往往是主观的。所以要提高服务质量，就必须了解客人的需求、掌握客人的心理、理解客人的心态，以便提供让客人动心的服务。

4）对人员素质的依赖性

餐饮服务质量的高低，既取决于设施设备、环境、用品、产品等物质因素，也取决于服务态度、服务技巧、服务方式、服务效率等精神因素，而这两种因素均离不开人的因素。人员素质和职业素养至关重要，需要在日常培训中进行强化，不断提高员工职业素养和职业道德。

8.1.3 餐饮服务质量的内容

根据国际标准化组织颁布的 ISO 9004—2《质量管理和质量体系要素——服务指南》表明,餐饮服务质量主要由硬件质量和软件质量构成。硬件质量是指与酒店设施设备等实物有关的并可用客观的指标度量的质量,软件质量则是指酒店提供的各种劳务活动的质量。

1)硬件质量

酒店产品的硬件质量主要指酒店提供的设施设备和实物产品以及服务环境的质量,主要满足宾客物质上的需求。硬件质量的高低决定着酒店产品供给能力的大小。主要包括:

(1)酒店设施设备的质量

①客用设施设备,也称前台设施设备,包含客人休息区。

②供应设施设备,要求设施设备质量符合国家相关产品质量安全生产要求,达到舒服、方便、安全、美观的要求。

(2)酒店实物产品质量

①菜点酒水质量——安全卫生、美味可口。

②客用品质量——清洁卫生、美观适用。

③商品质量——物真价适、陈列美观。

④服务用品质量——安全卫生、性能优良。

(3)服务环境质量

服务环境质量是指酒店的服务气氛给宾客带来感觉上的美感和心理上的满足感,达到整洁、美观、有序、安全的质量要求。如部分星级酒店要求员工必须做到"十步微笑,五步问好"的服务意识要求,酒店督导和监控随时关注员工的服务意识,给客人带来的感受是强烈的尊重感和心理满足感。

2)软件质量

软件质量指的是无形的服务产品,通常包括以下 9 个方面:服务项目、服务效率、服务态度、礼仪礼貌、职业道德、操作技能、清洁卫生、服务时机和安全保密。

8.1.4 餐饮服务质量管理的基本要求

根据餐饮服务质量管理的特点,餐饮服务质量管理需做到以下几点要求:

①人文关怀。这是针对餐饮服务质量管理中的员工管理提出的原则。员工是酒店的重要宝贵资源,忠实的员工是企业不断创造价值的重要源泉,要始终坚持以人文关怀为中心,关心爱护员工,积极调动和激发员工的主动性、积极性和责任感。

②绝不说"不"。这是针对餐饮服务质量管理中的顾客服务提出的原则。绝不说不要求餐饮部必须以客人的活动规律为主线,以满足客人的消费需求为中心,认真贯彻质量标准,努力提供标准化、程序化、制度化和规范化的服务,加强服务的针对性,切实提高服务质量。此外,"绝不说不"还体现在个性化服务。共性化服务是常有的,个性化服务是特殊问题特别解决。实施全面质量管理,要重点抓住普遍性、倾向性、全局性的问题,并重视那些影响服务质量的个性问题。

③事前预防,事后总结,预防监管并重。餐饮服务质量是由员工每一次提供的具体服务所体现出来的,往往做好了,就能给顾客留下深刻印象,而一旦没做好,事后难以返工和修补,因此,管理工作要注重预防,未雨绸缪。所以,要提高服务质量,就必须树立预防为主,事前控制的思想,防患于未然,抓好事前的预测和控制。同时各级管理者要坚持走动式管理,强化服务现场管理,力求把各种不合格的服务消灭在萌芽状态。

任务2 餐饮服务质量管理

【任务目标】

1. 掌握餐饮服务质量管理的内涵。

2. 学会运用餐饮服务质量管理方法进行餐饮质量管理。

【任务执行】

所谓餐饮服务质量管理就是餐饮企业或餐饮部门运用管理职能,为宾客提供各项服务以满足其需求,促使餐厅的每一项工作都围绕着给宾客提供满意的服务来展开。服务质量管理是餐饮的生命线,它贯穿于餐饮服务工作的始终,餐饮的一切管理工作都是围绕着服务质量而展开。服务质量管理决定着餐饮管理工作的成败,也标志着餐饮管理水平的高低,因此餐饮企业各级员工必须高度重视服务质量管理工作。强化服务质量要求,落实服务质量工作需要从以下5个方面着手:制定餐饮服务规程;建立餐饮服务质量管理体系;进行餐饮服务质量培训;采取有效的服务质量管理办法;评价餐饮服务质量管理效果。

8.2.1　制定餐饮服务规程

1)餐饮服务规程制定的依据

服务规程指以描述性语言对酒店某一特定的服务过程所包含的作业内容和顺序及该服务过程应达到的某种规格和标准所做的详细而具体的规定。该服务规程应从服务规程的对象和范围、服务规程的内容和程序、服务的规格和标准、服务规程的衔接和系统性4个方面着手制定。

餐饮服务规程的制定首先要与酒店服务规程相一致,以《旅游涉外酒店星级的划分及评定》为标准,客源市场需求为导向,突出餐厅的服务特色,并跟随国内外酒店服务管理的新特点和新信息,与时俱进。

2)餐饮服务规程的制定流程

①提出目标和要求。
②编制服务规程草案。
③修改服务规程草案。
④完善服务规程。

8.2.2　建立餐饮服务质量管理体系

餐饮服务质量管理体系的建立是涵盖在酒店服务质量管理体系内,需要以酒店相关岗位职责、岗位操作规范、部门规章制度和国际惯例为依据,以不触犯有关法规条文,符合消费者需求,提高消费者的体验感受为目的。为保障服务质量管理落实到位,主要从以下5方面着手:

1)建立服务质量管理机构

酒店高层管理者必须重视服务质量管理,并建立起以高层管理者为首的服务质量领导小组。该小组主要负责起草酒店服务质量管理相关规章制度,并听取相关意见,不断改进和完善服务质量管理制度,组织酒店全体员工参与培训,学习和践行服务质量管理规章制度,组织督导酒店服务质量全面提升工作,监督检查服务质量,总结考评服务质量。

2)进行责权分工

责任和权力要相互符合,才能保证服务质量管理落到实处,而不是出现服务质量管理成为空架子,没有实质作用。餐饮服务质量管理体系中,相关职责人员要求分工明确,责任到人,不会导致权责不符,出现问题互相推诿。

3)制定并实施酒店服务规程和服务质量管理制度

首先需要建立酒店服务质量管理相关规章制度,在不断的实践探索过程中,根据酒店业务发展和新的经济形势,修改完善相关规章制度,如服务项目标准、服务质量标准、服务内容、服务流程、检验标准都逐步规范起来。其次,建立酒店服务质量管理机制。该项质量管理机制包括服务质量督导制度和服务质量反馈制度。服务质量督导制度由质量督导员不定期、不间断、循环执行,质量督导员由相关培训师担任。服务质量反馈制度要求以顾客投诉为中心,有针对性地解决实际问题。此外,还需建立服务质量考核评估制度。服务质量考核评估制度需要通过以下制度的建立和完善来体现:服务质量台账管理制度、投诉处理制度、经理例会服务质量通报制度、服务质量奖罚制度和服务质量工作简报制度。

4)重视质量信息管理,建立灵敏的服务质量信息反馈系统

质量信息管理的重视,不仅仅是质量控制小组的职责,还需要全体酒店员工积极参与进来,需要高层领导参与和重视起来,并在此基础上,建立起灵敏的服务质量信息反馈系统,面对特殊服务质量事件,能够第一时间做出正面的,有利于消除负面影响的制度和程序。

5)处理服务质量投诉,进行服务质量投诉的相关培训

质量控制小组建立服务质量考核评估制度。在质检工作进程中,建立服务质量台账管理制度,不断完善投诉处理制度,建立经理例会服务质量通报制度,建立服务质量奖罚制度,建立服务质量工作简报制度。通过这一系列服务质量管理制度的完善,不断提高处理服务质量投诉的效率,形成一套系统的投诉处理方案,对全体员工进行投诉处理相关培训。

8.2.3 进行餐饮服务质量培训

建立"酒店—部门—班组"三级培训构架,按照制度化、日常化、长效化要求建立培训相关制度,确保培训工作有序进行。注重从实践工作中发现和选拔业务素质过硬,敬业精神强,表达能力好的工作人员,组成培训师队伍,提升酒店的日常培训工作,即酒店"三级培训师"网络,同时负责各层级服务质量控制与管理,履行检查、评估、处理职责,把三级培训师网络和三级服务质量管理体系结合起来,形成

"计划—管理—控制—检查—评估—处理—培训"的工作循环。抓好培训工作落实,从入职培训开始,到服务意识培训、岗位技能培训、英语日常培训、外聘专业培训师培训,同时不定期组织管理骨干外出考察学习,组织技能考核竞赛,评定服务技术标兵等,做到酒店培训常态化、规范化、标准化。服务质量管理机构需进行的培训有:

①入职(岗前)培训:对新入职员工进行集中培训,主要内容为酒店简介、员工手册、礼仪礼节、服务心理、消防安全知识等,考核合格后上岗。

②服务质量意识培训。

③岗位技能培训。

④质量标准培训。重点在酒店岗位质量标准。

⑤质量方法培训。

⑥技能考核竞赛。定期组织考核,评定服务技术标兵;定期举行技能竞赛,每年一次,淡季转旺时进行。

⑦投诉处理培训,针对特殊投诉案例进行集中培训,针对常见投诉案例进行总结和经验传授,以提高全体员工处理投诉的能力和技巧。

8.2.4 采取有效的服务质量管理办法

1)酒店全面质量管理

全面质量管理(Total Quality Control)20 世纪 60 年代首先由美国质量管理专家费根堡提出,我国 1978 年引入。酒店全面质量管理是指为保证和提高酒店服务质量,组织酒店全体员工共同参与,综合运用现代管理科学,控制影响服务质量的全过程和各因素,全面满足宾客需求的系统管理活动。将质量管理由传统的检查服务质量的结果转变为控制服务质量管理的产生因素,即"过程管理"。具体内涵可以从以下 5 个方面来认识:

(1)全方位管理

酒店全面服务质量的构成因素众多,既包括有形产品质量,又包括无形服务的质量;既包括前台的服务质量,又包括后台的服务质量;既包括服务的结果,又包括服务的过程。

(2)全过程管理

全过程是指一个完整的过程,即从客人踏入酒店开始,到客人安全离开酒店为止,酒店以客人为中心全程提供的所有产品和服务。为此,酒店全面服务质量管

理,就是围绕这一完整的服务过程展开的管理活动。

（3）全员性管理

酒店服务是由全体员工共同提供的,酒店的质量管理必须贯穿到酒店各个层次人员执行酒店质量管理计划,完成质量目标的过程之中。前台人员直接为客人提供所需要的具体服务,后台人员通过为一线人员提供保障而间接为客人服务,管理人员则通过组织前台和后台人员开展服务工作,从而达到为客人服务的目的。

（4）全方法管理

酒店的服务是根据实际需要,使用灵活多样的多种方法和措施为顾客提供优质服务。全面质量管理是针对各种不同方式的服务而采用的多种多样管理方法的有机结合。

（5）全效益管理

酒店效益是经济效益、社会效益和生态效益三者的统一。只有在获取一定的经济效益的基础上,酒店才能生存和发展,同时作为社会的重要一员,酒店又必须兼顾社会效益和生态效益。

2）服务质量管理差距模型

美国的服务管理研究组合 PZB(A. Parasuraman,Zeithaml, V. and L. Berry)于1985 年提出了差距模型,如图 8.1 所示,专门用来分析质量问题的根源。

"差距 1"是指顾客对服务的期望与管理者对这些期望的理解之间的差别。

"差距 2"是指管理者对顾客期望的理解与制定顾客导向的服务设计、服务标准之间的差别。

"差距 3"是指管理者制定的服务质量标准与实际服务传递之间的差距。

"差距 4"是指营销沟通行为所做出的承诺与实际提供的服务不一致之间的差异。

努力缩小上述 4 个差距,便可最终缩小差距模型中的核心。

差距 5——顾客差距,即顾客期望与顾客感知的服务之间的差别,使顾客感到他们得到了他们所期望的。

（1）服务质量差距模型分析

所谓服务质量差距,是指顾客对服务的期望与顾客对企业所提供的服务感受之间的差距,也可理解为服务的客观现实与顾客主观感受质量的差距。

（2）服务质量差距分析的意义

①有利于企业更有针对性地了解服务质量中存在的问题和不足,发现服务质

量管理中的主要漏洞和薄弱环节,为改进服务工作,提高服务质量,提升服务质量管理水平提供客观依据。

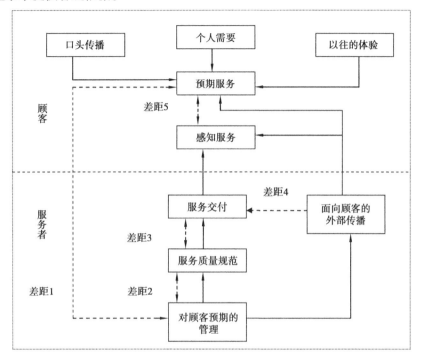

图8.1 服务质量差距模型图

②有利于企业及时调整服务规范和服务质量标准,优化服务流程,改革服务机制,整合服务资源,实现企业的可持续发展。市场调查表明:客户服务水平提高20%,营业额将提升40%。

③有利于企业掌握顾客意之所思、心之所想,以便有效提供适销对路的高附加值的服务产品,充分满足顾客需求和期望。

④有利于企业及时识别和把握市场机会,获取市场优势并将其转化为竞争优势。

⑤有助于实施顾客满意战略。

⑥有利于顾客获得更多、更快的优质服务,实现顾客价值的最大化。

3)服务质量分析相关方法

(1)圆形图分析法

圆形图分析法又称饼状图分析,是通过计算服务质量信息中有关数据的构成比例,以圆形图的方式表示酒店存在的质量问题。

具体分析步骤如下:

①收集质量问题信息。

②信息的汇总、分类和计算。

③画出圆形图。

(2)ABC 分析法

ABC 分析法是意大利经济学家巴雷特分析社会人口和社会财富的占有关系时采用的方法。美国质量管理学家朱兰把这一方法运用于质量管理。运用 ABC 分析法,可以找出酒店存在的主要质量问题。

ABC 分析法以“关键的是少数,次要的是多数”这一原理为基本思想,通过对影响酒店质量诸方面因素的分析,以质量问题的个数和质量问题发生的频率为两个相关的标志,进行定量分析。先计算出每个质量问题在质量问题总体中所占的比重,然后按照一定的标准把质量问题分成 A,B,C 三类,以便找出对酒店质量影响较大的一至两个关键性的质量问题,并把它纳入酒店当前的 PDCA 循环中去,从而实现有效的质量管理,既保证解决重点质量问题,又顾及一般质量问题。

用 ABC 分析法分析餐饮质量问题的程序共分 3 个步骤:

①确定关于酒店质量问题信息的收集方式。

②对收集到的有关质量问题的信息进行分类。

③进行分析,找出主要质量问题。

用 ABC 分析法进行质量分析时应注意的问题如下:

①在划分 A 类问题时,包括的具体问题项目不宜太多,最好是一两项,至多只能是三项,否则将失去突出重点的意义。

②划分问题的类别也不宜太多,对不重要的问题可设立一个其他栏,把不重要的质量问题都归入这一栏内。

(3)因果分析法

用 ABC 分析法虽然找出了酒店的主要质量问题,但是却不知道这些主要的质量问题是怎样产生的。对产生这些质量问题的原因有必要进行进一步的分析。因果分析法是分析质量问题产生原因的简单而有效的方法。

因果分析法是利用因果分析图对产生质量问题的原因进行分析的图解法。因为因果分析图形同鱼刺、树枝,因此又称为鱼刺图、树枝图。

因果分析图对影响质量(结果)的各种因素(原因)之间的关系进行整理分析,并且把原因与结果之间的关系用带管线(鱼刺图)表示出来,如图 8.2 所示。

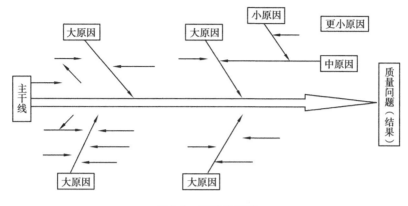

图8.2 因果分析图

（4）PDCA 循环法

美国统计学家、管理学家戴明根据客观规律总结出来的 PDCA 循环工作法,其中 P 指 Plan,计划之意;D 指 Do,实施之意;C 指 Check,检查之意;A 指 Action,处理之意。在餐饮服务质量管理中运用 PDCA 工作方法,可以采用以下工作程序:

①计划阶段:确定改善的目标。分析服务质量的现状,找出存在问题;分析产生质量问题的原因;找出影响产生质量问题的要素;提出解决问题的质量管理计划。

②实施阶段:开始改善。餐饮部管理者组织有关部门或班组以及员工具体地实施质量管理计划所规定的目标。

③检查阶段:研究改善结果。餐饮部管理者认真仔细检查计划的实施效果,并与计划目标进行比对分析,看是否存在质量差异。

④处理阶段:如果有效则规范化,否则放弃或者重来。

PDCA 管理法按计划、实施、检查、处理这 4 个阶段进行管理工作,并循环不止地进行下去的一种科学管理方法。PDCA 循环转动的过程,就是质量管理活动开展和提高的过程。PDCA 循环法必须按顺序进行,4 个阶段既不能缺少,也不能颠倒。PDCA 循环法必须在酒店各个部门、各个层次同时进行。PDCA 循环不是简单的原地循环,而是在大循环中有小循环,每个阶段都层层衔接,环环相扣。

4) 现场巡视管理

现场巡视管理(Managing by Walking Around)是委派专门人员不定时、不间断地在餐饮部进行巡视和检查,以便于及时发现问题,积极处理紧急问题,发现小问题,避免餐饮部卫生质量和环境质量问题,这种方法有利于提高解决问题的效率,改善管理人员与服务人员的人际关系,树立良好的管理形象。

巡视员进行现场巡视质量管理的内容包括对客管理、员工管理和环境控制三方面。对客管理要求巡视员时刻关注关键顾客(VIP),加强对客交流,重视客人投诉;员工管理方面主要做到合理安排员工工作任务,督导员工工作,激发员工工作热情,强化员工对服务质量工作的重视。环境控制要求重视服务现场控制,注重服务弥补,积极进行现场协调。

现场巡视法的优点:

①管理人员亲临服务现场,对于掌握服务工作中的第一手资料,从整体上了解顾客的需求与服务水平,客观评价下属工作,激发工作士气有着十分重要的作用。

②管理人员深入服务一线,在必要时亲自为顾客服务,会给全体员工传达一个"顾客至上"的清晰信号,对于建立旅游酒店服务文化,树立管理人员在员工中的良好形象大有助益。

现场巡视法的弊端主要在于当员工发现有管理人员在场时,很可能做出与平时不同的服务表现来,从而使收集到的信息失真;同时此法也受管理人员主观好恶,与下属感情亲疏的影响。

5)服务质量控制

现场巡视管理方法存在的弊端要求管理积极创新服务质量控制的方法,提高员工服务质量认识。同时还可以通过事前质量控制、服务过程质量控制和事后质量控制3个环节,环环相扣,不断改善和提高餐饮部服务质量工作。

8.2.5　评价餐饮服务质量管理效果

1)评价内容

(1)服务质量管理标准的执行程度

酒店各部门、各环节、各岗位员工的工作是否符合质量管理标准和服务规程的要求。

(2)宾客的物质和心理满足程度

宾客对酒店服务质量的满意率是否符合酒店星级标准的要求,如员工的素质高低、设施的配套程度、设备的舒适程度、实物产品的适用程度、服务环境的优美程度等。

2)评价方法

评价服务质量管理效果的主要方法是检查。检查的方式是灵活多样的,如旅游主管部门对酒店的质量检查,特别是星级评定和星级复查,酒店内部的质量检查,宾客满意率调查等。

3)评价体系的构成要素

服务质量评价体系构成要素有评价主体和评价客体两方面,评价主体有顾客、酒店组织、第三方机构,其中以顾客为主。评价客体是指硬件服务质量和软件服务质量。顾客评价的形式主要有顾客意见调查表、电话访问、现场访问、小组座谈、常客拜访等。酒店自我组织评价的形式有酒店统一评价、部门自评、酒店外请专家考评、随时随地暗评和专项质评。

服务质量控制与管理的最终目标是构建一个自上而下的全面服务质量三级控制管理体系,即"酒店—部门—班组"三级;建立、完善酒店的服务质量管理规程;实现"培训—检查—处理—再培训"的良性循环,让服务质量在管理循环中得到不断上升,从而提高酒店服务质量水平。我们要把服务质量控制、管理和培训工作高度结合、统一起来,不断提高酒店服务质量水平。

【项目评价】

【知识评价】

1.餐饮服务质量包括哪些内容?

2.餐饮服务质量的基本要求有哪些?

3.如何理解全面质量管理的内涵?

【技能评价】

1.学生分组实地暗访星级酒店,写出暗访报告。

2.学生分组调查市内星级酒店餐饮投诉及处理方式,撰写调查报告。

参考文献

[1] 杨新乐. 餐厅服务与管理[M]. 北京:中国商业出版社,2012.

[2] 张水芳. 餐饮服务与管理[M]. 北京:旅游教育出版社,2012.

[3] 匡家庆. 餐饮管理[M]. 北京:旅游教育出版社,2010.

[4] 姜文宏. 餐厅服务技能综合实训[M]. 北京:高等教育出版社,2004.

[5] 陈临蓉,陈修仪. 餐饮服务[M]. 北京:高等教育出版社,2010.

[6] 贺习耀. 宴席设计理论与实务[M]. 北京:旅游教育出版社,2010.

[7] 刘澜江,郑月红. 主题宴会设计[M]. 北京:中国商业出版社,2005.

[8] 曾海霞. 西餐服务[M]. 北京:旅游教育出版社,2010.

[9] 万光玲. 餐饮成本控制[M]. 广州:广东旅游出版社,2011.

[10] 黄文波. 餐饮管理[M]. 天津:南开大学出版社,2000.

[11] 杨凤珍. 餐厅服务与管理[M]. 大连:东北财经大学出版社,1997.

[12] 张树坤. 酒店经营与管理[M]. 北京:对外经济贸易大学出版社,2006.

[13] 张树坤. 酒店餐饮服务与管理[M]. 重庆:重庆大学出版社,2008.

[14] 劳动和社会保障部. 国家职业标准——餐厅服务员[M]. 北京:中国劳动社会保障出版社,2001.

[15] 旅游饭店星级划分与评定(GB/T—2010)国家旅游局,2010.

[16] 职业餐饮网 http://www.canyin168.com/.